中国农业真相

乡村振兴，从了解中国农业真相开始

业真相

修订版

臧云鹏 著

中华工商联合出版社

图书在版编目（CIP）数据

中国农业真相 / 臧云鹏著 . -- 北京 ：中华工商联合出版社， 2021.11
ISBN 978-7-5158-3124-4

Ⅰ．①中… Ⅱ．①臧… Ⅲ．①农业经济－概况－中国
Ⅳ．① F32

中国版本图书馆 CIP 数据核字（2021）第 194767 号

中国农业真相

作　　者：	臧云鹏
出 品 人：	李　梁
策划编辑：	付丽梅　于建廷
责任编辑：	付丽梅　于建廷　效慧辉
特约编辑：	古月轩
封面设计：	尚世视觉
责任审读：	傅德华
责任印制：	迈致红
出版发行：	中华工商联合出版社有限责任公司
印　　刷：	天津行知印刷有限公司
版　　次：	2022 年 1 月第 1 版
印　　次：	2022 年 1 月第 1 次印刷
开　　本：	710mm×1000mm　1/16
字　　数：	240 千字
印　　张：	22.25
书　　号：	ISBN 978-7-5158-3124-4
定　　价：	78.00 元

服务热线：010 － 58301130-0（前台）
销售热线：010 － 58301132（发行部）
　　　　　010 － 58302977（网络部）
　　　　　010 － 58302837（馆配部、新媒体部）
　　　　　010 － 58302813（团购部）
地址邮编：北京市西城区西环广场 A 座
　　　　　19 － 20 层，100044
http://www.chgslcbs.cn
投稿热线：010 － 58302907 （总编室）
投稿邮箱：1621239583@qq.com

献给

我的妻子李箐

我的儿子臧有容

我的女儿臧有敬

我爱他们

必须做强做大民族种业

杂交水稻之父、中国工程院院士 袁隆平

　　《中国农业真相》一书的作者曾将成书内容向我作过介绍，我认为他的"外资对中国农业的渗透已经影响到中国粮食安全，应当引起各方面的警惕"的观点确实值得高度重视。粮食安全中有个种子安全的问题。随着我国市场的进一步开放，跨国公司已经长驱直入，参与到包括种子研发、种植、加工、物流、销售等农业产业链的各个环节，有的产业已完全被外资掌控。虽然我国两大主粮——小麦和水稻目前产量还比较充裕，但是从大豆、玉米来看，我国已从最大的大豆出口国转变为最大的进口国，由玉米出口国转变成为进口国。因此，民族种子产业的发展面临严峻局势。

　　做大做强自己的民族种业出路在哪儿？《中国农业真相》的作者层层作出各种详尽解读，比如，针对大豆风波，就从美国农业部发布消息、跨国公司进行现货贸易、期货交易所操纵价格、产业巨头大面积收购等一系列运作，不仅阐述了大豆的逆变过程，更能引起人们的深思和进一步研究。

　　在全球一体化的大背景下，做强做大民族种业，并不意味着阻止外资进入，这是既不符合我国改革开放方针政策，也不符合中国入世承诺。如何在开放中营造更好的竞争环境，企业又能够在这样的环境中进一步学会竞争？目前我国的种业市场小多乱杂，全国虽然有一万多家种子公司，但有些是不规范经营，出现假冒伪劣种子坑害农民。要改变这种状况，必须

一方面国家加大投入，规范种子市场，增强民族种业的发展活力；另一方面则是依靠科技进步，持续品种创新，保持种业发展的后劲。

科技力量不容忽视。1994年，美国人莱斯特·布朗发表了轰动全球的《21世纪谁来养活中国人》。这本书我看过，布朗本人我也见过，他的观点是对的。他的报告叫作wake-up call，是"醒世呼唤"的意思，以起到警示的作用。他希望呼唤国家领导人，不要把经费拿来备战，制造武器、兵器，而是要重视粮食生产、发展农业。不过，布朗对科技进步提高粮食产量的潜力估计不足。为了满足新世纪对粮食的需求，我国农业部于1996年立项了中国超级稻育种计划。经过"九五""十五""十一五"的攻关，我国在超级杂交稻研究方面，已于2000年实现了超级稻第一期大面积示范亩产700公斤的目标；于2004年，提前一年实现了第二期大面积示范亩产800公斤的目标；2011年又首度创下平均亩产926.6公斤的超高产纪录，这一系列的重大突破，是依靠科技进步革新种子取得的，对我国保障粮食安全具有重要意义。

"一粒种子改变世界"，《中国农业真相》将给人们启示，振兴与强大民族种业的发展，中国的种子不仅能满足自己，还能走出国门。

是为序。

真相背后的真相

什么是中国农业真相？

本书在第一版（北京大学出版社2013年1月出版）自序（"把真相告诉更多的人"）中对这个问题的回答是，"这个真相就是外资控制和渗透中国农业的真相"。全书从农业生产资料、主要种植品种、猪肉产业链、超市批发零售、粮食储备以及海外屯田等几方面，全景式扫描了外资控制和渗透的情况，构成了本书的整体结构。

7年前，为配合本书的发行，我在全国做巡回演讲，除了个别大豆贸易商对本书中关于大豆的描写、棉花贸易商对棉花内容表示认同之外，绝大多数听众和读者均表现出不同程度的陌生。"大豆沦陷祭"一章所描写的纵横捭阖、血腥惨烈的国际大豆期货战以及中国压榨业大面积沦陷的场面，令读者感受到陌生而强烈的震撼。

7年过去，农业与外资的话题关注度日渐提高，一次演讲中，我问："请问在座诸位，谁能告诉我中国进口最多的农产品是什么？""大豆！"令我没想到的是，站起来答话的居然是一位60多岁的老太太。她可能并不了解大豆贸易的具体流程，但是对进口大豆形势却形成了明显的感知。可见，经过几年的努力，民众对于农业真相的了解有了极大的提高。

不仅如此，随着美国单方面挑起中美贸易摩擦以来，国家决策层的重要举措与本书的主旨思想形成了呼应，出现了自由贸易和恢复大豆种植并行不悖的局面。2019年中央一号文件提出"大豆振兴计划",年内恢复大豆种植1000万亩。

第二版(贵州人民出版社2017年6月出版)时,出于挖掘真相背后的"真相"(真相的经济的和政策的成因)的目的,本书做了较大篇幅的修改。重新撰写了第一章,增加了WTO框架下各利益集团国之间农业政策的演变和竞争的内容,并将章名"中美对决下的农业竞争"改为"从'美国式'农业说起","美国:用玉米打垮世界"一章更名为"失衡的玉米",增加了玉米进出口的三个阶段以及玉米进口政策的变化过程等内容。另外,增加新的第二章"中国农业开放之政策思考",从七个方面分析了中国农业开放政策的利弊;增加新的第十一章"沉重的农机",详述了外资对农业生产资料的重要一环——机械化的控制情况;增加新的第十六章"路在脚下",讲述了大国崛起战略下中国农业的命门,提出打开政策性内需、以工立农、国企改革再出发、出口强国、做实"一带一路"等政策建议。

第二版新增的内容,总结了外资控制和渗透中国农业的成因。经济方面,美国通过劳动力从第一产业向第二、三产业的迅速转移,降低了农产品中的劳动成本,使其在国际竞争中获得明显优势。以玉米为例,2018年美国每英亩玉米总成本677.02美元,折合每亩人民币737.42元。其中劳动成本32.99美元,折合每亩人民币35.93元(美国农业部)。同期中国玉米总成本1044.82元/亩,比美国高41.68%,其中劳动成本433.52元/亩(国家发改委),比美国高1106.57%。低成本使美国农产品能以低价格参与国际竞争。农业农村部信息显示,2020年2月美国墨西哥湾硬红冬麦中国到岸税后价小麦1.17元/斤,广州黄埔港国产优质小麦到岸价1.34元/斤,美国小麦比国产便宜14.53%;青岛港口进口大豆到岸税后价1.56元/斤,山东国产大豆入厂价2.18元/斤,洋大豆比国产便宜39.74%;猪肉以非洲猪瘟发生之前的2018年7月为例,美国猪肉切块批发价格5.54元/斤,国产猪肉10.2元/斤,美国货比国产便宜84.12%。

进口农产品价格便宜的原因既有成本因素，也有政策因素。

政策因素方面，美国农作物的净利润长期为负值（比如，2018年玉米净利润为 - 45.48美元/英亩），农民之所以继续种植，源于美国政策支持。具体措施为无追索权营销贷款（MAL）、价格损失保障（PLC）、农业风险保障（ARC）等。根据美国2018年农业法案规定，预计2019年至2023年补贴总经费在4000亿美元左右，平均每年800亿美元。

无追索权营销贷款被认为借鉴了中国古代的"常平仓"制度，每当我讲到这个贷款时，听众总会频频点头。所谓"无追索权"，指美国商品信贷公司（英文缩写CCC，是美国农业部的行政公司）把款贷给农民之后，就无权向农民索回贷款，而农民则可以在市场价格低于贷款率的时候把用以抵押的农作物缴付贷款公司，或者在市场价格高于贷款率的时候把农作物在市场上卖掉后归还贷款。这种在市场好的时候让农民面向市场，在市场不好的时候让农民面向政府的做法，起到了不错的效果。一些研究者认为，美国的无追索权营销贷款目前规模不大。据美国农业部数据，2020年农场贷款共34986笔，金额为75.19亿美元，该金额数量确实不大。但是对于缺少资金的小农场主和不愿低价出售农产品同时又不得不再生产的农场主来说，无追索权营销贷款无疑是雪中送炭。

本书第三版即将问世，笔者在全书的大结构上未做过多调整。除了更新数据和增加部分细节外，新增了"特朗普出世"（第一章）、"2020年再看大豆"（第三章）、"2021年：玉米进口狂飙"（第五章）、"袁隆平及其普遍意义"（第八章）、"非洲猪瘟来了"（第十四章）、"水渡河批发市场里的对话"（第十五章）六节。农业供给侧改革、中美贸易摩擦、非洲猪瘟是本书第二版出版之后影响中国农业的三件大事，相互交织起来，产生的影响力非同小可。这些内容折射出的政治理性、背后的社会理性，以及本书第二版重点描述的经济理性，构成了全球农业前景的坐标。

美国大多数学者认为，美国在第一次世界大战之前完成了工业革命。

从农产品与政治的最初结合点——"马歇尔计划"发生的时间来看,"二战"之后美国开始了大规模的产业外迁。1947年由美国倡议签署的《关税及贸易总协定》推开了经济全球化的大门,也为美国消化过剩产能提供了方便。

光阴荏苒,70年过去,人们或许已经忘记美国曾经是产能过剩大国的时候,特朗普出世了,他要把外迁的制造业拉回美国,创造更多的就业机会。从美国商务部经济分析局的数据来看,美国的制造业占GDP的比重由1947年的25.56%下降到2019年的11.01%;金融、保险、房地产、租赁由1977年的2.07%增长为2019年的20.96%。而美国跨国公司海外总资产中,制造业占比由1983年的35.46%下降到2017年的11.69%,金融保险业占比由22.65%上升为35.39%。这就是美国要求中国开放金融业,打击中兴、华为等制造业企业的深层原因之一。

农业与第二、三产业最大的不同,在于其基本的生产资料——土地和劳动无法外迁,但是,它需要大量输出农产品来维持国内的农业就业岗位。这构成了美国长期、大规模甚至强硬地向中国输出农产品的内在基因。

有人说,新冠肺炎疫情在重构着全球经济政治秩序,全球产业链去中国化是一个趋势。我并不赞同这个说法,各国构建独立的产业链只可能是疫情蔓延期间的无奈选择,一旦疫情过去,全球化的效率优势仍然是各国的首选。真正令人担忧的是中美产业之间的内在矛盾。

这就是中国农业真相背后的"真相"。

臧云鹏

2021年6月28日

目　录
CONTENTS

第一章

从"美国式"农业道路说起

什么是"美国式"农业道路？

它与中国农业道路有何不同？搞清楚这个问题，对于中国目前实行的农业供给侧结构性改革以及未来农业发展方向的奠定，有着十分重要的指导意义。

简单说，"美国式"农业道路是一条政府支持下的政治经济外交综合发展的道路。它具有四大特点：一、经济理性。即追求利润最大化。无论是开垦荒地的西进运动、对铁路大开发的积极利用，还是机械化的迅速完成，均追求效益为先；二、周期性危机。利润最大化原则极大地提高了劳动生产率，过不了几年生产力就大大超过了人们的需求，农产品供给出现过剩，周期性危机来临；三、国内支持。为了应对20世纪30年代的大萧条，美国政府以农业法案的形式建立了价格支持、农业保险、补充营养、资源保护、出口促销等方面组合而成的补贴体系；四、政治优先。对外结合外交政策，推广全球化理念，实施出口市场开发、出口信贷担保、出口直接补贴计划，以低价格和负利润打开国际市场，形成对世界范围的政治控制。

"无论中国自身的意愿如何，2001年12月11日《中国加入世贸组织议定书》生效之日起，自给自足的中国农业理想就已经瓦解，取而代之的是中国农业与西方发达国家特别是美国农业的对决之势的形成。"这是我在本书2013年版第一章写的一段话，今天看来，这一判断并不过时。中国加入贸易全球化，自给自足的农业哲学必然受到"美国式"农业道路的挑战。"美国式"农业道路曾经激发了欧洲共同体共同农业政策体系的形成，也导致了凯恩斯集团的成立，中国会怎么样应对？从目前展开的粮改来看，似有以自由市场抵住洋粮进口的意思，也有以扩大生产能力巩固国粮根基的意思，但究竟会如何，还需拭目以待。

始于2018年3月的中美贸易摩擦至今三年有余。2020年1月双方以中方承诺2020—2021年加大自美进口2000亿美元等条件签订第一阶段经贸协议。但这并没有阻止美国进一步加征关税，2020年5月12日，美国政府决定，5月14日起对部分排除清单商品恢复加征25%关税。一个依靠全球化解决了产业过剩的国家，一个历来提倡自由贸易的国家，今天却走向了贸易保护的方向，一方面号召制造业回归美国本土，另一方面又在加征关税的同时要求中国大量进口。这种"政治理性"可能是中国农业需要认真对待的问题。

无论如何，在回顾和解读我国农业改革政策之前，对美国农业的发展规律做一次深入的了解，十分必要。

美国农业的DNA

由于先有殖民地后有独立国家的特殊历史，美国农业从诞生之日起就迥异于其他大陆上的国家。正如德国政治经济学家马克斯·韦伯在《资本主义与农业社会》一书中所说：欧洲国家的农业，农民的土地多数由继承而来，农业生产的第一目的是维持自身生存需要，之后才慢慢过渡到根据他人需要生产更多的农产品拿到市场上去卖。因此，欧洲是先有农民，后有市场。而美国则不同，美国是先有市场，后有农民。

也就是说，美国农民打一开始种植农作物的目的并不是为了自身生存需求，而是为了卖给他人赚取利润。

这一说法在J.T.施莱贝克尔的《美国农业史》这本书中可以找到依据。据该书记载，首先到达北美大陆的是一批来自英国的探险家，这些探险家主要去寻找黄金、香料、皮毛和木材，当时无人发展农业，这些探险家的生计还需要从英国定期海运粮食来保障，由于海运经常中断，弗吉尼亚州州长不得不强行规定，所有移民必须种一块玉米地，否则就得挨饿。

美国农业是依托英国和欧洲市场建立起来的。17世纪英国对殖民地实施重商主义政策，要求烟草、羊毛、棉花、蓝靛和大米等只许运到英国，而对其他谷物拒之以高额关税。这使得北美南部殖民地生产的烟草、大米和蓝靛获得了大量出口的机会。而新英格兰和中部殖民地生产的谷物不得不转卖西班牙、葡萄牙和意大利等南欧国家，用获得的贸易顺差弥补和英国之间的贸易逆差。《谷物法》[1]的废除又为美国的小麦、玉米和黑麦等谷物打开了大不列颠市场。

当时的欧洲人习惯抽西班牙殖民地的烟草，而西班牙的殖民地都在南美洲，烟草价格昂贵而且由于烤制方法的问题不易保存。1612年，一个叫约翰·罗尔夫的人从西班牙的第一个殖民地委内瑞拉引进了当地最著名的烟草品种"奥里诺科"，还发明了一种烤制方法使它能够长途运输而不变质。这一下就触动了英国烟民的神经——因为来自殖民地，没有关税，烟草价格大幅下降，而且不会因为长途运输而变质，这一来谁还到南美洲去贩烟啊，北美洲烟草业立马"火"了起来。据《美国农业史》一书中记载，当时每磅（相当于0.454千克）烟草可以卖3先令。当时英国本土的地租一年才一先令，不到一斤烟草就能抵三年地租！所以在当时，烟草被称作"绿色黄金"。

小麦和大米主要供应西印度群岛。西印度群岛是欧洲的蔗糖生产基地，也是英国的殖民地。由于气候适宜，而且1英亩甘蔗所带来的收益等于5英亩的玉米，所以岛上的种植园主和农场主大量种植甘蔗，以至于其他所有的东西都必须通过进口解决。而北美洲货物可以由海路非常容易地到达西印度群岛，于是就成为该岛的粮食供应基地。

北美洲南部殖民地的另一种作物靛青（一种蓝色草，浸沤而成的汁液用于染布，颜色经久不褪）深受英国和殖民地当局的青睐，并始终受到奖励。

1.谷物法（Corn Laws，或称"玉米法案"）是一道于1815年至1846年强制实施的进口关税，借以"保护"英国农夫及地主免受来自从生产成本较低廉的外国所进口的谷物的竞争。它规定了国产谷物平均价达到或超过某种限度时方可进口。实施该法后，谷物价格骤贵，工人要求提高工资，外国也提高英国工业品进口税，从而损害了工业资产阶级利益。1846年，该法被废除。

18世纪60年代，由于英国工业革命的拉动，英国的纺织机器开始吸纳大量棉花。到了1783年，英国终止了对靛青生产的奖励，原因是南美和印度生产的靛青替代了美国在英国市场的位置。于是美国农场主大量缩减靛青生产，1787年左右，靛青种植园主全部转为棉花种植园主。从1790年至1860年间，美国棉花生产增长了1500倍。

以上五种作物在美国的南方培育起来一大批大规模的外向型农场，特别是棉花成为南北战争前南方经济的命脉。因此也有人把美国农业比喻为"欧洲工业革命的产儿"。

20世纪初，美国初级产品大量出口、制成品大量进口的殖民地经济特征已不复存在，但是农产品大量出口的格局并未改变。20世纪50年代后，主要农产品（小麦、黑麦、荞麦、糙米、玉米、燕麦、大麦、高粱、大豆、棉花）出口量占产量比重大幅度提高，1980年冲上31.82%的最高点。

美国农业部的前身联邦政府农业司成立于1862年（1889年改为农业部），在今天农业部的数据库里还保留着早至1886年的数据。这些数据记载，1867年，美国小麦产量为2.11亿蒲式耳，出口量为2632.3万蒲式耳，出口量占产量的12.48%。这一比例1873年升至28.43%，1879年更是升至39.6%。1866年，美国棉花产量为209.7万包，当年出口132.3万包，出口量占产量的63.1%。1877年这一比例升至67%。

这一主要为海外宗主国市场进行农业生产的模式，使美国农业一开始就种下了商业化和向海外扩张的基因。

三大事件

西进运动、铁路开发、机械化是美国农业历史上的三大事件。美国农业生产力由此不断得到提升。

1783年独立后，新成立的美利坚合众国政府废除了英国政府颁布的禁止移民西进的敕令，许多来自东部沿海地区和欧洲的移民纷纷越过阿巴拉契亚山脉拥向西部。这就是美国历史上的"西进运动"。西进运动共分为三个阶段：18世纪末至19世纪初为第一阶段，当时美国从法国手中购买了路易斯安那州，大批移民涌入西部，开拓了俄亥俄、肯塔基和田纳西等地区，这些地区成为后来的主要产粮区；1815年以后，在大湖区建立了谷物和畜牧业基地，在濒临墨西哥湾介于佐治亚南部和路易斯安那之间的平原地区开辟了棉花种植园，这是第二个阶段；第三阶段是从19世纪中期开始，开拓了俄勒冈、加利福尼亚等地。此外，美国还从西班牙手中购买了佛罗里达、从当时俄国手中购买了阿拉斯加，领土面积扩张至962.9万平方公里。据美国商务部统计，1850—1900年，美国农用土地增加了2倍，从2.9亿英亩增加到8.4亿英亩。另据统计，1860—1910年，美国农业生产中新增土地面积几乎与整个西欧的总面积相等。可以说，西进运动为美国农业准备了最重要的生产资料——耕地，为提高农产品总产量奠定了重要基础。

与耕地面积的增加同步的是铁路交通的开发。随着西部疆域的开拓，越来越多的东部移民迁徙到西部，西部人也需要把他们的粮食、牲畜和矿产品等运到东部去销售。但是由于恶劣的交通环境，在很长的一段时间里，草原农民一直是使用长型大车，在恶劣的道路上艰辛拉运。春季泥泞不堪，夏季灰尘飞扬，冬季盖满厚雪。从马里兰州的巴尔的摩到俄亥俄州的中部地区，运送商品的马车要走一个月左右的时间。这条路直到1830年才修建铁路，但是修建速度很慢，第一段只有13公里。1850年以后，铁路的修建才迅速起来。美国的铁路在1860年已经达3万英里，从1866年到1873年，铁路总里程增加了一倍。到1890年铁路总里程达16.7万英里，全国货运的75%由铁路承担。到了1900年，铁路网基本覆盖了全国。

铁路使得农产品的运费大幅度下降。据《美国农业史》记载，1852年至1856年，1蒲式耳小麦从芝加哥运到纽约的运费是20.8美分，到1910

年至1913年，成本削减到5.4美分。铁路使得中西部农业区的农产品可以顺畅地卖到东北部工业区，还可以通过东部海港出口到欧洲各国。正如J.T.施莱贝克尔所说："新技术对农场主的意义莫过于运输，运输是销售的关键。加速农产品运输的变化使农产品流转成为可能。"据他的《美国农业史》记载，1867年至1871年这5年间，小麦出口量为3503.2万蒲式耳，玉米为992.4万蒲式耳，牛肉及牛肉产品出口量为5453.2万磅，猪肉及猪肉产品为12824.9万磅，棉花为90241万磅。而铁路网修通之后的1897年至1901年这5年，小麦、玉米、牛肉及牛肉产品、猪肉及猪肉产品、棉花的出口量分别达到了17942.7万蒲式耳、19253.1万蒲式耳、63762.8万磅、152823.9万磅、344791万磅。

19世纪与农业相关的第三件大事是机械化浪潮。

机械化从犁开始。英国清教徒移民到美国后12年内没有使用过犁，弗吉尼亚人在1650年时大约只有150张犁。当时的犁非常巨大而且笨重，需要两个人操作，一人扶犁，一人牵牛。由于没有金属，要把地耕3英寸深，就需要6至8头牛，一天只能耕作一英亩。1868年约翰·赖恩发明了冷轧钢犁，适宜耕种比较硬的土地，受到农民的普遍欢迎。随后双轮犁、多铧犁、乘式犁、圆盘犁相继被发明出来，1880年附有播种器的双铧犁以及乘式多铧犁的出现，使一个农场主所能耕作的土地增加了一倍。大草原迅速被征服。

在犁之后，插秧机、中耕机、收割机、除草机等相继出现。到19世纪末，耕种收割的各个环节基本上都用机械替代了。

大规模使用农业机械，使劳动效率大大提高。据Ernest L.Bogart所著《美国国民经济史》记载，1855年，收割玉米需要39小时干完的活，1894年只用15小时就能干完；1830年生产20蒲式耳小麦需要61小时，1896年只需要3小时；1850年收一吨牧草需要21小时，1895年只需要3个多小时。

在土地巨量供应和机械化飞速前进的光影中，粮食生产有了突飞猛进的增长。以玉米为例，来自美国农业部的资料显示，自1866—1899年间，美国玉米总产量发生两次飞跃：一次是从1869—1870年度的7.82亿蒲式耳增长到1970—1971年度的11.25亿蒲式耳；第二次是在1885—1886年度首次突破20亿蒲式耳，达到20.58亿蒲式耳。在19世纪末最后一个年度（1899—1900）达到26.46亿蒲式耳。

巨量的产能几乎是从天而降，如果说这之前美国的农产品供给与欧洲特别是英国和西印度群岛的市场需求形成了一种市场平衡，那么现在平衡被巨大产能打破了。

农业危机

学者们一般认为，美国历史上一共发生过四次大的农业危机，这种危机并非粮食不足导致的饥荒式危机，而是农产品供大于求的过剩危机。在中学课本中，曾经有过美国奶农把牛奶倒进河水之中的描述，那就是美国农业危机最直观的体现。

四次农业危机大致间隔时间为20至30年，第一次在1873年至1900年间，起因是由于世界范围内的交通运输条件的改善，古老的农业国俄国和印度加强了与世界市场的联系，以谷物出口来支付外债和利息；除此之外，拥有辽阔而且肥沃耕地的加拿大、阿根廷、澳大利亚、新西兰等国家开始大规模生产欧洲最需要的大宗农产品，如肉类、羊毛和小麦。海外市场的竞争，使得美国农产品海外销售受到很大阻力。农业过剩现象开始出现，农产品价格大跌。最后，第一次世界大战的爆发挽救了美国农业。

第二次危机自1920年开始至1935年结束，起因一方面是第一次世界大战后，美国缩减了对欧洲的贷款，欧洲国家无力购买美国农产品；另一方面欧洲国家从第一次世界大战中逐渐恢复过来，农业生产增长较快，美国农产品出口市场急剧萎缩。罗斯福新政通过改革大力缩减种植面积和食品券的使用缓解了危机的深化。

第三次农业危机发生于1948年，1972年结束。"二战"之后，美国的农业生产能力比战前提高了40%，因此，对于海外市场的需求进一步加深，但是，战后一些农业国开始恢复生产，欧洲各国虽亟须粮食却缺乏美元贷款，一些农业进口国限制进口，还有一些国家为军备竞赛缩减了农产品的消费。1957年罗马协议签订之后，欧共体实行共同农业政策，对美国农产品出口打击很大。美国农业再陷过剩危机。直至20世纪70年代欧洲自然灾害和苏联的粮食抢购才得以缓解。

第四次农业危机发生在里根总统执政时期。1972年之后，尼克松、福特、卡特、里根四位总统大力推崇海外倾销，叫停了休耕补贴、政府收购、限价政策等各种措施，原来休耕了的土地被农场主重新种植，农业连年丰收，库存猛增。1982年谷物库存量比上一年上涨64%。但是，伴随着欧洲各国从自然灾害中恢复过来，农业生产加快步伐。同时欧洲共同体和美国展开了激烈的竞争，欧洲各国通过降低农产品价格，提高农产品质量，在欧洲内部实行优惠流通税率等手段占据了更多的市场。发展中国家则因经济危机财政普遍拮据，对进口农产品加以限制。美国农产品海外市场四面楚歌。直至1991年苏联解体，原苏维埃共和国成员国因受政局动荡影响，农业产量低下，不得不从美国进口粮食以稳定局势，美国农业危机方才得到缓解。

概括以上四次农业危机可以看出，海外市场是推动美国农业商业化的主要因素，它培养了美国农业既得利益集团。但既得利益集团常常处于一个信息不对称的状态之中，美国农场主多数情况下无法预测海外市场的变化，每一次都从"繁荣"的边缘跌落"地狱"，又在政府外交政策的帮助下从"地狱"再度走向"繁荣"。加之工业化成果不断应用到农业之上，产量一日千里，不断加重过剩危机的砝码。美国农业就是这样始终起伏在战争或灾害的波峰浪谷。当然，危机屡屡再现，自然也会引起包括农场主在内的一部分人士的关注。比如，罗斯福时期的农业部部长亨利·阿加德·华莱士就在各种公开场合和报纸上呼吁，第一次世界大战之后，欧洲农业的恢复一定会造成美国农业的过剩，美国农民必须加强合作，自动限制生产，才有可能避免危机。但是美国农民不为所动。美国有数百万个家庭农场，农业生产的分散性，很难使每一个个体处于一个理智的状态下进行合作。

华莱士批评美国农民没有合作精神，其实，是他自己忽略了商业的本性。

1933年的救赎

罗斯福创造了1933年。

1933年成为美国农业历史上的里程碑。美国作家威廉·曼彻斯特在他的《光荣与梦想》中对1932年至1972年的美国做了全方位的描写。其中，在1932年的"最惨的一年"这一章里，他这样写道：

自伊丽莎白女王时代以来，农产品价格从来没像现在这么低过。一蒲式耳小麦的售价不到2角5分，一蒲式耳玉米是7分，一蒲式耳燕麦1角，一磅棉花或羊毛5分。糖每磅只值3分，猪、牛肉每磅2分半，200个一箱的苹果，如果个个完好，才卖4角。把农民辛勤劳动的成果按市价折算，一车燕麦还买不到4元一双的"汤姆·麦坎"牌皮鞋。一车小麦够买这双鞋了，但是每英亩土地要付3元6角的贷款利息，又要付1元9角的捐税，农民每收一英亩小麦，就要亏1元5角。以棉田的活来说，身体最壮、手脚最快的男工，从早干到黑，整整14小时，摘300磅棉花，却只能拿到6角钱。用玉米棒子当燃料，比卖玉米买煤烧还合算。肉价惨跌：一只羊送到市场，运费1元1角，售价不足1元。蒙大拿州有个牧场主，赊到了一些子弹，花两小时把一群牲口全部杀了，扔进山沟，由它烂去，原因是卖牲口的钱还抵不过饲料。他临行时嘟嘟囔囔地对一个记者说："唉，这也算是对付萧条的一种办法吧!"

　　美国人民被生活折磨到了极致,他们彻底抛弃了共和党人长期坚持的自由放任的信念,把经济和农业的命运完全交给了罗斯福。罗斯福一下子拥有了战争时期总统才可以拥有的权力。

　　1933年3月,44岁的华莱士受邀成为罗斯福政府的农业部部长。他领导制定了著名的《农业调整法案》。该法案的要点是"大规模限制生产计划":在全国范围内推行种植份额分配计划,棉花和小麦面积分别减少1000万亩,玉米面积减少900万亩,肉类、奶油、糖、亚麻等都先后实行了限产控制,在这一措施落实过程中,大量的小麦、马铃薯、牛奶和猪、牛、羊被下令销毁。当然,种植份额分配计划的实施绝不是通过行政命令,而是设立了一个商品信贷公司(Commodity Credit Corporation,简称"CCC"),它只与遵守种植计划的农场主进行合作,发放两种贷款,种植贷款和储藏贷款。种植贷款以农产品做抵押物,如果农作物卖出好价钱,农场主可以卖出谷物归还贷款获得利润,如果价格低,农场主可以拒绝归还贷款,而将抵押物农产品交给CCC。这就是沿用到今天的无追索权营销贷款。储藏贷款则用于修建仓库,把过剩粮食存放至价格高时再出售。据统计,1932—1936年,政府直接支付给农场主约15亿美元。这部分损失由向加工企业如罐头厂、屠宰场、磨坊厂征收的特别税来补偿。

　　法案的另一个要点是"向城市贫民免费发放食物"。这一措施极大地解决了农产品的销售问题。与CCC公司同时成立了配套公司FSCC公司(Federal Surplus Commodities Corporation),其功能是把CCC公司的库存免费发放给城市贫民。1939年在该公司基础上美国农业部发起了食品券项目:允许接受救济者购买价值相当于其日常食物开支的橘券,每购买1美元橘券,政府补贴50美分蓝券。橘券可购买任何食品,蓝券只能用于购买农业部指定为"剩余"的产品。首个食品券项目最多参与人数达到了400万人,有效扩大了农产品需求。随着农业危机的消失,该项目于1943

年终止。1961年食品券项目再次启动，其目的仍然兼具加强农业经济和提高低收入家庭的营养水平。2008年农业法案将食品券项目更名为"补充营养援助"。目前，营养项目是农业法案中支出最大的一项，包括"补充营养援助""学校营养午餐项目"等。据统计，平均每月有4120万美国人（约占美国居民的12.9%）以各种形式领取到680亿美元的补充营养援助。

从历史数据来看，首个农业法案的实施效果是惊人的：1932年小麦收获面积为5783.9万英亩，1934年降至4340万英亩，减少了1443.9万英亩；玉米由11057.7万英亩降至9235.4万英亩，减少了1822.3万英亩；棉花从1933年的4024.8万亩降至1934年的2786万英亩，减少了1238.8万英亩。

库存迅速减少。1931年至1932年度，小麦农场库存4.85亿蒲式耳，1935年至1936年度已减少为2.6亿蒲式耳，降幅达46.39%；谷物玉米1932年度库存15.56亿蒲式耳，1935年下降为8.1亿蒲式耳，降幅为47.94%；1931年至1932年度棉花库存967.8万包，1934年至1935年度减少为720.8万包，降幅达25.52%。

农产品价格立竿见影地升高了：1934年，小麦价格从1932年的每蒲式耳38.2美分升至84.8美分；玉米价格从每蒲式耳31.9美分升至81.5美分；棉花价格从每磅6.52美分升至12.36美分。

有人说，罗斯福新政创新了一种政府干预自由农业的新机制。这话确有几分道理。自罗斯福开始，美国农业政策始终以1933年农业调整法案为蓝本，每隔4年修订一次，至今已有18部农业法案。不同任期的总统虽会根据当时的情况和自己的政治主张对法案具体条文有所修改，但是，政府干预机制始终保留下来，代代相传。

对于美国农业而言，无论是度过暂时的困难，还是长期的发展，这是一场毫无疑问的救赎。

1936年，《1933年农业调整法案》被最高法院判为违法而被撤销。1938年，新的农业法案再次推出，这部法案同样名叫农业调整法案，加入了土壤保护内容，实际是1933年的翻版。

但是从1944年开始，主要谷物品种小麦便从上一年的5598.4万英亩回升至6619万英亩，玉米也从1942年的8881.8万英亩回升至1943年的9434.1万英亩。因为小麦的海外市场从1943年开始回暖，出口量达5111万蒲式耳，比上一年的3340.1万蒲式耳增加了1770.9万蒲式耳，玉米出口量也从1942年的517.6万蒲式耳回升至1943年的1026.9万蒲式耳。由此可见，当海外市场回暖时，政策又会回到老路上。正如我们注意到的那样，1938年的农业调整法案中，农业部被授权使用海关税收的30%促进美国农产品的出口。

对外粮食援助

美国官方的对外粮食援助始于杜鲁门总统。

此前农业危机出现的时候，也曾有人建议美国联邦政府对欧洲援助，帮助其恢复经济，以便其有能力购买美国的工农业产品。但是未得允许。因此，对外援助一般限于私人机构的慈善行为。

美国官方的对外援助带有很明显的政治意图，这就是"二战"后的"遏制战略"。

战后的欧洲农业遭到彻底的破坏，大面积饥饿，1946—1947年西北部欧洲的寒冷加重了这一局面。在战前西欧的粮食供应主要依赖东欧国家的余粮，但是这一贸易通路因为政治原因而被中断，这个政治原因就是横贯欧洲大陆的政治"铁幕"。德国的情况尤为严重，成年健康男性一般每天摄入2500—3000卡路里的热量，成年健康女性每天的摄入量为2000—2300卡路里，而当时的德国人均摄入热量只有1800卡路里。负责经济事务的助理国务卿威廉·克莱顿在给华盛顿的报告中写道："数百万人正在慢慢饿死。"欧洲人这时最需要粮食，但是没有钱。英法沦为二等强国，还在战后养伤，德国、意大利是战败国，等待战胜国的制裁。战后许多前殖民地国家纷纷独立，在1945年至1948年就有十多个国家，但经济上十分落后。美国当时的人均收入高达1453美元，西欧国家也有473美元，但这些欠发达地区只有80美元。放眼望去，全世界除美国之外都徘徊在废墟之中。这很可能导致美国农产品的海外市场一下子又萎缩到"二战"以前的状态。

为了美国的工农业产品能够顺利地销售到世界各地，美国必须重建全世界的自由贸易体系。其实，罗斯福在任期内，已经主导成立了联合国、世界银行、国际货币基金组织、关税总协定等。但现在第一步需要把其他国家先从废墟中解救出来，等他们的经济逐渐恢复了，才能和美国经济接轨，共同在自由贸易体系中运转循环。

财大气粗的杜鲁门总统分别针对欧洲和第三世界国家实行了大规模援助计划——"马歇尔计划"和"第四点计划"。

"马歇尔计划"又称"欧洲复兴计划"，但是与"一战"后帮助欧洲重建单纯以获取经济利益的商业目的不同，该计划的主要政治目的是控制西欧对抗苏联。意识形态的介入使美国农业的扩张性增添了政治色彩。

苏联在"二战"中对世界和平的贡献卓著，其影响力已经超出一国的范围，向世界范围扩展，获得了前所未有的国际地位，无形中与美国形成了两极竞争的格局。由于意识形态的不同，美国和苏联在战后世界安排上利益矛盾和冲突日益尖锐化和表面化。这是遏制战略思想向对外援助政策浸染的关键原因。粮食成为"马歇尔计划"的主要手段之一。该计划共计130亿美元（如果加入通货膨胀因素考虑，相当于2006年的1300亿美元），其中32亿美元用于购买美国的粮食、饲料和肥料等。

"马歇尔计划"的实际执行者是威廉·克莱顿和乔治·肯南。威廉·克莱顿曾是当时世界上最大的棉花贸易商，后出任助理国务卿。乔治·肯南是美国驻莫斯科的公使衔参赞，后担任驻苏联大使，是"遏制"政策的制定者，他是美国现实主义外交理论的开创者，他的名言是，影响那些可以影响他国主要领导者的人，使他们认为你希望他们干的事情就是他们应该干的。这一理论后来被命名为我们所熟悉的"和平演变"。

"马歇尔计划"的援助对象表面上包括苏联和东欧国家，但接受援助不是无偿的，作为代价，接受援助的国家必须向美国开放市场。其次，受援国必须参与欧洲统一市场的建设，这意味着苏联必须放弃计划经济体制。斯大林本来对"马歇尔计划"表示了"谨慎的兴趣"，但在得知这些遏制条件后，1949年与东欧国家成立了与之抗衡的经济互助委员会（COMECON），包括波兰、罗马尼亚、捷克斯洛伐克、保加利亚、匈牙利等12个国家。

"第四点计划"对中国、韩国、印度、缅甸、泰国、菲律宾等发展中国家提供的援助很少，而且都是技术援助项目，主要围绕军事援助和防务开支展开，而非发展援助。第三世界经济发展并非杜鲁门政府的主要目的，杜鲁门政府计划通过"第四点计划"遏制共产主义在第三世界的发展，将第三世界纳入美国的遏制战略中去。

总之，美国农业在杜鲁门手中，其商业化本性之中又加入了政治性元素。杜鲁门之后，无论是艾森豪威尔政府的"480公法"，肯尼迪政府的"粮食换和平计划"，还是约翰逊政府的"粮食换自由计划"，美国农业已经不仅仅代表美国数百万个农场主的利益，而是代表美国这个国家的核心利益了。美国农业的出口不仅可以处理剩余农产品，稳定国内价格，而且可以帮助受援国经济增长反过头来购买美国的工业品，最后，它还把为数众多的第三世界国家拉拢在美国自由体系的大旗之下。

高补贴压低世界粮价

美国为了保证农产品的海外市场竞争力，必须以低廉的价格出口。这个价格加上关税、运费、保险、仓储、报关成本之外，还要低于进口国同类农产品的价格。美国农业的成本虽然具有一定优势，但是也无法支撑如此低的价格。在许多年份价格低于成本出口，这导致美国农业长期处于低利润甚至负利润状态。以2014年玉米为例，据美国农业部数据，美国玉米平均每英亩成本为688.90美元，折合每亩人民币697.13元，价格为3.54美元/蒲式耳（折合0.428元/斤），平均每英亩产量为170蒲式耳，每英亩收入为601.8美元，折合人民币608.99元/亩，每亩净亏损人民币88.14元。当然，亏损既不是玉米的特例，也不是2014年的个案。请看表一。

表一：1975年至2020年美国玉米、小麦、稻谷、燕麦、大豆、棉花净利润
（单位：元/亩）

年份	玉米	小麦	大米	燕麦	大豆	棉花
1975	11.40	6.35	9.09	9.44	6.82	5.96
1976	2.93	−0.48	−2.63	9.94	14.42	22.65
1977	−0.92	−2.71	23.45	8.48	11.49	11.34
1978	7.30	−2.94	3.09	1.81	11.78	−4.07
1979	9.74	2.94	16.32	−2.18	8.94	9.63
1980	4.14	−1.42	8.09	−1.39	4.85	−5.69
1981	−5.42	−4.07	7.81	0.55	0.23	−9.58
1982	−8.69	−5.57	−25.17	−8.49	−3.60	−12.35
1983	−1.82	−2.52	−13.93	−9.64	6.66	−3.73
1984	−5.84	−6.12	−22.26	−10.19	−3.58	−13.64
1985	−12.02	−14.16	−20.05	−15.82	−1.94	−20.53
1986	−43.28	−25.06	−115.56	−29.11	−6.07	−74.79
1987	−35.57	−22.04	−104.17	−20.43	1.51	14.97
1988	−27.82	−15.73	−68.76	−10.90	9.68	−56.66
1989	−18.31	−25.48	−60.54	−27.12	−10.32	−42.54
1990	−27.74	−42.31	−147.59	−46.42	2.44	−35.34
1991	−32.95	−52.68	−115.18	−54.89	−11.25	−55.58
1992	−25.44	−33.78	−151.21	−41.46	−8.78	−88.42
1993	−57.00	−50.18	−217.97	−55.90	−16.91	−109.07
1994	−35.71	−63.08	−288.42	−65.52	1.64	18.64
1995	−15.74	−48.65	−194.67	−54.47	−1.72	−155.84

续表

1996	21.90	−38.61	−109.08	20.45	30.94	−63.01
1997	−44.20	−67.53	−127.54	−15.40	44.98	38.72
1998	−136.36	−69.45	−205.03	−66.59	−33.26	−143.29
1999	−182.78	−91.88	−405.30	−67.24	−96.85	−236.30
2000	−179.54	−106.59	−286.56	−59.99	−97.71	−194.31
2001	−111.28	−115.82	−361.95	−43.23	−116.53	−353.32
2002	−29.30	−109.71	−416.91	−17.40	−32.72	−301.60
2003	−47.44	−83.31	−224.54	−38.79	−6.84	88.60
2004	−20.66	−65.61	−67.47	−36.14	6.06	−24.57
2005	−170.64	−100.90	−316.45	−110.38	0.25	−118.13
2006	−76.00	−95.57	−79.23	−150.22	−30.53	−223.86
2007	31.28	−34.92	75.18	−42.79	76.04	−36.58
2008	114.39	64.56	527.76	36.20	132.66	−221.91
2009	11.84	−38.87	281.51	−71.00	88.71	−274.03
2010	155.22	−39.22	−32.89	−117.08	95.05	11.28
2011	238.67	−1.98	132.65	−42.83	151.43	−168.96
2012	154.92	42.32	191.05	−8.37	165.58	−199.71
2013	44.95	−25.91	343.74	29.21	74.11	−190.17
2014	−86.74	−68.36	241.31	3.98	22.43	−271.72
2015	−64.36	−98.04	91.00	−85.52	−68.94	−95.81
2016	−63.97	−100.64	−89.61	−152.56	25.18	−79.96
2017	−73.00	−91.30	19.03	−182.72	12.47	−95.14
2018	−49.54	−62.77	142.25	−154.62	−6.52	−179.49
2019	−22.97	−81.14	24.57	−157.53	−77.52	−268.40
2020	−51.86	−89.42	194.01	−168.70	17.06	−298.58

资料来源：美国农业部

表一共采集了六种主要农作物46年的数据。数据显示，玉米净利润共有13年是正值，33年是负值；小麦仅有4年是正值，42年是负值；大米18年是正值，28年是负值；燕麦9年正值，37年负值；大豆情况稍好，27年正值，19年负值；棉花9年正值，37年负值。

如此看来，农场主不是赔本了吗？不要紧，政府有补贴。请看表二。

表二：2005年至2020年美国政府直接支付农业补贴金额（单位：亿美元）

年份	直接支付金额
2005年	244
2006年	158
2007年	119
2008年	122
2009年	122
2010年	124
2011年	104.21
2012年	106.35
2013年	110.04
2014年	97.67
2015年	108.04
2016年	129.80
2017年	115.32
2018年	136.69
2019年	224.47
2020年	462.66

资料来源：美国农业部

政府的直接补贴还只是补贴中的一部分。

历史上，美国农业补贴主要分为贷款差额补贴、直接收入补贴、反周期补贴、资源保育补贴和农产品贸易补贴五大类。

据美国农业部及经合组织数据，2002年至2012年，美国农业总补贴为2516亿美元。平均每年高达251.6亿美元。根据《2014年农业法案》，美国国会预算办公室（CBO）预计法案规定的项目在2014—2023财政年度相关联邦政府直接支出为9560亿美元。年均补贴数额更是惊人——950亿美元！

用高额补贴支撑一个负利润的行业，有什么秘密？

答案是，农业的亏损首先换来了农业上游产业如农业地产、农资集团、农化集团以及电力、水利等相关行业的增长。

从2014年美国农产品成本表中，可以清晰地看到，那些土地所有者、农机行业和农化行业等占据着怎样的地位。见表三。

表三：2014年美国农产品成本表（单位：亿美元）

项目	金额	占比
总生产费用	3903	100%
饲料购买	637	16.32%
畜禽购买	308	7.89%
种子购买	221	5.66%
肥料和石灰	281	7.20%
农药	158	4.05%
燃料和石油	177	4.53%
电力	59	1.51%
其他	710	18.19%
利息	156	4.00%
合同和雇佣劳动	345	8.84%
地租	211	5.41%
折旧	497	12.73%
财产税和费用	143	3.66%

资料来源：美国农业部

注：1."其他"包括维修保养、设备租用、定制作业、市场营销、存储和运输、保险费用及其他费用。

2."利息""折旧"包括与运营商住所相关的费用。

2014年，全美农业总的生产费用为3903亿美元，其中，饲料商拿走了637亿美元，动植物种子企业拿走了539亿美元，化肥企业分掉了281亿美元，农药企业的是158亿美元，石油和电力公司分得236亿美元，银行拿走了156亿美元的利息，地产商收取地租211亿美元，政府还收取了143亿美元的税费。而在地里干活的人一共分了345亿美元的工资。

这些市场主体完全依靠美国农业的扩张而发达，无论农产品利润是正是负，他们都是市场的赢家。

其次，如上所述，美国通过粮食对外援助，帮助受援国恢复工农业生产，然后采购美国的工业产品，使得美国工业品出口大增。

更为重要的是，美国用农业的亏损赢得了美国国家利益在欧洲、日本等发达国家和第三世界国家的实现。

欧共体的反击

从历史上看，欧洲是一个战争多发的大陆，直到美国和苏联崛起，欧洲人才认可，只有团结起来才能在现代世界立足。

这一思潮促成了欧洲共同体的成立。

1950年到1951年，欧洲农业恢复到"二战"之前的水平，但是欧洲人口比战前增加了12%，农业达到自给程度还有较大距离。1956年至1958年间，法国、德国、意大利、荷兰、比利时、卢森堡这6个国家的农产品逆差平均每年为12.2亿美元。农产品消费严重依赖进口，经济负担沉重，而且在政治上还要仰美国的鼻息。农业的重要性已经上升到国家利益和国家安全的高度。

1957年3月，上述六国签署罗马条约，标志着欧洲共同体的两个组成部分——欧洲原子能共同体和欧洲经济共同体的成立。在罗马条约中共有248个条款，其中与农业相关的有10个条款，这些条款在1962年被发展成为"共同农业政策"。

共同农业政策的目的是在关税同盟的基础上成立一个区域性的、排他性的经济集团。首先是在六国间建立共同市场，逐步在内部取消关税；对进出口农产品实施进口征税、出口补贴的双重体制。即当欧共体外部农产品价格低于欧共体价格时，对进口征税，对出口补贴。为了保证以上措施，各国按比例出资成立欧洲农业指导和保证基金，统一预算和价格。共同农业政策成效显著。"二战"后一段时期，欧洲的农业自给率只有不到80%。实施共同政策之后，劳动效率大为提高，1961年至1968年达7.1%，超过了同期工业劳动生产率（5.5%）。20世纪70年代到80年代，农产品产量大增，不仅实现了自给，同时出现了剩余。1983年欧共体成为世界第三大小麦出口国，同时成为世界糖类最大出口国和奶制品主要供给国。1984年成为世界第二大牛肉净出口国。同时农民收入提高，农产品价格稳定。吸引了更多欧洲国家的加盟，到了1995年欧盟成为拥有15个国家的联盟，2020年英国脱欧后，欧盟共有27个成员国家。

仔细分析共同农业政策的实质内容不难发现，欧洲共同体是"师美长技以制美"。"补贴出口+进口征税"，这几乎就是美国农业对外政策的翻版。

欧洲的觉醒招致了美国的不满。美欧在关贸总协定框架内的"战争"拉开序幕。

在以大幅度下调关税为主要目的的第一轮谈判的基础上，1949年4月举行的第二轮关贸总协定就把目标对准了处于创始阶段的欧洲经济合作组织成员国。1950年9月举行的第三轮多边贸易谈判集中于美国和英联邦国家之间的关税减让谈判。最终未能达成协议。

1956年1月，第四轮谈判在瑞士日内瓦举行。英国的关税减让幅度较大。这轮谈判使关税水平平均降低15%。

1960年9月，关贸总协定第五轮多边贸易谈判在瑞士日内瓦召开。这是关贸总协定成立13年来第一次专门就农业贸易进行谈判。这轮谈判是在美国副国务卿道格拉斯·狄龙建议下召开的，因此谈判又称"狄龙回合"。狄龙一上来就要求欧共体降低关税，以此来提高美国农产品出口的竞争力。

对此，欧共体六国采取了一致对外的态度，反而迫使狄龙接受了欧共体的对外税率，由此引发了著名的"冻鸡贸易战"。

1965年5月到1967年6月，关贸总协定第六轮贸易谈判在日内瓦召开，该轮谈判由美国总统肯尼迪提议举行，又称"肯尼迪回合"。这次美国首先发难，要求取消进口配额措施，同时把农产品进口税包括调节税减少50%。这些针对性很强的提议立即招致欧共体国家的强烈反对。最后只对部分农产品关税进行了适当调节，成效甚微。

关贸总协定第七轮谈判于1973年9月在日本东京举行，1979年结束。该轮谈判由美国总统尼克松与欧盟和日本多次协商后举行，故又称"尼克松回合"。这次谈判的主角仍然是美国和欧共体，双方在关税和非关税壁垒方面都存在较大分歧，最后仅达成了奶制品协议和牛肉协议。至于谷物没有任何结果。

东京回合之后的20世纪80年代，世界农产品贸易摩擦愈演愈烈，特别是美欧之间爆发了几次农产品贸易大战。大战不仅造成了美欧农产品市场的不稳定，而且给全世界的农产品贸易都带来了极大的压力。

1986年9月，关贸总协定第八轮农产品贸易谈判在乌拉圭埃斯特角举行。关贸总协定各成员国同时呼吁用制度来解决农产品贸易争端。但是美欧之间的分歧仍难解决。欧共体不能满足美国提出的10年内减少国内补贴75%、出口补贴90%的要求。最后双方各让一步，于1993年签订了《农业协定》，确定了各国对关税、国内补贴、出口补贴的承诺减让比例。

但是，乌拉圭回合形成的农业协定仅是一个妥协的制度性结果，实际减让的作用有限，即使是发达国家，在削减农业支持后，关税仍然高于20世纪80年代初的水平。另外，欧共体共同农业政策通过改革暂时适应了农业协定的要求，但是凯恩斯集团的诞生以及G20集团的出现，又使农产品贸易谈判凸显出发展中国家和发达国家的矛盾。

世贸乱局

2001年11月，世贸组织第四次部长级会议启动了新一轮多边贸易谈判，因会议地点在卡塔尔首都多哈，又称"多哈回合"。

就在"多哈回合"谈判召开前夕，世贸谈判中的另一股力量登台亮相了。这就是在乌拉圭回合开始不久成立的"凯恩斯集团"。

这里的凯恩斯与英国经济学家约翰·梅纳德·凯恩斯（John Maynard Keynes）不是一回事。这个地名的英文Cairns还有一个意思是"碑石"，因此该组织又称"碑石组织"。凯恩斯集团一共有19个成员国：阿根廷、澳大利亚、巴西、加拿大、智利、哥伦比亚、秘鲁、巴基斯坦、玻利维亚、哥斯达黎加、危地马拉、印度尼西亚、马来西亚、新西兰、巴拉圭、菲律宾、南非、泰国和乌拉圭。这些国家在农业上有两个共同特点：一、这些国家农业均以出口为主，其出口总额约占世界农产品出口总额的四分之一；二、这些国家对农业都没有补贴。基于这两个特点，凯恩斯集团认为，如果不是发达国家对农业的直接补贴，它们的农业出口量还可以翻倍。比如，欧盟食糖生产成本为700美元，而巴西食糖生产成本只有200美元，如果不是欧盟的高额补贴，它们的食糖出口可以翻番。阿根廷的小麦和玉米也遇到同样情况。

凯恩斯集团2001年9月在乌拉圭回合的举办地召开了第22次部长级会议，19国代表强烈呼吁新一轮世贸谈判必须包括农业谈判。会议邀请了美国贸易代表策利克和农业部部长维尼曼参加。美国历来对农业采取长期优惠贷款、价格支持等保护，这一点凯恩斯集团与之积怨甚深。但是由于美国也同时反对欧盟出口补贴，而且还表示考虑逐步取消补贴，因此，凯恩斯集团虽然认为谈判难以一揽子解决农产品出口的所有问题，但借助美国的势力从取消欧盟出口补贴入手，也不失为一种选择。

乌拉圭回合曾被认为是世界贸易组织成立以来耗时最长的一轮谈判，前后共7年时间。谁知多哈回合更是旷日持久，自2001年开始，至今仍未结束。

2001年至2003年的多哈回合，仍以美欧的讨价还价为主。但是2003年9月的坎昆会议上，发达国家提出向发展中国家扩大农产品出口的要求，招致发展中国家的强烈不满。由此产生了G20国协调组（美国、英国、日本、法国、德国、加拿大、意大利、俄罗斯、澳大利亚、中国、巴西、阿根廷、墨西哥、韩国、印度尼西亚、印度、沙特阿拉伯、南非、土耳其等19个国家以及欧盟）。自此之后的世贸农业谈判利益集团林立，既有美欧之间的传统矛盾，又有中小农产品出口国与美欧的矛盾，还有发展中国家与发达国家的矛盾。成了一片乱局。

多哈回合共分五个阶段，在第五个阶段结束之时，以美欧为主的发达国家和以巴西、印度为主的发展中国家在国内财政支持和关税削减幅度上难以达成一致，WTO总干事拉米于2006年7月24日宣布无限期中止多哈回合谈判。之后的2008年，借助全球经济危机，拉米斡旋于美国、欧盟、日本、澳大利亚、中国、印度、巴西7个主要经济体之间，并在中国和美国、美国和印度之间召开电话会议，希望弥合分歧，但由于美国立场强硬，无果而终。观察家认为，多哈回合谈判何时重启是一个未知数。

2015年12月19日，162个WTO成员国的贸易部部长会聚肯尼亚内罗毕开会，但是会议没有"重申"回归多哈回合谈判。一位高级贸易官员宣称，内罗毕会议的召开，预示了"多哈回合已死"！

在此次会上，美国首次呼吁放弃多哈回合谈判。主导TPP（Trans-Pacific Partnership Agreement的缩写）谈判的美国贸易代表Michael Friman2015年12月13日在英国《金融时报》撰文称，在多哈回合建立后的14年"根本没有达成任何结果"，应废除多哈回合谈判机制。"我们需要为WTO谱写新的篇章，反映当今的经济现实，世界该挣脱多哈的束缚了。世贸组织在内罗毕会议上跨入了一个新的时代。"

但是，巴西、中国和印度等国，以及WTO很多非洲成员国坚称多哈回合应继续，因为多哈回合谈判包括一些对较贫穷国家至关重要的问题，例如，限制美国和欧盟等富裕经济体农业补贴的努力。

美国是世界贸易组织的始作俑者，也是摆脱WTO框架、放弃多哈回合的首倡者。其原因在于，美欧矛盾解决的目标是美国农产品进入欧洲市场，而发展中国家与发达国家的矛盾是取消补贴与否。我们知道，美国的商业化农业是建立在补贴基础上的，正是因为补贴，美国剩余农产品才可以开拓海外市场。试想，一旦取消补贴，农业负利润将现出原形，农场主必然大面积弃耕，农业危机无处释放，必将引发全面经济危机和社会动荡。

TPP翻译成中文是"跨太平洋伙伴关系协定"。2005年5月28日由文莱、智利、新西兰及新加坡四国协议发起。2016年2月4日，12个成员国在新西兰奥克兰市正式签署协定。2008年2月，美国宣布加入TPP。到2013年共有12个成员国，是有史以来最大规模的区域贸易协定。戏剧性的是，美国第四十五任总统特朗普在上任前100天宣称美国将撤回TPP。

美国政府究竟要干什么？一切都来得太快，使人眼花缭乱。

不过可以断言的是，无论美国农产品贸易和对外政策如何变化，美国农业的商业性都离不开海外扩张。美国农业中蕴藏的美国核心利益也必然离不开补贴的支持。

特朗普出世

特朗普出世，世界贸易为之一变。

在现任联合国秘书长安东尼奥·古特雷斯（葡萄牙前总理）眼中，特朗普改变了世界认知。他认为，2018年年初开始的中美贸易摩擦只是一个点，"由美国挑起的经济贸易战在世界范围内打响，战场不仅在亚洲，不论对手还是盟友，美国都出手了"。特朗普，这个出生于纽约的政治家及房地产商人，不按常规出牌，不怕惹出众怒，而是在众怒中我行我素。在长达两年多的中美贸易谈判中，双方共经历了13轮艰苦谈判。其间，在双方同意继续推进磋商的情况下，美方却冷不丁地加征关税，使露出曙光的谈判重新回到原点。其手法之不合常理到了极点。即使在签订了包括中方承诺两年之内增购2000亿美元农产品等内容的第一阶段协议之后，美国又于2020年6月4日起对73项商品恢复加征25%关税！

不过，如果把特朗普这些"怪招儿"看作其个人化的风格，或者把特朗普出任美国总统当作美国历史的偶然，可能并不客观。

首先，我们看，"特朗普"并不是一个人。在总统内阁成员中，副总统彭斯、国务卿蓬佩奥、安全顾问博尔顿、代理防长埃斯珀、财政部部长姆努钦、贸易代表莱特希泽等，都是典型的鹰派人物。"鹰派"是一个政治上的术语，简单说就是维护国家利益的强硬派，他们的理想是用美国的模式塑造世界。如果不是特朗普把这些有共同倾向的政治人士集合到了一起，人们也许很难了解美国其实有这么多"特朗普"。

更值得关注的是，美国的共和党和民主党在许多问题上有分歧，但是只要牵涉中国贸易和投资，两党在国会中就会达成罕见的共识。这个共识就是中国采取了不公平的贸易行为，损害了美国劳动者的利益。至于是否采取加征关税的做法来解决这个问题，两党还存在分歧，但是解决问题的迫切性方面，两党高度一致。再来看普通民众。自2016年特朗普当选美国总统后，关于特朗普的民意调查不断，特朗普的支持率始终徘徊在40%～50%之间。在我们中国人看来，这个支持率并不算高。但是，仔细一想，这个比率意味着有超过一亿两千万以上的美国人是特朗普的追随者！听起来是有些可怕的。这些美国人都是贸易保护主义者吗？他们都是"鹰派"吗？

这些普通民众未必认为自己属于什么派别，但是他们拥有"社会理性"——特朗普推行"美国优先"，拉回产业，刺激国内生产力，增加了就业岗位，这就符合许多普通美国人的切身利益。2016年至2019年连续三年的超过3%的经济增长率，普通美国人会用这个指标对标奥巴马时期的低迷经济，进一步加强对特朗普的支持。

从这一点上说，特朗普的"出世"是必然之事。拜登当选总统后，脚下的道路也是历史既定的：美国人民需要就业岗位！

从这个角度说，美国大豆、棉花、猪肉、玉米等对中国的出口，都是这一需求的体现。

中国可能面临长期的进口压力。

拜登政府执政半年以来的对华贸易政策未与特朗普划清界限，2021年美国玉米大量进口中国，似乎就是无声的语言。

第二章

中国农业开放之政策思考

中国农业的改革开放在粮食生产和农民增收方面取得了显著的成就。据国家统计局数据，2020年全国粮食总产量66949万吨，比1978年增长了119.68%，年均增长1.89%。全年农村居民人均可支配收入17131元，比1978年增长12722.60%，年均增长12.25%。

　　但同时在农产品贸易、农业及产前产后外商投资、农产品销售瓶颈以及食品安全等方面，也出现了进口农产品逼退国粮、外商投资渗透严重、不正当竞争和转基因等问题。究其原因，这一局面的形成与我国农业开放政策的非系统性和滞后性不无关系。

　　目前，以上问题对于我国农业的根基——种植业形成了威胁，产前、产后的外商投资也对国产同类行业形成了技术抑制作用，销售环节的不正当竞争对农民增收形成明显的挤出效应，转基因技术在争议中越走越远。

　　鉴于此，对我国农业开放政策进行必要的反思，十分迫切。

从"调剂余缺"到"结构性失衡"

"调剂余缺"是改革开放以来粮食贸易政策的主要思路。在加入世贸组织前后,由于粮食进出口问题的存在,一些人提出了利用国内国际两个市场资源对我国粮食余缺和品种进行调剂。入世以后,官方公开的口径是"谷物基本自给,口粮绝对安全,只有大豆有一定缺口"。但是进口粮食每年递增,2015年,中国共进口粮食1.25亿吨,其中,大豆8169万吨,谷物及谷物粉3270万吨,玉米473万吨,小麦301万吨,稻谷及大米338万吨。2016年10月17日,《全国农业现代化规划(2016—2020)》明确提出:"部分农产品供求结构性失衡的问题日益凸显。"具体而言,大豆国内需求高涨,但是国内供给不足,玉米产量则远远超过国内需求。

这一结论其实是对"利用国内国际两个市场资源对粮食余缺和品种调剂"说法的反讽。

"调剂余缺"其实是我国古代有效调控粮食的重要思想。早在战国时期,魏国的李悝就提出"平籴法",即政府于丰年购进粮食储存,以免谷贱伤农,歉年卖出所储粮食以稳定粮价。到了西汉武帝年代,正式形成了"常平仓"制度。常平仓制度简单说就是国家在各地设立仓库,丰收之年粮价较低,国家便以比市场高的价格收购粮食,存入仓库;歉收之年粮价较高,国家便低价卖出粮食,平抑粮价。

新中国成立之后，经过了3年的粮食自由流通时期，为了工业化的需要，中央政府对粮食实行了统购统销的政策。统购统销本质上也是一种余缺调剂的手段，但是由于手段过于行政化，限制了价值规律在农业生产和农产品经营中的作用，导致市场活力不足。

改革开放之后，我国先后经过了"双轨制"、宏观调控、粮食保护价、市场化等多个阶段。但是由于政策制定者对于分散的小农经营体制缺乏足够的关注，翻烧饼式地出现了多次"卖粮难"和"买粮难"。如1978年至1979年、1983年至1984年、1990年、1996年至1997年是"卖粮难"的年份，而1980年至1981年、1988年至1989年、1993年至1994年是"买粮难"的年份。从"两难"的不断转换中可以清晰地观察到市场规律发生的作用：当粮食生产出现大的增长时，市场上的粮食供给就会增加，一旦供大于求，粮食价格就会下行，下行幅度越大，农民种植意愿越低，又会反过来影响产量和供给。当供给下降时，又会出现相反的一轮变化。比较而言，跟随型的调控政策在市场变化面前显得滞后，每当产量低下时，政府就会鼓励生产，这时也是价格高涨之时，符合农民的种植利益，但是当大家响应政策加大种植后，粮食上市后反而会因供大于求而导致价格下跌。这时政府往往鼓励减产，但是奇怪的是，当农民响应政策减产后，粮食上市反而导致供小于求，价格猛涨。政策跟在市场后面跑，滞后性显露无遗。

2001年入世之后，对于政策制定者来说，情况变得更为复杂。首先是出现了粮食进出口问题；其次，对于进出口的调控权力仅有一半。简单说，只能调控出口，难以调控进口。

把粮食进口考虑进来，就等于在世界范围内进行余缺的调剂。但是，究竟是否进口，一要看国内需求；二要看世贸规则。大家从本书第一章可以了解到，以美国为代表的进口粮价由于成本低和出口补贴的原因，价格远远低于国内同类粮食价格。国内加工企业从经济效益出发自然首选进口粮食原料，这一遏制不住的冲动最后会演变为向国家发改委申请进口配额。加工企业的理由很充分，也很容易理解。在国家眼中，这些企业承担着出口创汇的任务，他们的成本如果高于国际市场将不利于他们的竞争，因此发改委往往倾向于批准配额申请。但由于国内农民利益诉求的强烈性，发改委又处于尴尬的两难选择之中。

更令发改委头疼的是，进口配额和进口关税都不是中国单方面制定的。早在加入世界贸易组织之时，中国政府就签订了农业协议。正如第一章所述，世贸组织的农业协议书，是多国博弈的结果。如根据农业协议，我国小麦进口配额为963.6万吨；玉米配额为720万吨，大米配额为532万吨。配额内的产品享受1%—3%的关税，配额外产品WTO成员国之间关税为65%。协议还规定了非国营贸易的比例，小麦为10%，玉米为40%，大米为50%。这些硬性的规定之中，既有中国方面的自我保护的因素，也包含了出口国的利益诉求。

由于进口规则的限定和国内加工需求的旺盛，利用进口产品来进行调剂余缺，实践证明效果并不理想。到最后越调剂进口越多，直至"结构性失衡"。

在全球化竞争的背景下，调剂余缺的思想对于成本较高的发展中国家好处有限。

以市场换技术的沉思

"以市场换技术"曾是中国促进技术进步的一项重大方针。该政策起源于改革开放之初的汽车工业，后来扩展到多个领域。为了推广这种模式，1992年修改了中外合资企业法，同年大规模降低关税，取消部分进口许可证。为了调动地方政府吸引外资的积极性，中央还将以市场换技术的审批权下放。

但是，实际发生的情况与理想化的初衷发生了偏离。外资进来了，技术却没有换回来。不少产业在技术准备不足的前提下，被迫加入异常激烈的竞争之中。科学技术是生产力发展的关键因素和主导性因素。邓小平于1988年9月在会见捷克斯洛伐克总统时提出了"科学技术是第一生产力"的说法。具体到企业，可以说科学技术是企业的核心竞争力，是企业阻挡新进入者、获取超级利润的根基。那么，企业会不会用这种技术来换取市场呢？企业自然是希望获得市场的，但是把核心技术作为条件去交换又违背商业逻辑，因为技术是企业占领市场的核心竞争力。交换之后，企业暂时获得了市场，却永久性地失去了"核心竞争力"，市场也终究会丢掉。所以，外资自然希望得到中国的市场，技术却不愿意出让。可想而知，即使市场能换来技术，换来的技术也并非核心技术。

1979年7月7日，邓小平在第五次驻外使节会议上谈到对外经济合作问题时说："现在比较合适的是合资经营，比补偿贸易好，因为合资经营风险是双方承担。搞补偿贸易，我们得不到先进的东西。搞合资经营，对方就要经济核算，它要拿出先进的技术来。尽管它对某些技术有保留权和拥有权，但不管怎么样，总在这里用了，用了我们总会学会一点。"

但是，实际运行中，中国很长时间都未能对"以市场换技术"中的市场开放进行有效控制，在"换"技术过程中经常陷于被动。原因有二：一是作为"以市场换技术"的实施平台，合资合作企业是风险共担、利益共享的共同体。一旦外方不愿意出让技术，出口又没有竞争力，企业势必陷入亏损和倒闭的境地，这同时会造成中方政府、主管单位和企业的利益受损。因此中方为了避免损失也会允许或变相允许合资合作企业搞内销，即在未获得技术的前提下出让市场。二是外商投资项目审批权的下放是一把双刃剑。"以市场换技术"方针在地方上的展开，主要是地方政府根据《国务院关于鼓励外商投资的规定》的精神来贯彻实施。1986年该规定颁布后，全国各地迅速出台了配套优惠政策，掀起了利用外资的高潮。北京、辽宁、广州和安徽等地都出台了优惠政策，随着1988年引进外资审批权的进一步下放，各地竞相出台优惠政策，有些甚至不计成本引进。地方政府的竞争是"以市场换技术"政策产生挤出效应的催化剂。不少地方政府为了引进外资，搞活地方经济，只要外商投资就给其市场，以阻止外资另投他地，无形中弱化甚至忽略技术的引进。

具体到农业领域，外商投资目录针对农业生产经营的产前、产中、产后产业逐次开放，2017年新修订的目录显示，在禁止类别中仅有三项：1.我国稀有和特有的珍贵优良品种的研发、养殖、种植以及相关繁殖材料的生产（包括种植业、畜牧业、水产业的优良基因）；2.农作物、种畜禽、水产苗种转基因品种选育及其转基因种子（苗）生产；3.我国管辖海域及内陆水域水产品捕捞。在限制类别中，虽然对稻谷、小麦、玉米收购、批发作出了限制，并规定农作物新品种选育和种子生产中方控股，但实际上外资已经在这些领域占据了相当大的份额。正是因为开放时间过早、力度过大，我国涉农领域的农业科技贡献率始终与发达国家有较大差距。

农业科技进步率反映了农业科技对农业增长带来的贡献在农业总增长中的比重。大多数发达国家农业科技的贡献率都在75%以上，美国、德国、英国、法国等国超过了90%，而以色列的农业科技进步贡献率在20世纪80年代就已达到96.7%。根据有些学者的计算，我国1978年至2010年的农业科技进步贡献率为51.9%。2016年11月农业部发布的《农业科技创新能力条件建设规划》中指出，我国目前农业科技贡献率为56%。

本书后面将会讲到山东登海公司在玉米种业方面与杜邦先锋的合作案例，以及佳木斯联合收割机公司与约翰·迪尔的合作案例，都反映出中国农资农机企业"提前入世"的竞争状况及竞争结果。

当然，这一局面也许不会长久存在下去。

习近平总书记2014年5月在上海考察中国商用大飞机项目时说："中国是最大的飞机市场，过去有人说造不如买、买不如租，这个逻辑要倒过来，要花更多资金来研发、制造自己的大飞机。"

转基因之惑

因为关系到人们的生命安全，在中国农业的开放政策中，转基因政策是关注度最高、疑问最多的一类政策。

在我看来，转基因问题是两个问题：一个是科学问题，一个是政策问题。科学问题要用科学实验来解决，政策问题要以科学结论做依据。但是，就目前的种种情况来看，疑问颇多。

在转基因的科学问题上，表现为"三多""三少"：一是转基因新品种实验多，转基因安全性实验少；二是证明转基因有害的实验多，证明转基因无害的实验少；三是以权威机构做依据的评论多，以科学精神对待科学实验结果的少。

据我了解，到目前为止，国内支持转基因的科学家所做的安全性实验有两例：一次是2005年的7天小白鼠转基因灌肠实验，这是受托针对转基因抗虫水稻"华恢1号"和"Bt汕优63"的应用安全性实验；另一次是2013年的90天小型猪吃转基因大米实验。据介绍，这是受农业部委托所做的一项实验。采用猪做实验是因为猪的肠胃系统与人体极为相似，有助于研究。结果显示，转BT基因抗虫水稻与非转基因大米对猪具有同样的营养和安全性。

两项实验均遭到质疑，这并不可怕，因为科学也就是在不断的证伪过程中接近真理的。遗憾的是，两项实验只公布结论，不公布实验数据，既令人费解，也失去了科普的机会。

除此之外，科研机构对于转基因实验的态度大可推敲。在一篇《剖析国际十大"转基因安全事例"》的文章中，某著名研究机构逐一驳斥了国内外关于转基因的十个实验。作为科研机构，它不是针对实验程序、实验过程、实验数据发表看法，或者以自己的实验结果加以对比，而是以英国皇家学会的评审报告、美国环保局专题研究结论、《自然》（Nature）杂志的意见、欧洲食品安全局的评审意见等权威机构的看法作为依据来批评这些实验结果，口吻似新闻评论而非科学论文。

客观地说，转基因在国内科学界仍然是一个有争议的问题。那么，我们的农业政策怎样呢？基本上可用"一波三折"来形容。

2001年的时候，中国政府对转基因抱着非常谨慎的态度。但到了2002年3月，中国政府对转基因条例的态度突然发生改变。据《中国经营报》报道，美中之间达成了一个临时性过渡协议，美国可以继续不受干扰地向中国出口转基因产品。此消息一经传出，芝加哥大豆期货价格一夜之间就跳涨了10多美分。

2004年年末，中国国内媒体再次相继曝出，转基因大米很快就将摆上中国人的餐桌了。因为农业部国家农业转基因生物安全委员会已经接到转基因水稻商业化申请，并将其列入讨论日程。

2005年年初，农业部对转基因商业化的态度再次变得谨慎。因为在获得正式审批前，湖北省就提前出现了转基因稻米，此消息一出，立即被国内外各大媒体转载，给中国造成了一定程度的负面国际影响。对于中国政府对转基因的态度，外界则认为是严格审批制度的"反弹"。

到了2006年，《国家中长期科学和技术发展规划纲要（2006—2020）》将转基因技术列为唯一的农业科技重大专项，此后，该专项经历了无数次的讨论和修改。据参与讨论与修改此专项的专家透露，其实中国政府的态度就是，边实施边完善。

2008年7月9日，国务院常务会议审议并原则上通过了转基因生物新品种培育科技重大专项。该专项资金来源于科技部，拟投入约240亿元。课题资金将主要投入优势基因的挖掘、转基因品种的选育和产业化。其中水稻是主要发展的作物之一。

2009年10月，两种转基因水稻和一种转基因玉米的安全证书获得中国农业部的正式批准，当时农业部表示，3—5年内，转基因水稻将率先在中国上市。此消息一出，令人震惊，这意味着中国正大踏步向转基因主粮商业化推进。

不过，还不到一年的时间里，我们的态度就出现了180度的大转弯，这一进程明显已被放缓。

2011年，农业部相关人士透露，5—10年内中国不会推行水稻、小麦的转基因商业化，但转基因玉米商业化的步伐可能会进一步推进。

从中央一号文件中所涉及的转基因表述来看，也反映出政策基础的变化。2007年中央一号文件首提严格执行转基因食品标识制度；2008年强调启动转基因生物新品种培育科技重大专项；2009年和2010年提出要加快推进转基因科技重大专项；2012年则提出了"分子育种"这一与转基因相近的说法；2015年首次提出"加强农业转基因生物技术研究、安全管理、科学普及"。2016年一号文件提出了"加强农业转基因技术研发和监管，在确保安全的基础上慎重推广"。"慎重推广"比科学普及更近了一步。

2016年8月，国务院在印发的"十三五"国家科技创新规划中明确表态，要加大转基因棉花、玉米、大豆研发力量。2019年12月30日，我国农业主管部门历经11年后再次向国产转基因抗虫耐除草剂玉米"DBN9936""瑞丰125"和转基因抗除草剂"SHZD32-01"大豆发放了第二批安全证书。2020年1月，中美经贸协议对中国政府审批转基因的流程、时间、决定作出了规定。这些迹象引发了业界关于转基因的诸多思考。

农业并购与国家安全

2016年9月20日，在顺利通过美国外国投资委员会安全审查后，中国迄今为止涉案金额最大（504亿美元）的海外并购案中国化工集团收购先正达案又起波澜，美国参议院司法委员会召集"美国种业和农化市场的合并与竞争"听证会，要求重新讨论包括中国化工并购案在内的三大农业并购案。

美国参议院司法委员会主席查尔斯·格拉斯利在8月24日就对媒体说，一些农业领域大型公司之间价值数百亿美元的交易可能减少该领域的竞争，"在大多数情况下，竞争减少会导致价格上涨，消费者将付出更多。而在农业领域，农民既是（种子和化学品的）消费者，也是产品营销者。"查尔斯·格拉斯利是主张深度审查中国化工并购的主要人物。

美国在农业并购审查方面所持的强硬态度，使中国境内的农业并购审查相形见绌。

本书将在后面章节详细描述中国油脂行业被外资渗透的过程。至2006年4月，全国97家仍在开工的大型压榨企业集团中，64家为外资独资或外资参股，前十大压榨企业中仅有黑龙江九三油脂一家没有外资成分。其实，早在1995年6月，就经国务院批准，国家计划委员会、国家经济贸易委员会、对外贸易经济合作部发布了《指导外商投资方向暂行规定》，规定国家计委会同有关部委编制、修订《外商投资产业指导目录》。但是在最早期的《目录》中，鼓励、限制、禁止三类目录描述宽泛，基本不涉及具体产业，更无"农业"二字。

也许是受"中国海洋石油有限公司并购美国优尼科公司案"和"美国凯雷并购中国徐工案"的影响，2007年中国出台了《反垄断法》。《反垄断法》是目前我国对外资并购进行审查的最高级别法律。

同一年，美国出台了《2007外国投资与国家安全法》。在该法中，美国对"国家安全"直言不讳。在《反垄断法》中，中国侧重"反垄断"概念，仅在第七条和第二十一条中提及"国家安全"，并且把国家安全审查限制在"经营者集中"。"经营者集中"是该法定义的三种垄断行为之一。但无论如何，"国家安全审查"终于被提上了日程。

那么，农业并购涉不涉及国家安全呢？《反垄断法》没有明确。

2008年一起农业并购案引起了广泛的讨论。2008年9月3日，可口可乐和汇源公司高调宣布双方实施要约并购。两个月后，商务部正式立案审查。2009年3月18日，商务部正式发出通报，依法作出禁止可口可乐并购汇源的决定。农业安全成为当时的热门话题。

就在该案审查期间，2008年10月19日，《中共中央关于推进农村改革发展若干重大问题的决定》全文公布，文件首次提出"建立外资并购境内涉农企业安全审查机制"。有关人士认为，可口可乐一案的结果与该文件出台有密切关系。

然而，令人不解的是，2008年中央文件就已经提出了"建立外资并购境内涉农企业安全审查机制"，但至今只开了花未能结果，没有出台相对应的法律法规。有人认为，立法没有必要具体到某个产业，美国《2007外国投资与国家安全法》中，同样没有具体到农业产业。其实，《2007外国投资与国家安全法》中有一条原则性规定："由外国政府控制的公司并购项目属于'国家安全'范畴。"实际上已经囊括了所有产业。

在完善涉农企业并购审查法律法规时，还应重视外资对农业龙头企业的控制趋势。跨国公司并购曾有"三必须"之说：必须是龙头企业、必须绝对控股、预期收益必须超过15%。农业龙头企业集成了农业领域的资本、技术、人才等生产要素，带动农户发展专业化、标准化、规模化、集约化生产，是构建现代农业产业体系的重要主体，是推进农业产业化经营的关键。支持龙头企业发展，对于农民就业增收具有十分重要的作用。中国的农业产业政策给予了极大的支持。

农业还具有十分明显的全产业链价格利润联动关系，产业链上一旦某个环节被垄断，也会严重侵蚀相关行业环节。这也是国际粮商纷纷布局产业链经营的内在原因。因此，安全审查不仅应关注并购项目对该行业的直接影响，也应注重并购项目对相关环节的间接影响。

2017年6月8日，中国化工集团宣布，完成对瑞士先正达公司的交割，收购金额达到440亿美元。

"走出去"路在何方

自2007年"走出去"被立为国策至今已有十余年的时间。那么成果如何呢？

《中国农业海外投资企业社会责任风险识别与评估》数据，2004年中国农林牧渔对外直接投资存量为8.34亿美元。另据农业部数据，截至2015年年底，中国农业对外投资存量超过117.4亿美元，增长了13.1倍。可以说，成效是明显的。但是相比同期我国对外直接投资存量创下的超万亿美元战绩，农业只占1.1%。专家评价，农业对外投资企业多为中小型企业，难以形成规模经济，抗风险能力明显不足。

党的十七大报告为"走出去"指出了明确的目的，即建立中国在"全球化条件下参与国际经济合作和竞争的新优势"，那么这一"合作与竞争的新优势"在农业领域具体表现为什么呢？2008年，《国家粮食安全中长期规划纲要（2008—2020）》对此作出了回答："鼓励国内企业'走出去'，建立稳定可靠的进口粮源保障体系，提高保障国内粮食安全的能力。"

2007年，官方对粮食形势的结论是"粮食供求将长期处于紧平衡状态"。"从中长期发展趋势看，受人口、耕地、水资源、气候、能源、国际市场等因素变化影响，上述趋势难以逆转，我国粮食和食物安全将面临严峻挑战。"因此把粮食安全作为农业走出去的目标固然不错。况且当时正值国际粮价上涨时期，但是，从企业实践的角度看，国家目标与具体政策并不配套。

"我们企业走出去到海外种地，收获的粮食想回国内销售，为什么这么困难？"一位投资柬埔寨的广西某企业负责人在一次论坛上提出疑问。这位负责人说的其实是回国销售碰到的进口配额问题。在2001年我国加入世贸组织之时，就对主要粮食品种设定了配额指标，但是，在进口配额中，小麦国营贸易比例为90%，玉米为60%，大米为50%。民营企业缺少配额就无法回国销售。

一位专家指出，中国在加入WTO时，的确没有考虑到在海外种粮后能否运回国内的问题。"目前，我国对于这种'海归'粮食尚无协议。"

"最根本的问题在于，我国缺乏宏观层面的农业走出去战略，尤其在国家层面，战略思维与准备不足。"中国人民大学农业与农村发展学院副院长朱信凯在接受记者采访时说。

他指出，虽然国家发改委、农业部、商务部等部委都分别制定了支持"农业走出去"的相关政策，但是到底企业在海外买了多少地？在这些土地上经营什么？这些粮食销往哪里？他们有什么样的经验与困惑？对于诸如此类的问题，并没有一个部门来全面协调与规范。尽管相关部门已经开始重视这些问题，但是由于部门交叉分工，缺乏统一布局和规划。

实际上，2008年，我国粮食产量达到了52870.92万吨，当年人口132802万人，人均398.1公斤，而且已经是"五连增"的局面。粮价上涨必然吸引各国加大粮食生产，那么，增长到何时是个临界点？到那时我国农业走出去又将如何保障粮食安全？对于这些问题，政策多少显得有些滞后，缺乏必要的预测性和前瞻性。2015年，我国粮食产量已经达到62144万吨，比上年增加1441万吨，增产2.4%，实现"十二连增"。人均拥有粮食452.1公斤，跨越了世界人均粮食富裕线。国家不得不把2020年的粮食产量目标确定在5.5亿吨以上。相反，国内粮食结构性失衡的问题显示出来，"去库存、去成本"成为迫在眉睫的事情，那么，农业走出去显然无须海外种粮、回国销售了。

其实，"走出去"是两个层面的事情，企业层面是为了追逐利润，国家层面是为了实现国家战略。国家通过"以利相诱"的方式，使企业在帮助国家完成战略任务的同时能够获得利润。就国家层面来说，在全球化竞争的背景之下，必须坚持"买全球、卖全球"的路线，但是，这并不是说要忽视我国的粮食生产，相反要在保证我国国内生产能力的前提下"走出去"，走出去的目的并不一定是海外种粮，从2007年至2015年的粮食增产情况来看，我国是拥有自给自足能力的。

"走出去"最主要的是向海外销售粮食，目前，我国拥有全球库存量基本相当于一年的产量，去库存压力十分巨大，如何才能在不明显影响世界粮价的前提下减少库存，应该是农业走出去的首要目标。这就需要国家在战略层面制订粮食库存内销和外销规划，并配备相关支持政策，鼓励我国企业向具有比较优势的国家和地区销售库存粮食，特别是历史上和我国具有对外援助关系的国家和地区。并在这些国家培育种植基地、仓储、物流、港口等基础设施，真正为我国建设起来双向的粮源保障机制。

公益还是商业?

公益，还是商业?

翻看农产品流通市场发展的历程，可以清晰地看到一个"拐弯"轨迹。早在1992年，批发零售业还属于禁区。此后一路绿灯，投资额在2013年达到顶峰，约108亿美元。据国家发改委《2015中国双向投资发展报告》显示，批发与零售业近年来成为外商对华服务业投资的重要行业。2002年至2014年，批发与零售业累计外资企业66762家，实际使用外资金额达635.74亿美元。

外资的进入，虽然给中国的农产品批发零售业务带来了资金、技术和新的观念，但是也必须看到，批发零售业务经过30多年的发展，仍然存在着缺乏有效规划、监管无序、重复建设、资源浪费、进店成本过高、农产品卖难、优质不能优价、物价难以平抑等问题。

从文件上看，中央于2011年就开始提出"公益性"的概念，这源于2008年至2010年间蔬菜价格的快速上涨。蔬菜价格上涨的主要原因是流通环节多、流通成本高，多数看法认为，建设公益性市场可以解决这一问题。2011年8月，国务院办公厅在《关于促进物流业健康发展政策措施的意见》中第一次提及农产品市场的公益性。2012年起被写入中央一号文件。2014年商务部在全国试点建设10个公益性农产品批发市场，2015年出台《公益性农产品批发市场标准（试行）》，2016年4月，由商务部等12部门联合印发了《关于加强公益性农产品市场体系建设的指导意见》。2016年的《意见》提出了覆盖全国的、公益性的、全方位的农产品流通销售体系："计划争取至2020年，初步建立起覆盖全国农产品重要流通节点，以跨区域公益性农产品批发市场为龙头、区域公益性农产品批发市场为骨干、公益性农产品零售市场和田头市场为基础的全国公益性农产品市场体系。"

但是，2011年的政策转向，引发了广泛的争议。

一些研究者认为，"买难卖难"问题长期难解，很大程度上与目前农产品批发市场违背其公益性的本质属性有关。农产品批发市场只有做到公益性，才能便于国家管理市场治理价格。国家投资建设的公益性批发市场，能为农民和销售商提供可靠的供求信息，并且不以盈利为目的，因此减少了农民种植和销售商采购的盲目性，保护了他们的利益，同时也大大降低了农产品流通的成本。

另一些研究者则认为，公益性农产品市场的公益性难以界定，相关部门并未给出明确解释，同时，企业化运营的市场与公益性自身难以融合，两者甚至不能兼容。笔者认为，把企业运营和公益性完全对立起来，并不符合实际情况。

在美国、法国、日本、韩国等国家，批发市场主要是"公益型"的。"公益型"农产品批发市场的建立需要相关业务主管部门的审批，而投资主体为国有企业或地方政府，对于开设新市场，会受到批发市场总体规划的严格限制。美国也非常类似，批发市场的土地、设备都由政府投资购买和建设，然后交由一个独立的公司去管理，这个公司需要向政府交纳租金。市场管理严格，进出都要检查，政府卫生部门每天都要进去抽查。美国人认为，正像城市的人们离不开自来水和电力照明一样，城市的人们也离不开蔬菜和肉类，建设批发市场就像建设自来水厂一样，批发市场成为城市的一种公益设施。除此以外，农产品批发市场的公益性还体现在，承担政府农产品价格调控等公益性服务职能。如美国农产品批发市场内派驻有政府的公务人员，从事产品供求、价格信息搜集等工作，工资列入政府开支。

和这些国家相比，中国的批发市场则属于"企业型"。在这种批发制度下，绝大多数批发市场都不需要政府主管部门的审批，而投资的主体主要为社会资本。这就导致了农产品批发市场缺乏总体规划，相关部门对批发市场的控制能力也较弱。当然，在这种制度下，20世纪80年代后，中国的农产品批发市场获得了长足发展，目前社会资金兴办的就达到了4300多家。但这些市场从某种程度上说，仅仅是农贸市场的放大，脏、乱、差、"乱批"等问题突出，从长远来看，这些批发市场大部分都要退出历史的舞台。

与美国的批发市场相比，中国批发市场的规模化往往通过扩大建筑面积、增加进驻单位数量来实现，但是这样一来，单个批发商的经营规模没有发展起来，成本难以降低，无法经受市场风险。目前在中国，流通成本高达50%—70%，批发企业规模小是重要原因之一。早在20世纪90年代，美国就降到了12%，目前更是下降到10%以下。什么原因呢？就是因为美国的批发市场中的批发商数量虽然不多，但是单体经营规模很大，几乎可以垄断某一项产品的流通。这样规模的批发商不仅经受得住市场风险，而且可以成为政府宏观调控的重要帮手。

批发市场掌握在政府手中，政府可以为批发商、零售商提供诸多民营投资者不愿或无法提供的服务。比如，增加冷库设施，目前我国建有冷库设施的批发市场还很少，一般都是当天上市当天售完，否则商品质量难以保持，造成损失和浪费。再比如，在批发市场中设立加工生产线和配送中心，这是现代批发市场的重要组成部分，批发市场开展配送业务具有得天独厚的优势。

当然，发达国家的先进经验只有当政府对批发零售市场进行统一规划之后方能发挥更大的作用。

不正当竞争何以禁而不止？

上一节谈到农产品批发市场，其实从《关于加强公益性农产品市场体系建设的指导意见》的内容来看，我国不仅要建设公益性批发市场，而且要建设一个包括公益性零售市场在内的农产品流通体系。在目前农产品零售超市良莠不齐的局面下，这是十分必要的举措。我想说的是，正是因为外资超市违规操作，导致了市场的"柠檬效应"，使得许多农产品无缘超市。

在中国家庭农场联盟为成员单位寻找销路的调研过程中，一位黑龙江五常大米的种植者说道："超市？我们不进！坚决不进！我们的原则是只做先款后货一种形式。"我不知道他的想法能否行得通，但我也十分理解他的心情。他放下电话的最后一句话是"超市把我们农民折腾苦了"！

农民说的这种"折腾"指的是超市收取的各种名目繁多的费用，这一点在本书第十二章中有详细的讲述，此不赘述。

从全国范围来看，农产品批发市场是农产品流通体系中最大的主体，占据了农产品销售的80%。但是在大城市，超市凭借其便利的交通位置、优良的购物环境、丰富多样的商品，还有周到的服务，成为市民们的首选购物渠道。正是因为这样的优势地位，导致一些零售商家开始打起了供应商的主意，向供应商转嫁竞争压力，收取与商品无关的各种费用。

盘剥供应商，首先出现在发达国家。20世纪30年代中期，美国出现了零售连锁企业向供应商收取各种费用的现象，包括交纳进场费、提高折扣比例等，使供应商不堪重负，最终迫使全美中小制造商及经销商联合起来向美国联邦法院起诉。这一起诉导致了《罗宾逊·帕特曼法案》的出台。

1936年，美国国会出台的这部法律规定：对有可能垄断市场的商家不许向供应商收取进场费，禁止向供应商要求特殊折扣等不合理费用，对供应商不能采取大小有别的政策。

毫不夸张地说，这部法律改变了零售业的历史。它最终杜绝了美国零售连锁企业依靠压榨供货商获取利润的现象。

同样，在日本和韩国，盘剥供应商的行为将会遭到执法部门的重罚。在韩国，家乐福超市和供应商有着很深的矛盾。家乐福往往把销售不好的责任推卸给当地供应商，以压低供应商供应产品的价格，这引起了供应商很大的不满。韩国公平交易委员会称，在1998年到2001年期间，家乐福对供货商的各类不合理收费高达1776亿韩币（约1.36亿美元）。韩国法律规定，大规模销售性企业在进行促销活动时，与商品不直接相关的费用不得要求供货商承担。由于违反这一规定，在1999年至2001年的3年间，韩国政府已经三次向家乐福发出罚款通知，罚款数十万美元。

在日本，这种情况也十分突出。家乐福在日本的进货渠道只有55%的商品是直接从厂家进货的，另外45%的产品必须从中间商那里进货。家乐福一向以低价著称，在供应商那里屡屡受阻之后不得不撤出日本。

其实，国家对于超市收取进店费早有规定。2006年11月15日，由国家商务部、发改委、公安部、国家税务总局、国家工商总局共同颁发的《零售商供应商公平交易管理办法》正式施行，明令禁止零售商以店铺改造、装修为名，向供应商收取未专门用于该供应商特定商品销售区域的装修、装饰费；如果未提供促销服务，也不得以节庆、店庆、新店开业、重新开业、企业上市、合并等为由收取费用。同时禁止收取的费用还有：以签订或续签合同为由收取的费用；要求已经按照国家有关规定取得商品条码并可在零售商经营场所内正常使用的供应商，购买店内码而收取的费用；向使用店内码的供应商收取超过实际成本的条码费；其他与销售商品没有直接关系、应当由零售商自身承担或未提供服务而收取的费用。

但是，这些规定在实际中却形同虚设。2016年，当笔者向某超市推荐中国家庭农场联盟的优质农产品时，一位采购经理对笔者说："一个条码8000元！"我吃惊地问道："国家不是规定不准收进店费吗？"他像看一个外行一样地笑道："尽管对外宣称没有进店费，但是实际哪家都有的。"

这是我们需要的改革吗？

2016年12月27日，中国家庭农场联盟的成员朋友、黑龙江农垦总局北安农场的刘术波告诉我：今年玉米不好卖，他种的900亩玉米，以每斤平均0.38元的价格出手，亏大了！据他说，逊克农场更惨，只有0.28元一斤！

10月初的时候，我曾以刘术波为例，在由中国农业大学中国农民问题研究所主办的"新时期新型农业经营主体发展模式创新研讨会"上，帮他算了一笔账：种植玉米900亩，测产650公斤/亩，当时黑龙江北安农场当地的价格是0.45元/斤（潮粮），共收入52.65万元，成本为780元/亩，共70.2万元，补贴为128元/亩，共计11.52万元，净亏损6.03万元。刘术波还种有600亩大豆，加上补贴，大豆净收入4.84万元。二者盈亏相抵，共亏损1.19万元。当时刘术波在电话里说："我们家全靠水稻撑着呢，我妈和我弟弟在建三江还种了2000亩水稻，能挣44万元。"但是，按照刘术波实际出售的价格0.38元计算，则玉米一项亏损为14.22万元，玉米、大豆、水稻盈亏相抵，纯收入为34.62万元。

我内心十分担心刘术波下一年的生计。因为据相关报道，2016年玉米实行生产者补贴制度后，小麦和水稻将"紧随其后"。一旦水稻价格放开，刘术波的水稻价格将无法保持在1.4元/斤的水平。一斤水稻大约等于0.7斤大米，中国进口越南大米到岸完税价格才1.467元/斤，折合水稻价格1.03元/斤。按此价格计算，刘术波家的2000亩水稻纯收入也将变成净亏

15.2万元！当然，水稻并未像玉米那样取消托市制度，而是采取逐步降低最低收购保护价的办法"市场化"。2018年，稻谷最低收购价格在上一年微降（早籼稻、中晚籼稻、粳稻每斤分别下调3分、2分、5分）的基础上大幅度分别下降1角、1角、2角。根据国家发改委发布的黑龙江粳稻成本收益数据，这一年2000亩水稻净利润比2016年缩水了50多万元。

放开粮价的目的之一是让粮食价格随行就市，以市场形成的价格顶住进口粮食的冲击。但是在旧的购销体系被打破、新的购销体系尚未建立起来的条件下全面放开粮价，是否能达到"国粮顶住洋粮"的目的，令人十分担忧。

在玉米生产者补贴制度改革的设计中，有关部门参照进口玉米的到岸完税价格制定了"市场价格"，认为玉米市场价格降到每斤0.76—0.80元之间，是比较合理的。然后再依据农民的种植成本进行补贴。农民的种植成本是多少呢？据国家发改委价格部门计算，包括土地和劳动力成本，玉米成本在每斤1元上下。怎么补呢？按中央农村工作办公室副主任陈锡文的说法，"在市场价格的基础上进行补贴，补齐后的价格肯定要低于1元/斤"。说白了就是，市场价格为0.76—0.8元/斤，国家补贴低于0.2—0.24元/斤。

按照多位农业政策高官的公开说法，这是考虑了市场价格、农民利益和财政承受能力三个因素之后的整体设计。

但是，需要说明的是，粮价改革所依据的"市场价格"是一个自变量[1]。它的升高或降低都会直接引发其他两个因变量的变化，即进口价格升高，农民收益同步升高，财政补贴同步减少；相反，进口价格降低，农民收益会同步减少，但因为受到财政承受能力限制，财政补贴不会增加。

那么，我们反过头来再看，"市场价格"即进口价格会不会进一步降低呢？

---

1. 在数学等式中能够影响其他变量的一个变量叫作自变量。

国际大宗粮食商品的计价方式为期货价格+升贴水+港杂费+报关费，即现货价格受到期货价格的决定性影响。而期货价格又受到全球供求关系的影响。

根据美国农业部2016年3月的预估报告，2015—2016年度全球玉米总供给量130365万吨，总消费量为108751万吨。期末库存量为21614万吨。中国在2016年放开玉米价格之后会怎么样呢？毫无疑问，玉米现货价格势必被期货市场打压下去。根据农业部的表态，到2020年共调减5000万亩玉米，2016年将调减1000万亩玉米，按照农业部种植业司数据，2015年玉米平均亩产量为393公斤，那么1000万亩即为393万吨。这一点调减量还不足1.2亿吨（2016年国储玉米收购量，新政策是不增加新库存）的零头。笔者也从各地农场获得消息，东北国有农场调减比例从20%至35%不等。按照30%的调减比例计算，大约减少的玉米产量为6700万吨，即全国共调减1.7亿亩以上的玉米，全球市场仍将增加5300万吨的供给量。实际上到了2019年，全国玉米播种面积6.192亿亩，比2015年（6.74526亿亩）减少了5532.6万亩，产量26077万吨，比2015年（26361.31万吨）调减284.31万吨。2019年全国玉米平均收购价格为0.9元/斤。

这个结果基本符合改革者的预期。但是改革没有改变一个基本的事实——国内农产品具有成本劣势。经过2018年的大剂量抛储（1亿多吨）和2019年2000多万吨的拍卖，据估计库存玉米数量约为5000万吨。尽管玉米进口配额（720万吨）尚未发生变化，但是业内人士多认为，储备抛完之日，很有可能便是大量进口之时。国产玉米退出去的这1.7亿亩，会不会导致国际低价玉米更便利地、大规模地涌入中国呢？

果真如此的话，这是我们需要的改革吗？

第三章

大豆沦陷祭

2003年12月，芝加哥的冬天用当地气象预报员的话说是"血淋淋的冷"。不过对于来自中国东北大连的李广富来说，这算不得什么。街头已经出现了圣诞树，但是他的心思全在大豆上。

　　来美国已经第三天了，中美双方的谈判还在继续。谈判的焦点主要在价格上。美国人坚持采用芝加哥期货交易所的期货价格作为定价基础，而芝加哥期货交易所的大豆价格从8月的500美分/蒲式耳一路猛涨到了12月的700多美分/浦式耳。涨价的起点是8月12日，那一天美国农业部调低了大豆产量预测，理由是天气干燥。把计量单位换算过来，并按当时的汇率计算，相当于从1900元/吨涨到了2661元/吨。这是什么概念呢？马上就要签约的大豆合同数量为250万吨。这得多花多少钱！小学生都能算出来19个亿！

　　令中国商人犯嘀咕的是，下一步的价格会怎样呢？上升，还是下跌？要知道，即使签完合同后马上发货，到达中国东部港口最快也要两个月。两个月时间价格降下来自然好，接着涨可就完了。这就是风险。许多专家都说，现在的价格是历年上罕见的，基本上达到了顶点，不会再涨了。可是谁知道呢？凭李广富多年经商的经验，生意场上没有绝对的事。

疯狂芝加哥

美国中西部时间2003年12月18日下午1点，签字仪式在芝加哥期货交易所的董事局会议室里举行。除了官方和企业界人士，美方还专门请来了美国《华尔街日报》《纽约时报》《世界日报》、伊利诺伊州电视台等9家媒体，加上中国中央电视台驻美记者，100多人的现场顿时春意盎然。

美方出席仪式的最高级别代表为伊利诺伊州的参议长埃米尔·琼斯，中方采购团领队则是时任商务部副部长的廖晓淇。签字仪式的主角是中美双方的企业，美方共有10位代表：ADM、特福芬、路易达孚、ZEN-NOH、诺贝尔谷物、邦吉、FGDILLC、CENEX HARVEST、嘉吉、康尼格拉；中方企业代表共12位：中国粮油食品进出口（集团）有限公司、大连华农豆业集团股份有限公司、秦皇岛金海粮油工业公司、浙江省粮食集团有限公司、汕头市中星油脂有限公司、大连华良企业集团有限公司、龙口新龙食油有限公司、中谷粮油集团公司、山东渤海油脂工业有限公司、金光食品（宁波）有限公司、统一嘉吉（东莞）饲料蛋白科技有限公司、福建康宏股份有限公司。

双方代表分列两边，眼神中都流露出兴奋的光芒，打了近10年交道，双方老总第一次面对面。其中最兴奋的莫过于李广富了，他的大连华农豆业集团股份有限公司成立于1989年，每年以29%的速度增长，2003年压榨规模已经达到350万吨，销售收入超过50亿元。李广富的雄心是成为中国油脂行业的旗舰，下一个目标是年压榨量达到500万吨。为了达到这一目标，他成立东莞华农公司立足珠三角市场，成立南京华农辐射长三角市场，成立霸州华农辐射京津唐地区。尽管同行的有中国粮油进出口界的大佬中粮集团，但是由于此次李广富抛出去的采购单高达80万吨，一举超过中粮，因此他毫无悬念地成了今天的主角——在随后举办的"中美大豆行业联合研讨会"上，李广富作为唯一一个企业代表做了专题发言。

尽管媒体之前就已经得知签约的数量，但是签字现场仍然爆出了冷门：在签完250万吨（14亿美元）采购合同之后，双方竟然又签了一份250万吨的意向合同！美国大豆协会人士马上激动地指出：如果第二份合同能够履行，中国本年度采购将达到900万吨！消息迅速穿过玻璃门，冲下楼梯，传遍整个交易大厅，全场震撼，交易员全部停止叫卖，发出雷鸣般的欢呼。

大雪跟随着冷风穿过芝加哥的街道，然而在芝加哥人的眼中，一切都那么给力！美国人不禁激动地想起美国作家诺曼·梅勒的那句名言："芝加哥是一座伟大的城市，是美国硕果仅存的伟大城市！"

图一：我国大豆历年进口量（1990—2020）（单位：万吨）

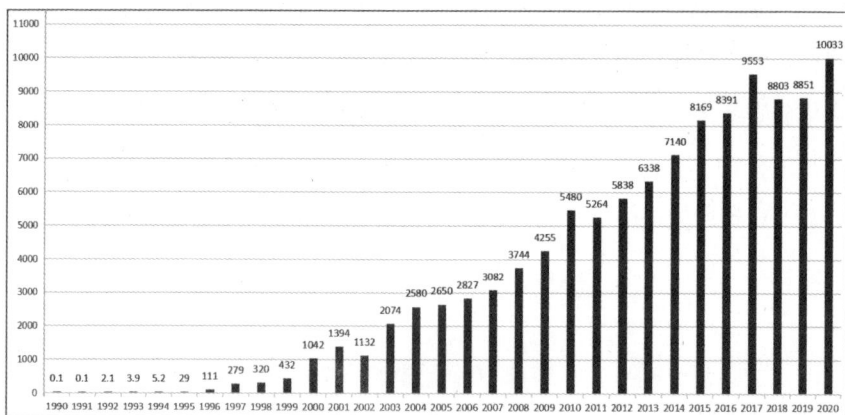

资料来源：海关总署

价格过山车

12月22日，中国大豆采购团起程返回中国。23日，大豆价格继续涨，31日，2003年的最后一天，美盘大豆主力合约报收于789美分/蒲式耳。

真是人走背运喝凉水都塞牙。整整一个春节，中国的大豆采购商们都过得提心吊胆，大豆价格一路飘红，过了年，到2004年3月，终于冲上历史高点——1064美分/蒲式耳。读者朋友也许会问了：不是已经签完合同了吗？为什么还担心价格上涨呢？价格上涨不是说明签合同时的价格低吗？要回答您这个问题，就需要说清楚大豆采购中的定价方式。美国大豆的定价方式是期货价格+升贴水。升贴水反映的是商品现货市场与期货市场价格之差，这个差值为正数就是升水，反之就是贴水。说白了，就是买卖双方所在的两个市场的运输费和持有成本，持有成本包括储存费用、利息、保险费用等。双方签订合同时只谈定这些费用，就是确定了升贴水，但是并不确定期货价格，而是在合同确定的交货期限之内由买方在双方约定的期限内选择一个日期的期货价格作为合同中的期货价格，业内称为"点价"。这个办法看起来对买方有利，其实存在极大的不确定性，因为期货价格由市场中为数众多的买家和卖家根据各自对市场的预期交易形成，谁也无法左右，只能预测。所以，现货商都要通过套期保值的策略来降低其中存在的风险。

从后来的媒体报道中得知，李广富点的价格是4100元/吨，换算之后为1078美分/蒲式耳，是相当高的价格了。其实这还算低的呢，按照14亿美元购买250万吨计算，平均单价相当于4635元/吨。

读者朋友可能又要说了，水涨船高，大豆价格涨了，由大豆压榨成的豆油和副产品豆粕的价格也会同步上涨啊，成本推升嘛，反正可以将涨价的部分转嫁到消费者身上。

您说得没错。可是谁又能想得到呢？采自美国的大豆刚刚点价付款完毕，美国农业部公布美豆获得意外大丰收，芝加哥的大豆期货价格一路狂泻，从4月开始，四五个月之内重新跌回500美分/蒲式耳左右。这样一来问题就出来了：你按最高点价格支付的大豆原料款，但反过来你又要按跌下来的价格出售豆油和豆粕。简单说，中国大豆采购团以超过4000元/吨的价格采购的250万吨大豆每加工一吨就要亏200元。中国大豆商一片愕然，然后是惊恐，再然后就是逃跑了——已经订购的大豆干脆不要了，美国人再打电话到中国要求履约，停机了，关机了，电话无法接通了……

压榨业沦陷

中国人怒了，准确地说是中国的媒体怒了："大豆价格被操纵了吗？""中国为何以最高价购买美国大豆？""中国是全球最大的大豆消费国，为何没有定价权？""国际基金高位狩猎中国！""美国农业部和大豆协会提供虚假数据！""数据有无人为操纵因素？"……

伴随着媒体的声讨，国内大豆压榨企业艰难地走到了2004年11月，这个月大豆油最低跌到5500元/吨，豆粕最低跌到2400元/吨。亏损一步步放大。李广富的华农豆业在进退维谷中只好选择停产。全国7个厂全部停产，每月损失高达3000万元。

经历了连续7个月亏损之后，2005年5月16日，压榨能力占全国一半的16家中国压榨厂家聚首北京，达成一致对外的意见：国际大豆供应商必须降价，否则大家将联手减少第二季度的进口到货量，并将下半年进口量减少一半，同时共享现有库存。

国内商家的动作果然有了效果，四天之后，国际大豆供应商们也来到了北京，研讨联合应付来自中国压榨商的"威胁"。研讨的结果正如后来媒体报道的那样：硬挺着的中国压榨商已经到了一根稻草就能被压垮的地步。

谈判不如收购！2005年9月7日，ADM董事长兼总裁艾伦·安德烈在华尔街发表了一份报告，报告中称："中国有投资机会。"美国大豆协会中国代表处向其总部写信称："今年是进军中国、整合大豆行业的时候了。"

李广富的企业卖出了部分股权，2005年10月25日，他与托福国际集团主席史蒂芬在战略合作协议上签字。说是战略合作，其实是出售了湛江华农30%的股权。托福国际是什么背景呢？大股东就是美国四大粮商之一的ADM。之后李广富的南京华农被四大粮商的另一家邦吉拿走，东莞华农归了居四大粮商之首的嘉吉，霸州华农则被四大粮商的最后一个路易达孚兼并。这四家国际粮商通过快速收购，很快掌握了中国三分之一的加工能力。至2006年4月底，仍在开工的97家大豆压榨企业集团中，外商独资或外资参股的有64家。翻看中国前十大压榨企业的资料，可以一目了然，无任何外资参股的企业仅剩一家——黑龙江九三粮油工业集团。九三粮油工业集团为北大荒集团的全资子公司，该公司总经理田仁礼历来拒绝采用美国大豆。其实九三油脂也早就被外资盯上了，最早向九三油脂伸出橄榄枝的是ADM。田仁礼在接受采访时还记得前来向其表示合作意向的那个ADM的中层经理，干净的白衬衫、笔挺的西装，脸上始终挂着平和的微笑，让人感到自然、亲近。不过，田仁礼心里清楚得很，他们看上的是九三油脂的压榨能力——1.5万吨/日。

首先到来的ADM，随后而来的嘉吉、邦吉、路易达孚在谈判中所提出的条件中均包括这一点，就是必须购买进口大豆。这是外资开出的不容商量的条件，但也是田仁礼绝对不可能答应的条件。田仁礼给合资制定了三条绝对不能打破的原则：第一，九三必须绝对控股（因为九三油脂是国有企业）；第二，不能提"我必须买你大豆"之事；第三，外方不能逃税。

田仁礼一向力挺国产大豆，据说是为了争取中国大豆的话语权，但是再强的硬汉也经受不住成本的打熬。一次次无奈，迫使田仁礼打破了不使用进口大豆的信念。2004年在大连，2005年在天津，九三油脂分别建立了两个分厂。这两个工厂采购的原料就是进口大豆。这不能不说是美国大豆供应商的厉害之处——不战而屈人之兵。

压榨企业为啥不买国产大豆?

2011年3月，黑龙江。

黑河市金秋大豆合作社社长何树文的18公顷土地总共收了8万多斤大豆。但何树文并没有因为大豆的丰收而高兴。现在小贩上门收购的价格大约是1.8元/斤。大豆成本大概在1.45元/斤，去掉成本后每斤大豆只落几角钱。大豆的产量低，湿玉米卖0.7元/斤，产量是大豆的三倍多；水稻是1.4元/斤，产量是大豆的五倍。去掉所有的费用，一公顷大豆剩下3000多元，玉米是9000多元，水稻是1.5万元。

这样算下来，何树文觉着自己辛辛苦苦种了一年的大豆，实在不划算。放弃大豆改种别的作物已经列入了明年的计划。像何树文这样弃种大豆的豆农在东北并不在少数。压榨行业重新洗牌之后，国产大豆日渐式微，种植面积从2004年的14383.13万亩减少至2007年的13201.28万亩，2010年降至13050.23万亩，2015年，进一步降至历史最低点10241.03万亩。

有人算了一笔账，每多进口100万吨大豆，中国东北就有130万的农民离开大豆种植业，甚至是失业。读者朋友或许会问了：中国的压榨企业为什么要选择购买进口的大豆作为原料呢？是不是进口大豆质量好或成本低？

答案是"NO"。

当年《大生》杂志记者赴黑龙江当面采访田仁礼的时候，他十分激动地拿出了四份研究报告，这四份报告分别来自美国、巴西、阿根廷和中国，报告证明，美国大豆的产量每亩340斤左右，南美是360斤到380斤左右，中国山东是370斤左右，而东北达400斤左右。

论质量，美国西部地区的大豆跟黑龙江的水平差不多，甚至还略低一点。阿根廷的大豆含油量和含蛋白质量远远低于黑龙江的水平，美国东南部地区大豆含油含蛋白量虽然高于黑龙江，但主要用于食品方面，价格远高于一般的榨油用大豆。

至于成本，2007年美国大豆总成本是372.12元/亩，黑龙江是286.39元/亩，山东是260.34元/亩，吉林是374.61元/亩。

读者朋友又要问了："既然如此，那么，中国压榨企业究竟为什么弃国豆买美豆呢？"答案简单，因为美豆便宜。2007年美国大豆的农场平均价格为1.11元/斤，黑龙江为2.016元/斤，山东为2.32元/斤，吉林为2.19元/斤。为什么？除了人工成本低之外，还因为美豆有美国政府的财政补贴，美国豆农可以以低于成本价的价格向中国倾销而不赔钱。这一条笔者在第一章中讲过了，不知读者朋友是否还记得？

如表四所示，自1978年至2019年的42年间，美国豆农共有18年净利润为负值。其中2001年亏损最为严重，每亩净亏人民币116.57元。

表四：1978—2019年中美大豆成本、价格、收益比较表

年度	现金成本（元/亩）		总成本（元/亩）		价格（元/斤）		亩产（公斤）		现金收益（元/亩）		净利润（元/亩）	
	美国	中国	美国	中国	美国	中国	美国	中国	美国	中国	美国	中国
1978	22.21	16.41	43.57	35.72	0.21	0.20	130.36	87.20	33.14	21.88	5.95	2.57
1979	22.29	15.38	42.46	31.13	0.18	0.24	142.41	73.70	29.11	22.12	11.34	6.37
1980	24.51	16.62	44.16	32.19	0.21	0.23	115.45	81.50	24.49	24.28	9.31	8.71
1981	31.89	18.00	52.33	34.62	0.20	0.36	132.50	73.70	20.67	36.95	12.17	20.33
1982	34.21	19.09	54.55	34.10	0.18	0.37	139.82	76.30	16.74	40.74	11.10	25.73
1983	36.69	21.42	59.27	36.38	0.29	0.35	114.82	92.20	29.24	47.00	6.37	32.04
1984	42.71	21.68	64.09	44.23	0.25	0.33	122.95	93.50	17.79	45.05	0.28	22.5
1985	46.78	23.08	82.27	44.85	0.26	0.36	152.55	97.60	33.56	51.31	-5.49	29.54
1986	50.38	24.03	91.69	46.11	0.29	0.42	147.06	99.70	35.25	64.64	11.75	42.56
1987	57.96	26.04	103.66	54.76	0.35	0.45	151.03	95.00	47.21	64.73	-6.05	36.01
1988	61.41	32.15	113.88	64.15	0.52	0.56	119.47	95.40	62.14	81.43	-2.45	49.43

续表

1989	67.32	38.36	119.26	76.37	0.38	0.63	141.79	95.40	41.62	89.89	−6.61	51.88
1990	84.23	40.41	150.14	83.86	0.52	0.59	147.77	100.40	68.34	85.02	1.94	41.57
1991	100.58	39.83	172.43	87.58	0.54	0.59	149.47	94.00	60.61	78.73	13.84	30.98
1992	101.71	43.94	184.44	100.60	0.53	0.76	164.42	95.60	73.95	113.50	−15.11	56.84
1993	107.04	53.72	193.80	112.30	0.65	0.86	135.94	110.90	69.85	147.40	2.94	88.81
1994	168.46	64.84	310.09	135.80	0.85	1.02	184.24	108.60	143.27	168.90	−18.21	98.00
1995	166.70	83.57	302.37	186.00	0.96	1.29	155.85	116.10	133.95	232.80	−13.29	130.4
1996	173.67	107.50	320.18	248.90	1.06	1.48	165.63	120.80	177.45	272.00	−24.40	130.6
1997	139.09	117.70	335.71	258.30	1.00	1.50	191.97	108.60	244.95	227.60	1.58	87.05
1998	207.05	120.30	337.68	245.80	0.79	1.13	191.98	129.00	97.37	188.40	−33.26	62.91
1999	205.72	108.90	339.67	220.60	0.68	0.99	178.58	121.70	37.09	146.70	−96.86	34.97
2000	210.73	104.90	346.61	215.20	0.68	1.03	183.05	121.20	38.15	156.70	−97.73	46.35
2001	220.88	103.60	360.22	217.00	0.63	0.97	192.16	118.60	22.77	140.50	−116.57	27.05
2002	185.05	113.10	316.46	237.3	0.85	1.10	178.58	133.60	102.28	196.00	−29.13	71.81
2003	191.58	121.160	325.32	254.65	1.00	1.47	158.89	119.90	127.08	245.22	−6.66	111.73
2004	203.26	137.99	339.67	253.05	0.86	1.41	202.07	130.20	142.47	242.12	0..06	127.06
2005	217.15	135.33	356.73	270.54	0.86	1.28	207.96	132.20	139.83	216.69	0.25	81.48
2006	222.63	127.97	360.58	267.53	0.81	1.26	204.79	128.40	111.03	207.40	−26.92	67.84
2007	263.80	133.39	419.22	291.75	1.12	2.07	201.55	110.10	185.96	333.57	30.53	175.21
2008	283.68	176.09	440.89	347.99	1.34	1.84	190.12	139.70	227.49	350.35	70.28	178.45
2009	263.36	173.28	404.91	378.19	1.17	1.84	210.71	128.79	230.56	312.43	89	107.52
2010	263.73	207.93	423.58	431.20	1.19	1.94	209.84	148.03	237.40	378.42	77.55	155.15
2011	264.1	238.18	427.42	488.77	1.42	2.04	196.44	146.32	295.02	372.54	131.70	121.95
2012	274.19	271.39	438.05	578.20	1.59	2.36	188.28	146.68	324.36	435.44	160.50	128.63
2013	301.62	275.66	476.68	625.90	1.43	2.34	192.60	138.04	249.14	383.92	74.08	33.68
2014	302.54	287.62	481.07	667.34	1.18	2.19	214.29	143.60	200.96	353.99	22.43	−25.73
2015	302.26	294.55	487.35	674.71	0.978	1.98	214.29	138.35	116.49	265.07	−68.59	−115.09
2016	288.24	304.86	455.15	678.44	1.16	1.90	232.16	120.20	249.87	163.77	82.96	−209.81
2017	288.65	300.64	455.19	668.80	1.16	1.88	218.76	140.03	217.14	237.27	50.61	−130.89
2018	308.54	316.83	489.47	666.33	1.06	1.83	227.69	126.46	175.73	157.46	−5.2	−192.04
2019	318.94	283.36	506.39	686.33	1.0281	1.8758	209.84	128.24	112.53	208.87	−74.92	−194.10

资料来源：美国数据来自美国农业部，中国数据来自国家发改委价格司。

注：1.美国总成本是在现金成本基础上增加了资本置换成本、流动资本成

本、地租、其他非地资本成本、无偿劳动折价。

2.中国总成本是在现金成本基础上增加了家庭用工折价和自营地折租两项成本。

3.现金收益为收入减去现金支出，净利润为现金收入减去经营成本。

4.1蒲式耳大豆=27.216公斤。

5.美元兑人民币汇率按每年平均汇率计算。

图二：国产大豆历年种植面积（1995—2020）（单位：万公顷）

资料来源：国家统计局

图三：国产大豆历年产量（1995—2020）（单位：万吨）

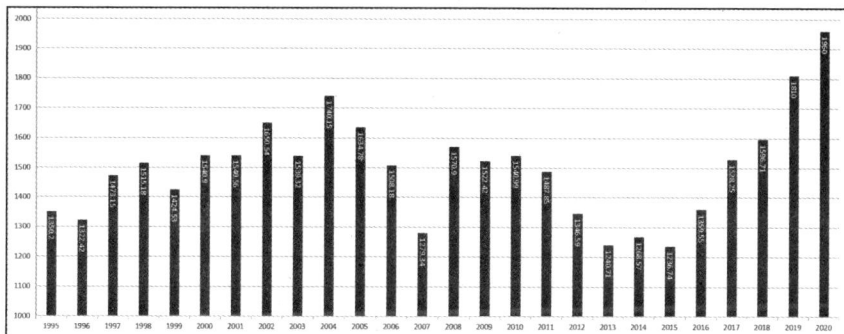

资料来源：国家统计局

从封杀到破冰

2004年的大豆风波令中国媒体一片哗然，但是由于对发达国家特别是美国农业历史缺乏深入了解，媒体目光集中于道德层面，即美国农业部数据是否经过人为调整，由此影响大豆价格，国际基金是否有操纵期货价格牟取暴利的行径，而对美国补贴倾销的农业政策关注不够。

中国政府面对美国农产品的咄咄攻势则经历了前后两个阶段的转变。

2003年8月25日，也就是美国农业部发布月度供需报告调减大豆产量之后的第13天，美国农业部部长玛格丽特·安维尼曼在华盛顿告诉新闻记者说，她和中国当时的农业部部长杜青林进行了会谈，美国有可能向世界贸易组织（WTO）提出中国阻止美国大豆进口的问题。她说，中方以缺乏科学根据的植物检疫为由"无端中断"美国大豆的进口。

这是指中国在2001年大豆进口达到1394万吨的历史高点之后，于当年6月颁布实施了《农业转基因生物安全管理条例》，要求进口农产品原材料要向农业部申请"安全证书"。2002年3月11日，农业部发布由杜青林签署的第190号公告，公布了中国针对转基因农产品采取的临时措施：向中国出口转基因生物的境外公司可在申请安全证书的基础上，持本国或第三国有关机构出具的安全评价有效文件，向农业部农业转基因生物安全管理办公室申请"临时证明"，对审查合格者，农业部将在30天内发给"临时证明"。3月20日，《农业转基因生物标识管理办法》实施。客观地说，这一套连环拳是相当厉害的技术壁垒。因为申领安全证书需要货物到达中国口岸之后进行，那么一旦不能获得批准，巨大的损失将由美国供应商承担。难怪当时新华网发布的新闻标题是："农业部转基因管理条例封杀美国大豆？"

除了设置"安全证书"关卡，2002年3月15日起，经中国证监会批准，大连商品交易所的转基因大豆被停牌，直至2004年12月重新上市。

从实际情况来看，这两项措施收到了立竿见影的效果，2002年中国进口大豆量由2001年的1394万吨降至1132万吨。

但是在2003年3月12日，即"两会"召开之前的几天，美国突然对中国铸铁管配件征收反倾销税，中美贸易战风生水起。三个月后，对糖精征收反倾销税，再三个月后，又对碳酸钡征收反倾销税。

随后两项采购大单被抛向美国，其一是价值67亿美元的飞机、汽车合同，其二就是包括14亿美元大豆在内的农产品及电信合同。据美国大豆协会统计，2002年，在1132万吨的进口大豆中，来自美国的为450万吨，占39.75%；而在2003年的2074万吨进口量中，美国大豆超过900万吨，占比接近50%。

图四：美国大豆历年产量（1996—2020）（单位：万吨）

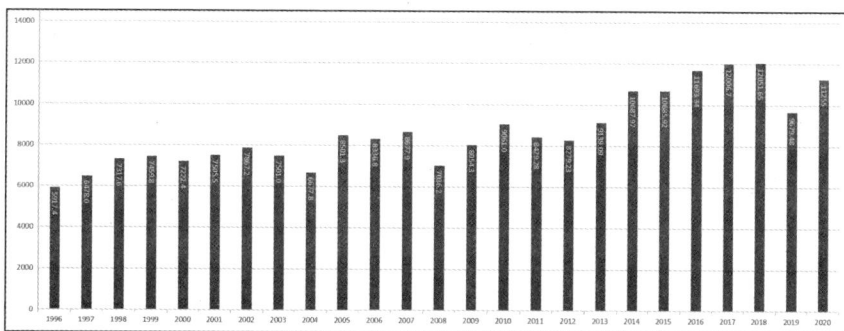

资料来源：美国农业部

图五：美国历年大豆出口量（1995—2020）（单位：万吨）

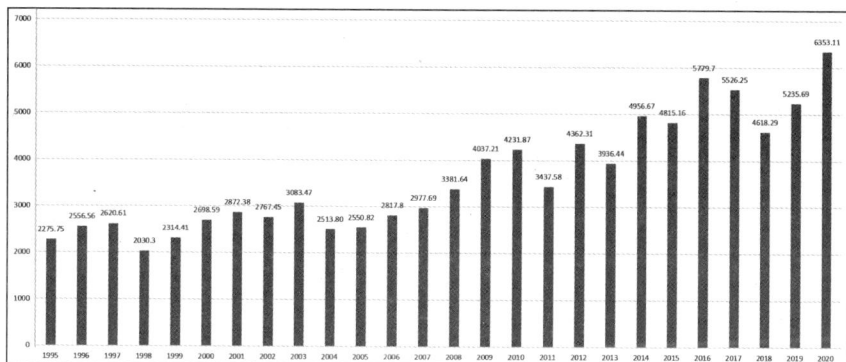

资料来源：美国农业部

看起来很美

中国多进口还是少进口一些大豆似乎并不重要，但是，由此带来的国内豆农的连锁反应又似乎出乎决策者的意料之外了。

2005年国际媒体的报道引起了高层的重视，国家发改委随即进行了长达1年的多方调查。发改委提出了解决大豆问题的具体解决办法。这些办法主要包括：由土畜进出口商会出面、中粮集团牵头，建立联合采购机制；其次，让大豆企业"走出去"，建立海外大豆种植基地和供货渠道，同时发挥行业协会的作用，由商务部的中国食品土畜进出口商会加强指导和协调；再者，由农业部负责市场价格信息，商务部负责进出口报告和信息，海关负责每月大豆进出口信息。

这些办法看上去"很美"，类似自由搏击中的"组合拳"，实际上却禁不起推敲。首先，"让大豆企业走出去"的提法过大，如果有实力走出去还能在自己国家里吃这么大亏吗？即使作为未来的一种方向提出来，那也是缓不济急。其次，建立联合采购机制听起来很有力量，其实不知所云，难道2003年12月18日的14亿美元合同不是包括中粮在内的12家企业联合采购的吗？还要怎样的"联合"？最后，三个部委分别负责三方面的市场信息，大意是要有中国自己统一的数据发布，但也只是把三部原本的职能再重复一遍而已。

后来很多业内人士又提出，应该像美国大豆协会一样，中国也应该有个大豆协会。靠一个协会拯救一个产业是不可能的，但必须先有一个协会，这是产业拯救的第一步。中国大豆协会历经千辛万苦才得以成立，但是中粮集团拒绝参加又大大削弱了这个协会的生命力。

仔细分析以上这些办法，都没有抓住问题的要害，其思路都是计划而非市场的思路。2003年大豆风波的本质是供求关系决定的，这是必须面对的事实。只有真心承认了这一点，才可以揭开真正的秘密，那就是数据信息和期货运作在特定时间内最大限度地影响了供求关系。所以解决问题还是要从三个关键点入手：一是建立中国统一的农产品数据与预测中心；二是打好"非转基因"这张王牌；三是允许企业赴美国参与期货交易。

谁来建中国数据中心

2000年—2003年，中国的压榨企业由于油脂价格不断高企，受利润的诱惑，拼命追求压榨规模，仅2000年，国内开工的油脂加工企业就有1000多家。到了2003年，开始出现日加工大豆3000吨—7000吨规模的压榨企业，国内总的有效压榨能力达到了6000万吨/年，开始严重过剩。

但是，当时的企业却没有权威的市场数据作为指向标，而是在黑暗中盲目采购大豆，这一情况加剧了价格下跌之后的惨烈竞争。美国农业部的报告更多的是从中国的采购意向来预测"中国需求"的，这个需求并非终端需求而只能说是"中段需求"，带有极大的盲目性，只不过美国人不需要考虑中国企业生死，只要中国企业给"美刀"就行。

中国食品土畜进出口商会曹绪岷会长在2005年的媒体见面会上透露，国务院已经授权土畜商会像美国农业部一样承担发布国内大豆产供销等相关信息的职能。这个消息看似重视，实则并不可行。

仔细研究一下美国农业部的数据来源，就可以了解：数据虽然看起来简单，但要获取它必须拥有庞大的渠道和强大的梳理、分析团队。

美国农业统计信息的收集和发布由农业部所属的五个单位分工协作完成：联邦政府农业部统计局（NASS），负责对主要的农作物进行种植面积和产量的调查与预测；农业部市场服务局（AMS），它主要掌握国内现货市场供求和价格情况；农业部海外服务局（FAS），它通过农业专员网搜集并提供国外各类农产品的生产、市场贸易需求和价格变化等信息；农业部经济研究局（ERS），主要负责数据分析；世界农业展望委员会（WAOB），统一分析与评估所有的资料。由这五个部分汇总出来的统计信息涉及120多个国家和地区、60多个品种，囊括了主要农产品的全球数量、国内产量、供求情况、价格变化等情况。

以统计局的信息获取为例，该局有1100名员工，在50个州设立了46个办公室，分散在各州工作的员工有200名，另外还在各地聘请了3500名调查员。他们主要通过电话、面谈等方式，直接与农场主进行联系并获得数据，并运用卫星照片、遥感和抽样调查等手段对主要的农作物进行种植面积和产量的调查与预测。美国的农场主当时只有200万，但是不仅养活了3亿美国人，而且使美国成为世界最大的粮食出口国。因为农业部是仅次于国土安全部的第一大部，拥有11万员工。农业部的数据为什么能号令全球？因为这些数据也是花费大量人力、财力获得的。

相比之下，中国食品土畜进出口商会只是商务部下属的一个社团组织，并无行政能力，而且仅为其会员提供服务，其信息来源也仅是会员上报的材料，其他如产量、种植面积、播种意向、库存、天气以及其他国家和地区的同类数据等，该商会也无从得来。

所以我们必须明白的第一个问题，就是由谁来建设"中国数据库"，回答是肯定的，这是政府的职责，中国数据属于公共服务范畴，不容推给商会或企业。因为他们的利益中心只是某一个群体或企业，不能代表国家利益。当然，要数据就要投入，可能经费还很大，需要政府忍痛拿出钱长期投入，美国农业部从1862年建部之始就开始打造美国数据，中国数据可能要花更长的时间，但这是必需的。农业农村部官网改版之后增加了"数据"栏目，不仅统一了各司局及下属事业单位的数据，而且逐渐对接相关部委数据，这是一个好现象。

国际期货还有多远

2004年12月22日，被封杀近3年之久的"2号黄豆"（转基因大豆）

期货合约重新登场，折射出来的是行政抵制终将让位于市场选择，而只有在市场中企业才能学会竞争的真功夫。

2002年5月28日，大连商品交易所定点交割库大连友谊国家粮食储备库完成了76.5万吨的天量交割。大连友谊国家粮食储备库副经理刘晓兵在接受记者采访时说，与其说5月28日大连商品交易所的交割天量是期货市场转基因大豆停牌的外在反映，不如说是拉开了中国与国际市场短兵相接、正面交锋的序幕。

转基因大豆摘牌真的能减少进口量吗？的确，它可以关闭压榨企业通过期货市场购买大豆的通道，但是真正决定进口量的并不是行政手段，而是需求，在国产大豆不能迅速提高产量的前提下，快速提升的油脂需求量才是决定性因素。所以，尽管2002年在两项政策的压制之下，大豆进口量从2001年的1394万吨下降至1132万吨，一下子减少了262万吨，但是2003年在两项政策没有变动的前提下进口量报复性增长，达到2074万吨，同比增长83.2%，即使对比之前的历史最高点1394万吨，也增长了48.8%。这就是市场的力量。令人意想不到的是，本意用来限制进口大豆的期货摘牌手段，最终不仅没有限制美豆的进入，相反却使国内进口企业丧失了套期保值的最佳工具。

读者朋友也许要问了："12家国内企业既然是按芝加哥期货交易所的大豆期货价格'点'的价，难道不可以套期保值吗？"要说明的是，中国进口商可以根据自己指定的期货价格进行现货交易，并不等同于做了期货交易。即使今天，中国对境外期货交易限制之严格也是出乎想象的。

在1994年之前，从事境外期货交易的主要有四种情况：一种是开始于20世纪70年代，参与主体是国家级大型进出口企业和少数银行，目的是回避国际商品价格和汇率变动的风险，主要做套期保值业务，渠道是国外的期货代理商，后来逐渐演变为帮助本系统下属企业做期货代理；一种是1992年至1994年，各地政府批准成立了300多家期货经纪公司，2/3都从事境外期货交易；一种是期货咨询公司和地下经纪公司进行的非法交易；最后一种是一些国外经纪商在国内进行的经济犯罪活动。

由于监管能力不足，导致了大量外汇和国有资产的流失。于是1994年国务院办公厅转发国务院证券委员会《关于坚决制止期货市场盲目发展若干意见请示的通知》，明确规定：停止所有期货经纪机构的境外期货业务。随后中国证监会、国家外汇管理局、国家工商行政管理局、公安部四部门联合发布严厉查处非法期货的通知，全国上下境外期货几乎销声匿迹。按规定，境内注册的国有企业（包括国有资产占控股地位或主导地位的企业）可以经过批准开展境外套期保值业务，但是获得此资格难度较大，需要经过证监会和国务院两个层面的审批。到2011年也只有31家国企获批，获批企业也只允许交易自己现货经营的品种，不准进行期权期货交易，此外必须向有关部门汇报交易品种、数量等详细内容。

从那以后，监管难度大为降低，相应地企业利用境外期货防范风险的能力也大为降低。2003年，李广富的华农豆业因为缺乏资格无法在芝加哥期货交易所进行套保，国内大连交易所也取消了进口大豆的品种，在以期货价格交易的大豆市场中，华农等国内企业基本处于"裸战"状态。

2011年9月15日，中国期货公司在北京高调设宴，庆祝18年后重返国际舞台。相信不远的将来，中国企业可以在同等条件下参与国际角逐。

真功夫还要靠自己

在本章的最后，笔者又想起了李广富，不仅因为他是大豆风波主角，还在于他身上的不足和缺陷具有一定代表性。

请看下面一段对话。

记者：说到期货，我想知道你对企业进入期货是怎么看的？

李：期货这个东西我们不很熟悉，但是我们在国外买黄豆，都是在美国芝加哥期货市场上买的。

记者：你们做期货吗？

李：我们也做，在期货上买货，今年我们就在大连期货上买了几十万吨，我说80万吨，其中就有期货的。因为原料原产地没有货了，期货上有我就买呀。我们做期货不是去投机，不是炒作，我们到期货市场上就是买货。我们在农民手里买，和在大连期货交易所买是一样的。

记者：那就是说做期货您是赚钱的？

李：在期货上谈不上赚钱，在期货市场上买过不少货，对我们企业的原料供应起到保护作用。

这是2002年10月22日李广富接受某电视台记者采访时的一段对话，从这段对话中可以看出，李广富并不了解期货，他做期货只是为了买货——通过大连商品交易所买货，或者通过芝加哥期货交易所买货，和从农民手里买货没什么两样。也许有人会说，不能这么苛责李广富吧，即使他了解期货又能怎么样？境外不能做，境内又没的做。

这话只说对了一半。转基因大豆品种虽然不能做了，但是华东某油厂却通过豆粕期货对大豆成功套期保值。以下是大连商品交易所与浙江省油脂协会、浙江永安期货经纪公司提供的案例：

该油厂以840美分/蒲式耳的价格购买了2万吨大豆，船期为2004年3月初，最后点价（指定以某一天期货价格为购买价格）日期为3月10日。为了锁定CBOT（芝加哥期货交易所）大豆继续上涨的风险，并且降低大豆进口成本，该油厂在2月5日决定先不在CBOT点价，而是以2710元/吨附近的均价买进大连豆粕0405合约2000手（1手=10吨），对应已经敲定基差的2万吨大豆，当时CBOT大豆3月合约价格为832美分/蒲式耳（折合2530元/吨）。

2月10日以后，随着禽流感很快得到控制和CBOT大豆的继续上涨，大连豆粕价格也出现了快速上涨，并且上涨幅度要明显大于CBOT大豆的上涨幅度，出现了油厂预期中的价值回归。到3月5日，油厂把大连豆粕0405合约2000手以3320元/吨的均价平仓，同时当晚在CBOT大豆3月合约以935美分/蒲式耳（折合2844元/吨）点价。通过这一操作，油厂在大连豆粕市场每吨获利610元，而大豆进口成本抬高103美分/蒲式耳，相当于313元/吨，该油厂获得了额外的套利利润297元/吨，这相当于降低了大豆进口成本。

由此可见，李广富所吃的亏，既有政策原因，也有缺乏风险意识、期货经验的原因。

2020年再看大豆

恢复增加大豆种植面积，与玉米去库存，是农业供给侧改革的两大亮点。

我不知道，农业农村部的有关人员是否看过本书，是否同意笔者的农业改革意见。但是从政策的变化来看，从2016年开始，振兴大豆产业的呼声已经演变为政策条文。大豆价格改革始于2014年，最初对大豆实施的是目标价格。即在成本基础上加上合理利润，形成目标价格，目标价格与市场价格的差额由政府补贴。但是，第二年大豆播种面积减少71.48万亩；2015年继续减少405.28万亩。

2016年4月，农业部发布《关于促进大豆生产发展的指导意见》。这个文件十分低调，农业部有关负责人的解读用语也很谨慎："目的不是追求大豆自给水平，也不是与进口大豆抗衡，而是形成国产大豆与进口大豆错位竞争、相互补充的格局。"解读强调国产大豆主要用于食用，80%加工成豆制品和调味品，区别于进口大豆主要用于食用植物油和饲料蛋白。该文件提出，力争到2020年大豆面积达到1.4亿亩，比2015年增加4000万亩。

配合"指导意见"，2017年，大豆目标价格调整为生产者补贴。大豆主产省份黑龙江每亩补贴173.46元，高出玉米40元。结果当年大豆种植面积恢复到1.5亿亩以上。

2018年，中美贸易摩擦之初，中央预感到大豆有可能在贸易摩擦中成为我国软肋，加快了扩种速度。5月3日，美国贸易代表团访华，给不少主张和解的人士带来了更多的期待。但是，本人在第二天发表的《建议提高大豆补贴至300元/亩以上》（见"非官芳解读之三十七"）一文中写道："本人仍然认为，中美贸易战是国产大豆崛起的历史性机遇。即使最终中美贸易战以和解的方式结束，扩大国产大豆种植仍为不可放弃的战略选择。对此，政策制定者应保持清醒、肯定和持续的认识。"

4月29日黑龙江农业委员会下发的一份扩大大豆种植面积的紧急通知对本人的观点是一个最佳的呼应。该通知在网上迅速传播，透露了两个要点：一、国务院曾专门召开扩种大豆专题会议；二、黑龙江当年扩种大豆500万亩。

随着中美贸易谈判的曲折、艰辛，中国政府大豆扩种政策日益明朗。

2019年中央一号文件明确提出"大豆振兴计划"。将2016年"不追求大豆自给水平"的政策导向调整为明确提出"提升大豆自给水平""力争到2020年，大豆自给水平提高一个百分点"。围绕这一目标，布置了六大重点任务：一、平衡玉米大豆种植收益，合理确定大豆具体补贴标准，充分调动农民种植大豆积极性；二、完善耕地轮作试点补助政策；三、加快建设1亿亩大豆生产保护区；四、实施大豆重大科研联合攻关；五、主攻大豆主产县，推广新技术、新装备；六、在东北和黄淮海地区建设一批大豆高产示范县。

客观说，恢复大豆种植面积对提高我国大豆自给水平短期作用明显，但长远来看，我国人多地少的局面无法根本扭转。恢复大豆生产就必然占据其他品种的种植面积，而玉米在去库存的过程中已经供小于求，稻谷和小麦作为口粮为必保品种，因此空间有限。

正如大豆振兴计划的第四大任务所说的那样，增加科技含量，提高单产为提高自给水平的根本之法。

2018年12月12日，大豆育种的重要代表人物王连铮先生去世了。《大生》杂志记者曾经采访过他，说他像个农民。他听完大豆沦陷的过程后对中国大豆产业却抱有极大的希望。他的团队在新疆塔城地区培育的"中黄35"连续四年创亩产超400公斤，2012年高达421.37公斤/亩。这个水平比全国平均亩产（120.96公斤）高300.41公斤，比美国大豆平均亩产（177公斤）高243.93公斤。

2020年的一天，中国家庭农场联盟会员刘念生的朋友圈突然出现了一段大豆播种的视频吸引了我。视频上的文字：王连铮大豆联盟克山基地500亩科技园区2020年5月13日开始播种。

表五：大豆实行目标价格以来的收益情况

年份	种植面积（万亩）	增幅（%）	价格（元/斤）	现金收益（元/亩）	补贴（元/亩）
2015年	3992.24		1.865	330.48	130.87
2016年	4834.65	21.1%	1.736	165.70	118.58
2017年	5603.24	15.9%	1.829	158.93	173.46
2018年	5351.61	−4.49%	1.786	84.97	320.00

资料来源：种植面积来自国家统计局；价格、现金收益来自国家发改委；补贴金额为黑龙江省大豆补贴数据，来自黑龙江发改委网站。

第四章

棉花配额之战

有人说，棉花是第二个"大豆"。

也有人说，不，棉花不应该成为"大豆"。大豆在中国加入世贸组织之后，没有任何保护，大门敞开，任美豆长驱直入，堪称"裸战"，而棉花至少还有一副盾牌——根据入世协定书，中国可以采取"进口配额"对棉花进行保护。

对此持不同看法的人则反驳：有"配额"不假，但是大豆的下游产业——压榨业产品的主要市场在国内，中国方便调控，而棉花的下游产业——纺织品的输出地主要是美国和欧盟、日本，美国对于中国纺织品同样采取"配额"管理或技术性贸易壁垒，情况要比大豆复杂。

然而不管棉花与大豆的异同大小，其结果是，棉花的现状的确难以乐观。

棉农：棉价太低，不赚钱

2012年5月上旬，春风吹拂着豫北大地。在笔者的家乡——河南省新乡市下辖的新乡县七里营镇，从20世纪50年代到90年代一直保有1万多亩棉田，而今天，棉花种植面积只有不到1000亩。

作为中国有名的棉花种植模范镇，1958年8月6日毛泽东主席曾前来视察。现如今，毛主席身穿白衬衫、头戴宽边草帽、俯身查看棉桃的形象被做成了雕像，立在他当初站立的地方，雕像周围种满了玉米，零星散种的棉花成了陪衬。当地的育种专家李修立说，目前的这1000来亩，有600亩是他的育种试验田。新乡七里营镇的棉花变迁并不是中国棉业历史的孤证。河南的另一个产棉大县扶沟更为明显。扶沟耕地面积约110万亩，棉花种植面积最高时达70万亩，曾是全国第一种棉大县。2007年种植面积下降至56万亩，2009年只有19.9万亩，2010年为19.35万亩，2014年不足10万亩，据河南省周口市统计年鉴显示，扶沟县2019年棉花种植面积仅有6750亩。

2012年3月，国家棉花市场监测系统山东巨野县监测站就2012年意向植棉面积情况对当地50户监测点进行了调查。结果显示，大部分棉农对种植棉花失去信心，种植意向同比减少逾两成。这个县曾是2003年的全国种棉状元县，2008年的棉花种植面积为87万亩，2019年减少了一半多，仅有40万亩。

占江苏省皮棉产量18%左右的射阳县的消息更为糟糕：该县常年植棉超70万亩，但据县棉花协会会同县作物栽培技术指导站最近一次的调查显示，全县植棉面积低于40万亩，为历史最低点。2021年当我打开江苏省盐城市统计年鉴翻看下辖各县的棉花种植面积时，竟然发现射阳县只有300亩！这是何等的令人瞠目！

最令人吃惊的消息莫过于中国第一大产棉区——新疆了，2012年3月，时任新疆生产建设兵团原党委副书记、司令员，中国新建集团公司原总经理华士飞公开表示，新疆今年棉花种植面积将达到2000万亩，较上年减少9%。这9%可不是小数目——198万亩！

全国的种植面积当然也在下降。国家统计局的消息称：2012年全国棉花种植面积预计下降4%。中国农业科学院棉花研究所给出的下降率更高：6.1%。而中国棉花协会的调查结果就有些令人咋舌了：农民种植意向平均减少10.5%！

2008年至今，全国种植面积及产量一路下滑，2011年的指标尽管有所反弹，但2012年重新跌至新低。2016年，据有关调查，全国棉花实际种植面积为4150万亩，比2008年的8640万亩少了一半多。植棉面积虽然2018年有所恢复，但是2019年的面积（5010万亩）比10年前的2009年（6727.05万亩）减少了1717.05万亩，平均每年减少170多万亩。国家统计局最新的统计数据显示，2020年全国棉花种植面积（4754万亩）继续减少。

表六：中国1949—2020年棉花种植面积、总产量、单产

年份	种植面积（万亩）	总产量（万吨）	亩产（公斤）
1949	4155	44	10.59
1950	5685	69	12.14
1951	8220	103	12.53
1952	8370	130	15.53
1953	7770	117	15.06
1954	8190	106	12.94

续表

1955	8655	152	17.56
1956	9390	145	15.44
1957	8670	164	18.92
1958	8340	197	23.62
1959	8265	171	20.69
1960	7830	106	13.54
1961	5805	80	13.78
1962	5250	75	14.29
1963	6615	120	18.14
1964	7410	166	22.40
1965	7500	210	28.00
1966	7395	234	31.64
1967	7650	235	30.72
1968	7485	235	31.40
1969	7245	208	28.71
1970	7500	228	30.4
1971	7380	210	28.46
1972	7350	196	26.67
1973	7410	256	34.55
1974	7515	246	32.73
1975	7440	238	31.99
1976	7395	206	27.86
1977	7260	205	28.24
1978	7305	217	29.71
1979	6765	221	32.67
1980	7380	271	36.72
1981	7758	297	38.28
1982	8745	360	41.17
1983	9120	464	50.88
1984	10380	626	60.31
1985	7710	415	53.83
1986	6465	354	54.76
1987	7260	425	58.54
1988	8295	415	50.06

续表

1989	7800	379	48.59
1990	8385	451	53.79
1991	9810	568	57.90
1992	10260	451	43.96
1993	7485	374	49.97
1994	8295	434	52.32
1995	8130	477	58.67
1996	7080	420	59.32
1997	6735	460	68.30
1998	6690	450	67.26
1999	5595	383	68.45
2000	6045	435	71.96
2001	7215	532	73.74
2002	6270	492	78.47
2003	7665	487	63.54
2004	8535	632	74.05
2005	7590	570	75.10
2006	8100	673	83.10
2007	8385	760	90.64
2008	8640	750	86.81
2009	7425	640	86.20
2010	7275	597	82.10
2011	7560	660	87.30
2012	7032	683	97.20
2013	6519	630	96.60
2014	6334	618	97.60
2015	5695	560	98.40
2016	4798	534	111.37
2017	4792	565	117.96
2018	5132	610	121.29
2019	5010	589	117.60
2020	4754	591	117.57

来源：国家统计局

棉农减少棉花种植的原因其实很简单，就是种棉花不挣钱了。

以江苏省射阳县为例来算笔账：2011年籽棉每公斤7.3元，亩均收入1409.3元（包括棉花良种补贴15元），而亩均成本却高达1413.2元，二者相减，利润为-3.9元/亩。就是说，一年忙到头，一分钱不挣，一亩地还要亏进去3.9元。

那么如果改种水稻呢？2011年射阳县种植粳稻亩均收入1955.1元，比种棉高出545.8元。如果扣除用工投入成本，种植粳稻的农民每亩地可净收入1043元。这样一比较，谁还种棉花啊，肯定愿意改水稻了。射阳县所属的盐城市2011年水稻种植面积为358万亩，2019年增加为406万亩，8年增加了近50万亩。这样算其实还不够精确，怎么回事呢？因为没把用工成本算进去。

赵银生是安徽省庐江县同大镇朱陈村的种棉能手，远近闻名。他说："种棉花比种水稻、玉米、小麦都费工，需要按时施肥、浇水、打药、间苗、整枝、打权，收棉花也只能靠人去摘，因为还没有机械化。一亩棉花需要25个工，现在的行情是每个工每天50元还得管饭，这样算下来，种棉花一分钱都赚不到。相比之下，玉米、水稻、小麦等粮食作物已经实现了机械化，只要几个工就可以了。"李修立印证了赵银生的说法：新乡县连雇工也很难找了，外地来的农民工除了要求每天50元工资并管饭外，还要求加一瓶啤酒！住的地方也必须有空调。

安徽庐江县原本是水稻主产区，20世纪90年代中期，为了脱贫致富，县里鼓励农民种棉花，因为水稻每亩地才挣几百元钱，种棉花能赚1300元。现在，水稻价格上去了，利润提高到每亩1000元钱左右，双季稻加倍，棉花的利润只有1500元钱左右。

赵银生说，2008年时他还种了14亩棉花，2009年减到了7亩，2010年再减到了5亩。

纺织企业：棉价太高，不赚钱

农民说：棉价太低，不赚钱！棉纺厂说：棉价太高，不赚钱！

同样是不赚钱，原因正好相反，这是怎么回事？

其实，棉纺厂所说的"棉价高"与农民所说的"棉价低"并不矛盾。农民认为棉价低是就种棉成本而言，比如，我一亩棉花投入1000元，收入900元，我卖出的棉价比投入低。棉纺厂认为棉价高是针对竞争对手采用的低价进口棉而言的，比如，我购买国产棉花是15000元/吨，人家购买进口棉是13000元/吨，我购买的棉价当然高了。纺织行业是一个外向型的行业，以国家统计局资料为例，2012年1—2月，规模以上纺织企业主营业务收入7262亿元，同期纺织品出口312亿美元，出口额占主营收入的27.2%。因此纺织企业的竞争对手主要在国际上。而国内棉价相对于国际棉价来说是比较高的。

下面，我们来看一下代表国内价格的中国棉花价格A指数（由国家棉花市场监测系统对200家以上国内棉花及棉纺织企业实际成交价格和棉花企业的收购成本进行跟踪汇总得出，A代表229级皮棉）和代表国际棉价的COTLOOK A指数的对比：

2004年5月：

国棉A，17845元/吨；COTLOOK A，77美分/磅（14038元/吨）。

价差：3807元/吨。

2004年12月：

国棉A，11181元/吨；COTLOOK A，48.3美分/磅（8805元/吨）。

价差：2376元/吨。

2005年最高价：

国棉A，14680元/吨；COTLOOK A，55.26美分/磅（10074元/吨）。

价差：4606元/吨。

2007年12月底：

国棉A，14171元/吨；COTLOOK A，70.46美分/磅（11481元/吨）。

价差：2690元/吨。

2008年平均价格：

国棉A，13664元/吨；COTLOOK A，71.39美分/磅（10724元/吨）。

价差：2940元/吨。

2009年平均价格：

国棉A，13193元/吨；COTLOOK A，62.75美分/磅（9426元/吨）。

价差：3767元/吨。

2010年平均价格：

国棉A，19869元/吨；COTLOOK A，103.53美分/磅（15552元/吨）。

价差：4317元/吨。

2011年最高价：

国棉A，32163元/吨；COTLOOK A，243.65美分/磅（34669元/吨）。

价差：﹣2506元/吨。

2011年最低价：

国棉A，20306元/吨；COTLOOK A，92.1美分/磅（13085元/吨）。

价差：7221元/吨。

可以看出，除了2011年的最高棉价是国际棉超过国产棉之外，其余时段国产棉价均远远高于国际棉。

对比之后，我们应当相信，国内纺织企业"国产棉花价格高于国际棉价削弱纺织企业国际竞争力"的呼声也并非耸人听闻。以新疆赛里木现代农业股份有限公司为例，该公司原本是一家以棉花加工为主营业务的上市公司，由于棉价连年高涨，2005年开始新增食用油压榨业务，2008年开始新增纺织业务，实行"一主两翼"战略。但是2008年—2011年棉纱业务的营业利润率依次为﹣14.35%、0.94%、21.25%、+﹣17.28%（数据来源为新赛股份年报）。

除了2010年因为经济复苏拉动需求，高成本得以转嫁之外，其余年份基本处于赔本或微利状态。再以世界上纺织能力最大的棉纺织企业、中国最大的棉纺织生产商魏桥纺织股份有限公司为例，该公司属于在香港上市的上市公司，2003年—2011年的毛利率依次为18.5%、16.8%、16.5%、16.8%、14.3%、8.7%、8.7%、16.1%、1.8%（资料来源为魏桥纺织年报），除2010年外，利润率呈现一路下滑趋势。2010年例外的原因与新赛股份相同：经济复苏拉动需求，成本得以转移。

中国的五个竞争对手

美国Globecot公司的罗伯特·安特夏克，在一份研究报告中将中国纺织业的发展称为"一个伟大的成功故事"，不过在他看来，纺织厂正面临着客户需求萎缩和原料成本增长的双向挤压。他为中国的纺织企业列出了五个竞争对手：越南、柬埔寨、孟加拉国、印度、巴基斯坦。不过，这五个竞争对手与中国的情况并不相同，越南、柬埔寨、孟加拉国虽然纺织品出口越来越猛，但是它们本身不是产棉大国。

据中国产业竞争情报网提供的一份统计表，2011—2012年度，孟加拉国的棉花产量只有1.5万吨，而国内消费量高达86万吨，进口量为87.1万吨。2019—2020年度产量有所增加，为3.05万吨，但不及国内消费量增加速度（60.96万吨）。越南的棉花产量更少，只有4000吨，消费量为38.1万吨，进口量达39.2万吨，2019—2020年度，产量继续萎缩到1000吨左右的水平，而国内消费量则增长了近100万吨。柬埔寨一直以水稻种植为主，而且由于战乱停止种植棉花达30多年，直到2002年才恢复种植，当年参与种植的农户只有3300户，种植面积1125亩。这三个国家高度依赖进口棉花，虽然受国际棉价波动影响较大，但是没有"内患"，也就是不需要顾忌和平衡国内棉农的利益。

相比之下，印度和巴基斯坦的情况与中国较为接近。2011—2012年度，印度的棉花产量达587.9万吨，在满足国内消费量457.2万吨之后，还能出口一部分。巴基斯坦的产量为224.3万吨，消费量为228.6万吨，基本处于自给自足状态。进入2019—2020年度后，在国内消费量没有变化的条件下，印度棉花产量（664.06万吨）增加了76.2万吨，增长了12.96%；巴基斯坦产量下降了78.38万吨（降幅36.73%），国内消费量（195.95万吨）下降28.31万吨，降幅达12.62%，出现供小于求60.96万吨的局面。

根据相关统计数据，棉花国际价位比中国价格低28.7%，印巴两国国内棉花价格又比国际价位低21.9%，也就是说，如果只能买国产棉花，中国纺织企业的原料成本比印巴两国的同行高出近50%。看到这里，读者朋友或许会理解纺织企业呼吁取消配额管理的根源了吧？

表七：2011—2012年度全球、中国、印度、巴基斯坦、孟加拉国、
越南棉花供需平衡表（单位：万吨）

	期初库存	产量	进口量	国内消费量	出口量	损耗	期末库存
全球	956.68	2677.14	812.33	2508.62	812.11	−4.14	1130.21
中国	252.56	740.26	315.70	1001.53	1.09	0	305.90
印度	136.08	587.86	10.89	446.33	119.75	0	168.74
巴基斯坦	55.74	213.37	31.57	224.26	9.80	−0.65	65.97
孟加拉国	15.02	1.52	80.56	80.56	0	−0.22	16.33
越南	7.40	0.44	39.19	38.10	0	0	7.62

资料来源：美国农业部

表八：2019—2020年度全球、中国、印度、巴基斯坦、孟加拉国、
越南棉花供需平衡表（单位：万吨）

	期初库存	产量	进口量	国内消费量	出口量	损耗	期末库存
全球	1748.54	2670.82	856.31	2286.11	871.99	−2.18	2115.41

续表

中国	776.62	593.30	163.29	740.26	3.92	0	789.25
印度	202.70	664.06	43.54	446.33	69.67	0	394.30
巴基斯坦	54.43	134.99	69.67	195.95	2.18	−0.65	60.53
孟加拉国	38.75	3.05	143.70	141.52	0	−0.22	43.98
越南	25.91	<0.11	141.52	137.17	0	0	30.26

资料来源：美国农业部

都是补贴惹的祸

其实，说国内棉价高是不妥的，与成本基本持平甚至低于成本的价格怎么能说高呢？客观地说，国内棉花成本的确高于国际棉花，但除此之外，棉价低下还存在不正常的原因。这原因正如本书第一章所述：都是补贴惹的祸。

2002年11月，巴西正式向美国提出希望其削减棉花补贴，巴西的苦衷是，它和中国一样是产棉大国，却没有中国那么大规模的纺织行业，国内棉花消费量只有100.2万吨，而生产量却高达202.5万吨，有将近100万吨的棉花需要出口。但是由于发达国家特别是美国实施棉花补贴，使国际棉价不断下跌，巴西国内棉花生产和小农户生存极其艰难。

一向标榜帮助他国人民实现健康和幸福、消除饥饿的美国，在这时却没有理会巴西那些小农的生存危机，他们断然拒绝巴西的提议。走投无路的巴西在2003年9月一纸诉状把美国告到了世贸组织。2004年4月初，世贸组织专家组对于巴西提供的证据进行了复核，并于两个月后作出裁决：美国政府凭借补贴保持了棉花产量和出口增长，人为降低了国际市场棉花价格。专家组认定的事实包括：1999年8月至2003年7月间，美国为棉农提供了约125亿美元的巨额补贴。补贴使美国棉花种植面积不断增加。

从1999年的530万公顷增加到2000年的591万公顷，接着又增加到2001年的619万公顷，2002年为627万公顷。另一个指标也许更能反映补贴的作用：1998/99年度到2002/03年度，美国棉花国际市场占有率由17%提高到42%，三年内增加了25个百分点。

不考虑市场份额丧失的问题，仅国际棉花被打压下去的价格就使巴西棉农损失了4.78亿美元。许多棉农放弃棉花改种其他作物，靠采摘棉花为生的人们纷纷涌进城市打工，失业率上升，社会问题增加。国际棉花咨询委员会（ICAC）、世界银行（WBG）、国际货币基金会（IMF）这些机构的研究也证实了这一点：世界棉花低价格导致了大约9万棉农生活水平下降到贫困线以下。

美国败诉是没有什么悬念的。但是美国人是有自己风格的，他不在乎WTO的裁决结果，继续我行我素。美国商务部公布的统计数据显示：2004年，不包括联邦保险的美国棉花补贴额度为37亿美元；2005年，这一数据为31亿美元。

另根据美棉出口周报的数据，2004/05年度美国出口陆地棉为290.9万吨，按照美国陆地棉出口补贴平均水平——3.31美分/磅来计算，共补贴出口总额2.12亿美元，其中对中国累计出口74.1万吨，对中国棉花出口补贴总额为5400万美元，平均每吨补贴603元。

2006年8月1日，法新社报道说，时任美国总统布什当年2月签署的涉及废除棉花补贴的新贸易法案生效，"标志着美国棉花补贴被正式废除"。这个看法后来被证明是表面化的。实际上，美国的农业法案每4年修订一次，被巴西指责的2002年的农业法案在2007年即将到期，而在2007年12月14日，美国参议院宣布通过新的包含2860亿美元补贴的农业议案，议案基本没有修改未来五年的棉花补贴计划。

换句话说，巴西虽然胜诉，但裁决结果无法执行。巴西政府顾问丹尼尔·萨姆纳通过一项计量经济模型的研究表明，1999—2002年，如果没有美国政府的补贴，世界棉花价格将要平均提高12.6%，或是每千克提高

14.33美分。这个结果对巴西而言自然是个喜讯，却要以美国棉花出口减少41%作为代价。

四个利益主体的微妙关系

作为宏观调控的实施部门，国家发改委面临的局面是微妙的，这微妙的关系中涉及四个利益主体：棉农、棉花加工企业、纺织企业、国际棉商。

国内棉价和国际棉价就好像是相邻的两个池子，但是水位有落差，一旦将二者的隔离打开一个缺口，国内棉价的高水位就会马上与国际棉价的水位拉平。掌控缺口阀门的是发改委手中的进口配额。

以美国为代表的国际棉价与国际纺织品消费市场似乎形成了某种默契：采用贸易壁垒的办法对纺织品出口国设限，一定程度上出现"需求萎缩"现象，中国纺织品企业只得降价销售，从而增大成本压力。同时低价棉花"陈兵边境"，极大激发了中国纺织企业追求自由贸易、呼吁取消配额、扩大进口、降低原料成本的本能冲动。

2006年7月4日，国家发改委为解决棉花配额之争召集利益各方开了一个协调会，会议持续了一整天，但是分歧严重。最后有接近决策层的官员一锤定音："总之配额肯定是要增发的，否则真的出现棉花缺口，纺织工业受到影响，这个责任谁也担不起。"

但是，增发配额之事立即招来棉花加工企业的反对。作为棉花企业的行业指导单位，中国棉花协会在自己的网站上为会员企业说话：国内棉花供应量足以满足需求，增发配额是没有必要的。

在一家大型纺织企业负责外贸的负责人看来，问题的关键并不在于供需是否平衡，而在于价格差："有每吨15000元的棉花我不买，去买每吨16000元的棉花，这可能吗？"

一看供需平衡的说法没有奏效，棉花企业又抛出了棉农利益牌：一旦增发配额，棉农利益将受到伤害。

如果说纺织企业的立场是由其利益出发点决定的，那么棉花企业的观点也是屁股决定脑袋。为什么这么说？因为进口棉花对它们来说有百害而无一利。根据中国加入世贸议定书规定，棉花配额的分配是国营贸易占33%，非国营贸易占67%。33%中是一般贸易配额，这些进口棉花可以自由转卖，不受限制。67%的配额中基本上都是加工贸易，用于加工贸易的进口棉花不得转卖，而且用这些棉花生产出来的纺织品、服装必须全部出口。而一般贸易配额都掌握在中国纺织品进出口总公司、北京九达纺织集团公司、天津纺织工业供销公司、上海纺织原料公司、中国储备棉总公司、新疆农垦进出口股份有限公司手中，一般棉花加工企业根本不可能得到。

但是棉花加工企业打出的"棉农利益牌"也十分有效。这一提法正中发改委的神经中枢，农民的利益是绝不容忽视的。

"棉农利益将受损"的观点经媒体报道后，惊动了高层。很快一份由发改委撰写的当前棉花形势的报告呈交到了国务院。报告中所反映的无非还是发改委面临的进退两难的困境：保护国内棉农利益，还是保护纺织业竞争力。

在这诸多的利益主体当中，只有棉农是"沉默的一群"，除了政府，他们没有利益代言人。笔者参阅了大量的资料和报道，发现无论是打着国际竞争力旗号的纺织企业，还是将棉农利益挂在嘴边的棉花企业，均没有认真去思考和分析一种后果：农民放弃种植——棉花种植面积减少——国产棉花产量减少——供需缺口加大——进口量增大——国内棉价进一步拉低——农民收益成为负数——棉花种植消失——中国纺织业全部依赖进口棉花。这有可能发生吗？

"缺口论"打开国门

不管怎样，棉花还是源源不断地进来了。

表九：1990—2020年中国棉花进出口数量（单位：万吨）

年份	进口量	出口量
1990	44.00	29.00
1991	23.00	28.90
1992	22.00	14.10
1993	0.00	10.91
1994	50.00	10.81
1995	74.00	2.16
1996	55.00	0.46
1997	71.00	1.00
1998	19.00	4.50
1999	4.62	23.60
2000	4.74	29.19
2001	5.60	5.24
2002	17.14	14.95
2003	87.01	11.20
2004	182.33	0.90
2005	257.24	0.51
2006	364	1.30
2007	246	2.11
2008	211.1	1.64
2009	152.6	0.83
2010	283.9	0.65
2011	336.38	2.57
2012	513.48	1.76
2013	414.94	0.67
2014	244	1.35
2015	147	2.89
2016	90	0.78

续表

2017	116	1.71
2018	157	4.73
2019	185	5.21
2020	216	3.00

资料来源：中国海关总署

海富期货研发中心高级分析师董淑志在接受《大生》杂志采访时曾介绍，1984年之前中国是棉花净进口国，从1953年到1983年的30年间净进口530万吨，主要原因是单产量上不去，1978年的单产量只有29.71公斤，总产量赶不上需求，每年都需要进口大量的棉花。改革开放后，棉农积极性提高，种植面积达到了8745万亩，比1981年的7758万亩增加了987万亩，比1978年的7305万亩，提高了1440万亩，单产量也有了明显的提高，从1978年的29.71公斤提高到了41.17公斤。1982年棉花产量达到了360万吨，供给开始逐渐大于需求，库存增加，中国也开始从棉花净进口国转变为棉花出口国。1983年出口量达18.9万吨，1987年这一数字达到75.5万吨。出口的趋势一直保持到1992年，这一年棉花主产区爆发大规模棉铃虫灾害，产量大减，导致随后几年进口量大增。1999—2003年，是目前为止最后一个棉花出口阶段。

入世之后，中国的纺织行业异军突起，逐步与棉花生产形成了矛盾。

表十：1965—2020年中国纺织品服装出口额

年份	出口额（亿美元）	同比增长
1965	4.85	
1975	13.8	
1977	12.4	
1978	24.3	96.0%
1979	23.5	−3.3%
1980	44.0	87.2%

续表

1981	45.4	3.2%
1982	44.5	−2.0%
1983	49.7	11.7%
1984	63.5	27.8%
1985	64.4	1.4%
1986	85.7	33.1%
1987	113.4	32.3%
1988	130.9	15.4%
1989	151.4	15.7%
1990	167.9	10.9%
1991	201.5	20.0%
1992	252.8	25.5%
1993	271.3	7.3%
1994	355.5	31.0%
1995	379.7	6.8%
1996	370.9	−2.3%
1997	455.7	22.9%
1998	428.5	−6.0%
1999	430.6	0.5%
2000	522.1	21.2%
2001	534.4	2.4%
2002	618.6	15.76%
2003	789.6	27.64%
2004	950.9	20.43%
2005	1150.1	20.95%
2006	1439.9	25.2%
2007	1711.7	18.88%
2008	1852.2	8.21%
2009	1670.0	−9.84%
2010	2065.3	23.67%
2011	2478.9	20.03%
2012	2549.2	2.84%
2013	2839.9	11.4%

续表

2014	2984.2	3.8%
2015	2838.5	−4.9%
2016	2628.6	−7.39%
2017	2669.7	1.56%
2018	2767.3	3.66%
2019	2715.7	−1.86%
2020	2912.2	7.24%

资料来源：中国统计年鉴

　　入世以后，中国棉花产量和纺织品出口的增长速度有了较大差距。于是国内相关机构和人士发明了一个词：缺口。就是把国内棉花消费量减去国内棉花产量的差额，以此来判断中国应该进口多少棉花才能满足自身的需求。由此，美国农业部、国际棉花咨询委员会等机构也发明了一个词：中国需求。"缺口"一词直接影响配额管理也就是低关税进口棉花的数量，而"中国需求"一词直接影响中国进口棉花的价格。

　　"缺口论"的提出是在2003年。江苏建群纺织品有限公司总经理付建昌在接受《大生》采访时介绍，那一年国内有关部门在报告中提出中国国内缺口太大，需要大量进口外棉来平衡供需。从那以后，每年都提出缺口在增大，以致收购企业、加工企业、纺织企业都认为棉花要涨价，但是年年都落空。这里面存在三个问题：一、缺口论者引用的数据是否准确有待商榷；二、缺乏动态观念，国内缺口被进口棉花填平之后，有关部门没有及时修正自己对缺口的判断，仍然盲目地认为缺口还存在；三、缺乏全局观念。

　　但是，进入2013年之后，中国纺织品服装出口增长缓慢，前8个月我国棉、化纤纺织加工业固定资产投资额累计增长仅1.08%，增速较2012年同期下滑17个百分点，新开工项目同比减少14%，降幅较上年同期扩大5.6个百分点。"缺口"逐渐缩小。2014年，国家发改委提出2015年不再增发棉花配额。2015年棉花进口降至147万吨。2016年进一步降低到90万吨。随着纺织品服装内销零售增速提高和行业出口市场回暖，2017年至2019年进口棉花再次逐步增长。

数据谜团

判断棉花价格，付建昌的习惯首先是阅读供求平衡表，发布平衡表的机构很多，比如，美国农业部、英国COTLOOK公司、国际棉花咨询委员会、美国棉花协会，他都要找来看。中国2006年之前没有供求平衡表，只有国家统计局、农业部、海关和一些行业协会发布的棉花产量、纱布产量、进出口数据，2006年中国棉花监测系统才开始每月定期发布国内产销存平衡表。

付建昌发现，国内外不同机构发布的平衡表中的各项数据不太统一，特别是关于中国的数据差异较大。他说，近几年的市场也证明了数据的真实客观性确实存在一些问题，"这给我们分析判断棉花行情带来了很大的难度，有时甚至让我们这些行业主体分析判断的结果与市场实际结果大相径庭，造成了巨大亏损。"头疼的并不是付建昌一个人。中国棉花种植面积和产量、消费量是多少？消费缺口多大？每每提起这样的问题，所谓的棉花业内专业人士无不迷惑和头疼，政府决策部门的工作人员更是无所适从。

以美国农业部对2006/07年度中国棉花产销数据的调整为例。2007年7月，中国棉花进口量骤减，美国农业部将中国棉花产量预测由672.8万吨调高至707.6万吨，这种依据进口量来调整产量预测的方法是否科学是有疑问的。但即使美国农业部将2007年中国棉花产量预测提高了近35万吨，仍然距离实际产量760万吨少了52.4万吨，这个数字几乎相当于我国一个棉花主产省区的总量。

2007年9月28日中国棉花会议上，国家发改委指出新疆棉花数据严重失真，5年少统计了220万吨。这一消息报道之后，美国农业部随之将中国棉花产量又提高至772.9万吨。这个数据又比实际产量多了13万吨。

数据谜团对决策影响极大。2006/07年度，由于预计中国棉花消费缺口高达415万吨，发改委发放了总计349.4万吨的配额，而根据海关总署的统计，2007年全年进口棉花246万吨，这意味着103.4万吨配额没有使用。

在付建昌的眼中，中国棉花产量被低估了，而"产量低估就是缺口被夸大"。按现在国内外的政府和机构对今后国内用棉量的预测，这种高估的趋势将会越来越明显，预测出来的缺口量每年在以10%—20%的速度增长。而付建昌个人预测，实际缺口量的增长只有5%。

表十一：2002/03年度至2010/11年度中国棉花供求平衡表（单位：万吨）

年度	2002/03	2003/04	2004/05	2005/06	2006/07	2007/08	2008/09	2009/10	2010/11
期初库存	415.0	310.0	340.0	319.0	399.1	360.8	323.9	344.5	284.1
产量	492.1	487.0	675.0	571.4	775.6	802.4	799.2	692.3	660.0
国内总供给量	907.1	797.0	1015.0	890.4	1174.7	1163.1	1123.1	1036.8	944.1
进口量	72.0	199.0	139.0	420.1	230.6	251.1	152.3	237.4	300.0
总供给量	979.1	996.0	1154.0	1310.5	1405.3	1414.2	1275.4	1274.3	1244.1
国内消费	668.0	656.0	834.0	910.6	1042.6	1089.0	929.0	989.6	1019.3
出口量	15.0	3.0	1.0	0.8	1.9	1.4	1.9	0.6	0.6
总需求量	683.0	659.0	839.0	911.4	1044.5	1090.4	930.9	990.2	1019.9
期末库存	310.0	340.0	319.0	399.1	360.8	323.9	344.5	284.1	224.2
库存消费比	46.4	51.0	38.2	43.8	34.5	29.7	37.0	28.7	22.0

资料来源：国家棉花市场监测系统、国际棉花咨询委员会、海富期货、北京神龙等。数据均为每年9月1日至次年8月底，2010—2011年度为2010年8月到2011年7月31日。

表十二：2014—2020年我国棉花供需平衡表（单位：万吨）

项目	2014	2015	2016	2017	2018	2019	2020
期初库存	1241.00	1316.40	1119.40	924.12	802.61	807.51	790.52
产量	650.40	482.00	493.70	604.70	611.00	590.57	592.37
进口量	167.10	96.00	111.02	132.40	205.00	160.00	235.00
消费量	742.10	775.00	800.00	855.00	807.00	765.00	810.00
出口量	0.00	0.00	0.00	3.59	4.10	2.56	3.00
期末库存	1316.40	1119.40	924.12	802.61	807.51	790.52	804.89

资料来源：中国棉花协会

悲情2003

　　正是在这样的数据谜团笼罩下，2003年拉开了悲情的一幕。比大豆的涨价晚了一个月，2003年9月，棉价开始飙升。长江流域和黄河流域的主要产棉区阴雨连绵，致使有关部门预测棉花减产，国内市场缺口将达160万吨。资源告急的消息经官方机构发布后，棉花加工企业和纺织企业展开抢购大战。根据中国棉花信息网提供的数据，2003年1—8月棉花最高价格始终停留在13418元/吨，8月的最低价格从之前的11048元/吨涨至12136元/吨。9月，最低价格未变，最高价格却涨至14107元/吨。

　　陡然拉开的利润空间吸引了包括房地产和核工业的业外资金的介入。时任新疆兵团棉麻公司总经理盛勇在接受记者采访时说，在阿克苏地区有3000名浙江人在收购棉花，按每人携带100万元资金计算，有30亿元资金的盘子。这么多钱把当地的全部棉花收走都绰绰有余。在盛勇的印象中，这些游资"像炒股票一样凶狠"，为了获得棉花"不惜一切代价"。

　　9月初，一家国有棉麻公司所属的棉花厂以4.08元/公斤的价格开秤收棉，这个价格比上年同期的3.81元/公斤还高0.27元。谁知一两棉花还没收上来，其他棉商就喊出了4.2元/公斤的收购价，棉花厂只好将价格提高至4.3元/公斤。如此轮番抬价，不出一周，价格已经到了6.8元/公斤。

奇怪的是，这些外地棉商报出高价之后并不急于收棉，而是等待国有棉麻公司提高价格。业内人士判断，很显然他们的目的是控制棉花资源，等待涨价。

这一招十分有效。新疆棉农范新平所在的某农场，棉农和农场之间展开了博弈。农场成立了"护秋队"，四处巡查，严防私藏私卖棉花，要求按上一年确定好的收购价收购，并在交通要道上以检疫的名义设置关卡。但是在利益的诱惑之下，棉农开始囤积棉花，想方设法躲开护秋队，把棉花拉回家，藏在早就砌好的鸡窝、羊圈、炭房里。平日里生意冷淡的出租车昼伏夜出，因为到处都有人夜间租车偷运棉花。

棉花收购高峰期一过，外地棉商的收购车来了，以高出正常收购价格50%的价格大量收购。被藏匿的棉花全都冒出来了。范新平的一个朋友藏匿在炭房里的棉花一出手就赚了好几万，让他艳羡不已。而被护秋队逮到的一家棉农，房屋下面竟有藏匿10吨棉花的大仓库。籽棉已经卖到了8元/公斤！

10月的最低价格没动，最高价格却一度达到17456元/吨，超出9月最高价3349元。到了2004年2月，最高价涨至17703元/吨，最低价也达到了12932元/吨。用一位亲历者的话来说，市场已经"疯了"——凡是手里攥有棉花的，没有人怀疑棉价能涨到20000元/吨。

范新平也坐不住了，天很冷，他的血很热。当地已经没有地了，但是他决定一定要包到地，为此他跑到克拉玛依包了37亩地种棉花。播种的4月，棉花的最低收购价达到了17042元/吨，这如何不让范新平充满憧憬呢。

棉花播种之后，17703元/吨的最高棉价一直保持到2004年7月。范新平心里十分踏实，但是8月，棉花最高价格悄悄下降至17678元/吨。8月底，开始收花，范新平连同雇来的帮手一共5人，早上7点下地，除了中间吃饭一直干到夜里11点。37亩地一共收获2500公斤籽棉和1500公斤棉桃。9月10日，又到收购日。最初的价格为5.2元/公斤，一个星期后开始五分一毛地往下掉。20天后跌至4元/公斤。10月的时候皮棉最高收购价已跌破17000元/吨，为16999元/吨，最低价只有11396元/吨，低于2003年8月的价格。因为包地成本、种肥价格、雇工成本都因为上年棉花价格飞涨而提高，所以，算下来范新平开始赔钱了。

到了年底，皮棉最高价和最低价分别为13988元/吨和11263元/吨——"过山车"着陆了。

一块儿到克拉玛依包地的一个同乡包了200亩地，一下子亏了近10万元，一气之下跑到阿勒泰淘金去了。范新平呢？直奔上海——找同学打工去了。临走，他还回了趟家，对妻子和孩子说："你们就当我被判了三年刑吧！"

2004年的棉价暴跌，主要有两方面原因：一方面，包括纺织行业在内的九大行业被列为严格控制信贷风险的行业，资金断档为纺织企业和棉花流通企业带来了极大困难，生产需求迅速下降；另一方面，2003年年底，为了平抑棉价，发改委一次性增发了150万吨进口配额，熨平了供求失衡局面。

中储棉事件

2003—2004年棉花风波的输家不只是范新平这样的棉农，那些火中取栗的投机者也未能全身而退。在这些不太走运的商家当中，大名鼎鼎的中储棉总公司就是颇受关注的一家。

对于2003年的棉花风波来说，中国储备棉管理总公司是一个年轻的公司。2003年9月棉花开始涨价的时候，它刚刚半岁。这个公司的第一任党委书记、总经理雷香菊原任中华合作供销总社棉麻局副局长、华棉管理中心主任，她也是一个"缺口论"者。在一次培训班上她发表观点说：2005年中国纺织品服装出口配额全部取消之后，国内棉花消费量将在680万—700万吨，进口棉将成为补充国内消费的重要资源；全球棉花市场总体特点是当年产需缺口较大，库存呈减少趋势，这个缺口主要出现在中国。

雷香菊以美国数据作为依据进一步说明：根据美国农业部3月预测，2003年度全球棉花产量2021.8万吨，较上年增加100万吨；消费2131.1万吨，减少4.1万吨；当年产需缺口109.3万吨。期末库存将下降到690.8万吨，比上年度下降了13.7%；库存消费比降低到32.42%的历史较低水平，而2003年度全球产需缺口主要出现在中国。按照美国农业部的预测，中国棉花产量487.7万吨，消费685.5万吨，产需缺口197.8万吨。美国人说，这就是中国棉价一直高于国际市场的根本原因。

基于以上观点，雷香菊下令：进口！

中储棉一成立就赶上发改委2003年第一次发放89.4万吨进口配额。中储棉和中纺棉二一添作五平分了属于中央系统的近30万吨一般贸易进口配额。这是雷香菊履新之后的第一把火。10月，价格已经开始上涨，雷香菊果断地向美国棉商抛出了15万吨进口配额。集中而且大量的进口，导致美国纽约棉花期货价格在10月从58美分/磅上涨到80多美分/磅，涨幅高达40%。

据报道，发改委曾劝说中储棉配合国家调控政策，尽快以合适的价格组织销售，但未被采纳。发改委的意见固然出于宏观调控的需要，但同时也是会同有关部门分析后得出的结论：2004年棉花播种面积预计比上年增长10%—15%，达8400万亩—8800万亩。如果气候正常，2004年度棉花产量将突破600万吨（实际产量632万吨）。

雷香菊也并非不愿意配合调控，但是她对市场的判断与发改委不同：期末库存消费比达到30%时才体现为供求平衡，2003年度棉花资源尽管可以满足消费需求，但由于库存没有达到一定水平，所以市场心理上就会为"没有棉花"而担心，这种心理占据优势时，价格就会失去理智地上涨。

她期待着大赚一笔。她动用供销总社棉麻公司的关系并采取内部奖励的办法高价售棉。与此同时，中储棉再次进口十多万吨棉花。许多棉纺企业得知中储棉进口棉花了，就委托中储棉进口并交纳10%—20%不等的定金，江苏一家企业一次性就打了5000万元的定金。

2004年6月，国内棉价已经进入拐点，但是雷香菊仍在宣传她的供不应求观点。在一次题为《中国是影响国际棉花市场的关键因素》的专题演讲中，她说，纺织工业的高速发展，使中国棉花供求缺口加大。按照目前中国纺织业生产能力及发展趋势分析，今后几年，中国棉花供不应求的矛盾还将存在，中国进口棉花数量仍将维持在一个较高水平。

但是，市场的回应彻底击垮了雷香菊的理论。当她进口的大部分棉花到岸时，棉价已经跌破14000元/吨。相关报道说，雷香菊并没有慌张，而是找到有关部门希望其以成本价收购进口的棉花，同时她仍然在多个场合为棉价打气。到了2004年8月的时候，雷香菊感到大势已去。

中储棉事件最后以新华社通稿的形式画上句号，根据报道的估计，中储棉亏损6亿元。

低棉价才有出路

发改委对于棉花产业的调控，1999年是一个分水岭。之前可称为价格管理阶段，之后则是配额管理阶段。

从20世纪80年代初期到2000年，我国的棉花市场共出现过三次"卖难"和三次"买难"。

20世纪80年代初期，为了扭转棉花供不应求的局面，国家采取了提价和奖售的政策，农民种棉积极性大为提高，从1980年至1984年，种植面积年年扩大，分别为7380万亩、7758万亩、8745万亩、9120万亩、10380万亩。产量也是一路飙升，分别为271万吨、297万吨、360万吨、464万吨、

626万吨。1983年，中国成为第一大产棉国。看着这大干快上的劲儿好不红火，谁也没有想到会乐极生悲，1984年，棉花第一次过剩，出现"卖难"。中国不得不依靠国际市场释放产能，1984年至1988年依次出口18.9万吨、34.7万吨、55.8万吨、75.5万吨、46.8万吨。

1985年第一次棉改，政府提出通过合同订购和放开经营解决棉花过剩问题。由于生产资料上涨、调低收购价格和取消奖售，生产迅速滑坡，种植面积从1984年的10380万亩立马降至1985年的7710万亩，产量也下降了211万吨。基本上呈瀑布式下降趋势。1987年至1988年，棉花"买难"出现。国家不得不恢复棉花专营，重新提价，来刺激生产，棉花生产又规律性地出现过剩。1992年出现第二次"卖难"，于是，第二次棉改提出了放开经营、放开市场、放开价格。

哪曾想，1993年因棉花种植面积减少和北方棉区虫灾造成减产，市场出现严重的供不应求，第二次"买难"又到来了。1994年，政府又将市场的大门关闭，恢复到高度垄断的状态，全国统一定价，由供销社统一经营。为了保证产量，收购价格由1990年的300元/50公斤提高到1995年的700元/50公斤，上涨两倍多。由于国内棉价高于国际棉价，国内棉花库存严重积压，1995年出口只有2万多吨，而进口棉花却多达74万吨。

1998年国内棉花库存高达500万吨，相当于国内一年的消费量，但是出口只有4万多吨，而进口居然近20万吨！

1998年、1999年出现第三次"卖难"。入世在即，政府决定彻底地改革体制，主要依靠市场机制进行棉花资源的合理配置，棉花购销价格放开，主要由市场形成。谁知这样一来，多年积累的产销矛盾促使棉花价格大跌，到了2000年又促成了第三次"买难"。

三次"卖难"与三次"买难"交替出现，似乎是市场与政策的一场"跷跷板"游戏，"卖难"时放权、降价，"买难"时收权、提价。政策实施看似十分到位，实则比市场滞后许多。

以1995年4月为例，我国的新棉花价格（17000元/吨）公布时，国际棉价高达18900元/吨，但是我国新价格实施时已经到了10月，这时的国际棉价已经跌至14000元/吨，此后一直保持在13000元/吨左右，而我国的价格则始终保持在17000元/吨附近，毫无竞争力可言。海关的数据表明，1995年至1998年8月，我国净进口棉花228万吨，占现有棉花库存的65%。可见，1995年后不具备竞争力的国内棉价导致了外棉的涌入，进一步加剧国内的供求矛盾。

入世之后，发改委的调控手段从市场准入和确定价格转向了进口配额的管理。配额管理主要是通过进口改变供求关系最终影响棉花价格。但是由于存在前边所说的发达国家依靠高额补贴拉低棉价的事实存在，发改委再次处于尴尬的"跷跷板"境地，一边是低于成本的国内棉价，一边是低于国内棉价的国际棉价。不进口，国内纺织企业竞争力减弱；进口，进一步拉低国内棉价，棉农利益受损。

其实，棉花的宏观调控存在一个误区，那就是紧盯着价格去调控。过去是通过行政干预的方式直接影响价格，现在是通过配额间接影响价格。其实手心手背都是肉，关键不在于如何平衡矛盾，而是要一举消除矛盾。首先要将维护农民利益与价格托市脱钩。借鉴美国以成本为基础的销售贷款方式，简单地说就是无论市场供求关系如何、无论价格如何变化，都与对农民的补贴无关，把农民与市场隔离开来，给农民吃定心丸。这种办法首先被印度、巴基斯坦采用，两国的棉价比国际价格还要低20%多，这不仅使其纺织企业处于优势地位，而且还为国内棉农打开了国际市场。当然，它们采取的也是类似美国营销补助贷款的补贴计划——基于预期的生产成本而不是市场价格。具体地说就是棉农以尚未收获的棉花作为抵押，向政府的信贷公司进行贷款，贷款的价格高于生产成本。收获之后，如果市场价格高于贷款价格，棉农可以选择卖掉棉花归还政府贷款，如果市场价格低于贷款价格，棉农可以将抵押的棉花交给政府而不偿还贷款。只有在这种前提下，农民才能消除后顾之忧放心地种植，而不是在盲目种植中承受大起大落的悲欢。

　　同时，还需要增大科研投入，努力提高单产，争取大幅度提高棉花总产量。1949年中国的棉花单产只有10.59公斤，2007年已经达到了90.64公斤，增长了756%。单产增加一倍其实等于棉花种植面积扩大了一倍。

　　总之，低棉价才有出路。不仅不要抬高棉价，而且要通过中储棉公司将棉农抵押的棉花在棉价上涨时抛售出去，压低市场价格，使国内棉价始终保持在与国际棉价同一水平甚至更具竞争力的水平，以便在产量大幅增长时出口。

第五章

失衡的玉米

感觉到玉米会出问题，第一次是2008年美国发布新能源法案。这是我第一次知道玉米乙醇可以当汽油用。但这样一来，玉米将会怎样？由此对玉米的未来产生了担忧。

2013年，也就是写作本书的时候，看到2012年玉米进出口形势出现逆转，中国由出口大国变为进口大国，当年进口520.7万吨玉米，同年出口仅5.5万吨。

这时候我就已经很担心了：玉米失衡了！玉米会不会继大豆和棉花之后成为第三个沦陷的农产品？

数据不断以冰冷生硬的感觉挑战着人们的神经：

2020年，中国进口玉米突破720万吨的配额局限，进口量冲上1130万吨！

2021年前7个月，中国进口玉米1816万吨！

命途多舛的玉米

一位玉米种业专家用"命途多舛"来形容中国玉米的历史。他主要指国内针对玉米生产的政策，从玉米的进出口角度来看，这四个字也是比较贴切的。

玉米的进出口大致经历了"大量进口——大量出口——大量进口"三个阶段的变化。20世纪50年代，中国粮食曾有过大量出口的历史，据《中国对外经济贸易年鉴》统计，1950年至1959年共出口粮食2228.1万吨，主要是南方的大米和东北的大豆，目的是换取外汇购买机器设备进行工业化建设。玉米的进出口始于20世纪60年代。20世纪60年代和70年代，中国粮食进出口以进口为主，主要目的是满足人民生活所需，这主要是因为20世纪50年代末和60年代初发生了粮食供给严重不足的饥荒，同时，进口粮食还有增加储备、发展农业生产、支援国家工业化建设的性质。这个时期，主要进口小麦。据《中国对外经济贸易年鉴》记载，1960年至1969年共进口粮食4400.62万吨，其中小麦就有4328.51万吨，占98%，也有出口，主要是大米，合计2155.19万吨，目的是换取外汇进口小麦，史称"大米换小麦"。当然也进口了大量以玉米为主的粗粮，这是因为有时会出现需求缺口较大而外汇头寸紧张或价格、交货期限不能保证的现象，就用玉米替代小麦。1961年、1962年、1964年、1973年、1974年五个年份进口粗粮分别达到144.6万吨、116万吨、110万吨、165.8万吨和142.8万吨。

因食物短缺，从1961年至1983年，中国玉米表现为净进口。这段时间，进口总量为12473万吨。平均每年净进口542.3万吨。20世纪70年代，我国一直是玉米进口国，平均每年进口400万—500万吨，最高年份达557万吨，居世界玉米进口量第三位。

1980年至1996年，中国粮食贸易的特点仍然是进口大于出口，共出口粮食9274.84万吨，进口18086.10万吨，逆差12007.75万吨。但是，玉米却表现不俗。20世纪80年代前半期，玉米仍以进口为主，1980年至1984年共进口609.7万吨，没有出口。然而，1985年玉米出口突然出现井喷：当年出口595.73万吨！

1980年至1996年出口量最大的是玉米，17年间玉米共出口2502.03万吨，占全部粮食出口26.98%。其次是大米（1366.59万吨，占14.74%）和大豆（1214.84万吨，占13.10%）。另有统计表明，1978—1997年玉米出口总量为7277万吨，占全部粮食出口58.53%。

玉米出口一发而不可收，大量出口一直延续到2007年才告结束。其中2003年达到出口的顶峰——1639.1万吨。

有关经济学者认为，1985年玉米的出口井喷，其原因在于农村的改革开放解放了广大农民的生产积极性，粮食产量得到了极大的发展。1984年，粮食总产量达到4.07亿吨，人均粮食超过国际公认的粮食安全温饱线标准——350公斤，为390.30公斤。这种观点虽然指出了总体粮食产量增产的原因，但是没有解答玉米的高产和出口的原因。

有关种业专家分析，20世纪80年代初，丹玉13、烟单14、掖单2号、四单8号一大批玉米良种的研发和推广，对于玉米增产起到了极大的推动作用，使玉米单产由80年代初的205公斤/亩，增加到90年代初的303公斤/亩，增产47.8%。据有关研究部门推算，玉米新品种的推广和利用在玉米增产总额中发挥40%的作用。这一看法虽然解读了20世纪80年代初期玉米增产的技术原因，却没有回答玉米种植面积增长带动总产量增长和出口的原因。

在我看来，玉米大规模出口的原因主要有三个：一是产量增加为出口奠定了基础，以上两个观点叠加在一起就是玉米增产的制度原因和技术原因。二是政策原因，1985年，国家将粮食统购改为合同订购，订购的品种为玉米、小麦、稻谷、大豆，订购外的粮食实行市场价。在销售上也逐步缩小粮食统销范围，将工业、饲料用粮退出统销范围，改为由市场调节。从而形成了计划购销与市场购销并存的粮食流通双轨制。这就为玉米的出口削平了门槛。三是国际需求原因，80年代，欧美日等发达国家饲料工业飞速发展，韩国、马来西亚、印度尼西亚等中等国家的饲料行业开始崛起，对我国玉米形成较大需求。

由于国内饲料工业和出口的带动，玉米在种植面积和产量上于2002年超过小麦成为仅次于稻谷的第二谷物产品，2007年，玉米进一步超越水稻，坐上了农作物的第一把交椅。

美国乙醇的狂飙

从1983年至2020年中国玉米种植面积、单产量、总产量、进出口量表上可以看出，2008年之前，除了1983年、1995年、1996年之外，中国是一个玉米净出口国。尽管2008年和2009年仍然属于净出口年份，但是，出口量从2007年的491.4万吨骤降至2008年的27万吨，其变化是惊人的。

逆转发生在2010年，进口数字由2009年的8.36万吨增加至157.2万吨，出口则萎缩至12.7万吨。

2008年的转折点与美国农业部2008年的预测报告有关。根据职业习惯，《大生》的记者在第一时间阅读了美国农业部的这份报告，并与2007年的预测报告进行了对比，发现两份报告对玉米、大豆及相关制成品的价格预测有较大区别：玉米2008/09年度的农场价格由3.6美元/蒲式耳上调为

3.75美元/蒲式耳；大豆2007/08年度的农场价格由7美元/蒲式耳上调至9美元/蒲式耳；大豆油2007/08年度价格由0.30美元/磅上调至0.395美元/磅；豆粕2007/08年度价格由200美元/吨上调至250美元/吨。

　　带着这一发现，《大生》记者在第一时间采访了这份报告的起草人之一美国农业部专家Paul Westcott。Paul Westcott的回答简洁而明确："主要变动是对生物燃料的推算加码了。"Paul Westcott所说的生物燃料指的是用粮食作为原料制造的燃料乙醇和生物柴油。

表十三：1983—2020年中国玉米种植面积、单产量、总产量、进出口量

年份	面积（亿亩）	单产（千克/亩）	生产量（万吨）	进口量（万吨）	出口量（万吨）
1983	2.82	241.6	6821	211	6.00
1984	2.78	264.0	7341	6	95.00
1985	2.65	240.5	6383	9.1	633.70
1986	2.87	247.0	7086	58.8	564.00
1987	3.03	261.3	7924	154.2	392.00
1988	2.95	261.9	7735	10.9	391.20
1989	3.05	258.5	7893	6.8	350.20
1990	3.21	301.6	9682	36.9	340.40
1991	3.24	304.7	9877	0.1	778.20
1992	3.16	302.2	9538	...	1034.00
1993	3.10	330.9	10270	0.1	1110.00
1994	3.17	312.9	9928	0.2	874.90
1995	3.42	327.8	11199	526.4	11.50
1996	3.67	346.9	12747	44.7	23.80
1997	3.57	292.5	10430	0.3	667.10
1998	3.79	351.2	13295	25.2	469.20
1999	3.89	329.7	12808	7.9	433.30
2000	3.46	328.3	10600	0.3	1047.90
2001	3.64	320.9	11409	3.9	600.00
2002	3.70	328.3	12131	0.8	1167.50

续表

2003	3.61	320.9	11583	0.1	1639.10
2004	3.82	341.3	13029	0.2	232.40
2005	3.95	352.5	13937	0.4	864.20
2006	4.05	358.5	14518	6.52	307.10
2007	4.42	343.5	15184	3.52	491.40
2008	4.48	370.3	16591	4.9	27.00
2009	4.57	356.7	16300	8.36	13.00
2010	4.88	362.7	17700	157.2	12.70
2011	5.01	382.4	19175	176.4	13.60
2012	5.24	397	20812	520.74	25.68
2013	5.45	401.1	21849	326.6	7.80
2014	5.57	387.3	21565	260.0	2.00
2015	5.72	392.9	22463	473.0	1.10
2016	6.63	397.8	26078	479	0.41
2017	6.36	407.4	25717	352	8.59
2018	6.32	407.0	25907	283	1.22
2019	6.19	421.1	26361	317	2.61
2020	6.19	421.1	26067	1130	0.17

数据来源：中国玉米产业信息网、海关总署，农业部种植业司，1993年（含）以后数据包括玉米粉。

美国农业部为什么会"对生物燃料的推算加码"呢？这原因要追溯到美国总统布什在2007年12月签署的新能源法案。该法案规定，到2015年乙醇玉米掺混量将增至150亿加仑，到2022年生物燃料掺混量将增至360亿加仑。

美国推动生物能源发展的步子一直是稳步前行的，据美国能源情报署数据，美国玉米乙醇的产量从2002年开始升至20亿加仑以上，2004年升至30亿加仑以上，2006年升至40亿加仑以上，2007年升至60亿加仑以上。新能源法案提出的目标一下子打破了这种增长节奏。

美国第一次提出乙醇可以和汽油混合始于1978年，那一年的美国能源税收法案提出,乙醇在燃料中的添加比例达到10%,联邦消费税对该种类燃料的征税比例是每加仑4美分,鉴于此,该项法案给予乙醇生产企业每加仑40美分的退税补贴。1983年地上运输补助法案将乙醇生产补贴提高到每加仑50美分。一年之后,也就是1984年,税制改革法案继续把补贴提高至60美分。1990年综合性预算调解法案又将补贴下调至54美分。1992年能源政策法案增加了燃料乙醇7.7%与5.7%这两种添加比例,并把乙醇添加比例高达85%的混合燃料作为一种可用的交通能源。2001年、2003年,生产补贴继续依次下调至53美分、52美分。2004年美国就业机会创造法案把过去的退税补贴转移至混合燃料生产者的税收抵免上。2005年能源政策法案确立了可再生燃料在美国的最低使用量,称为可再生燃料标准。2007年的新能源法案前边已经提到。2011年12月31日美国联邦政府取消混合燃料生产每加仑45美分的税收抵免优惠以及每加仑54美分的进口关税。

如果说之前的支持还停留在税收的支持上,那么2005年,生物燃料即被列为重要的发展目标,2005能源法案提出,到2012年,可再生燃料(包括生物乙醇和生物柴油)在汽油中的使用要达到75亿加仑,现在看来,这个目标显然已经落伍了,2007年之后,美国生物能源战车已经飞速奔跑起来。美国农业部2008年的预测报告预测,到2010年,仅玉米乙醇将超过120亿加仑,而报告期末2017年的产量将超过140亿加仑。现在看来,变化比计划快!

预测专家们在报告中非常富有感情色彩地使用了"强烈的生物乙醇扩张"这样的标题。而在2007年美国农业部召开的一次会议上,"能源大举进军农业"的主题更是醒人耳目,参会的嘉吉公司董事长兼CEO Page由衷地感叹道:这个提法真是再贴切不过了。

截至2008年,美国已投产和在建的燃料乙醇生产厂家达200家,2004年生物柴油生产企业只有22家,2008年达到了150家。

美国在玉米乙醇上的狂飙将会给农业带来什么影响呢?

点燃农产品价格导火索

未来的事情，恐怕没有人能说得清。

但是，毫无疑问，对于未来前景的任何恐慌，都可能是资本赚钱的好机会。

2007年12月19日，即布什签署新能源法案的当天，玉米期货市场缩量上涨，追随大豆和小麦的涨势走高。

农业专家Paul对于农业市场有着长期的研究，对于2007年大豆油不断高涨带来的巨大冲击，中国人依据惯性思维认为是国际资金炒作的结果，而Paul认为这种看法过于单一了。他认为，正是作为美国可再生燃料第一大原料的玉米，点燃了全球农产品价格大幅上涨的导火索。

不知读者朋友是否还记得2008年那些危机四伏的预测？当年高盛公司曾提供给《大生》记者一份名为《商品市场观察》的报告，高盛大宗商品研究部负责人杰夫·柯里说："我们认为，在未来12到18个月，许多大宗商品领域都可能进入危机状态……而我认为农产品是关键所在。"

美国农业部的报告提供了佐证：2007/08年度美国小麦库存降低了2000万蒲式耳，到2.27亿蒲式耳。这是自1947—1948年以来最低的水平。这种情况导致北达科他州的国有工厂已经开始从加拿大进口小麦。这种情况也是1922年以来历史上的第一次。

Paul说，从2008年之后的10年内，玉米的价格都将保持在空前高位，而农业领域的大洗牌大部分将在接下来的几年内发生。

Paul所说的"洗牌"具体是指玉米扩张带来的与其他作物争地，以及饲料行业难以承受玉米价格上涨幅度转而改用小麦为原料将引起小麦价格上涨。

Paul发现，在美国玉米主产区，传统的耕作方式是玉米和大豆轮种，但是现在农民们可能连续种两年玉米，第三年才种一次大豆，大豆产量的减少促进了2007年大豆及豆油价格的上涨。

从美国大豆和玉米的"PK表"上可以看出，2004年之前，玉米的播种面积始终比大豆多500万英亩以上，很少有什么变化，然而到了2005年，这个数据扩大到了975万英亩，两年之后的2007年这个差距进一步扩大到3000万英亩。根据这个态势，大豆、豆油、豆粕的价格上升是不出意料的事。

表十四：2000—2020年美国玉米、大豆播种面积PK表（单位：百万英亩）

年份	玉米	大豆	玉米减大豆
2000年	79.55	74.23	5.32
2001年	75.70	74.08	1.62
2002年	78.89	73.96	4.93
2003年	78.60	73.40	5.20
2004年	80.93	75.21	5.72
2005年	81.78	72.03	9.75
2006年	78.33	75.52	2.81
2007年	93.60	63.70	29.90
2008年	85.98	75.72	10.26
2009年	86.38	77.45	8.93
2010年	88.20	77.40	10.80
2011年	91.94	75.05	16.89
2012年	97.29	77.20	20.09
2013年	95.37	76.82	18.55
2014年	90.60	83.30	7.30
2015年	88.02	82.66	5.36
2016年	94.00	83.45	10.55
2017年	90.17	90.16	0.01
2018年	88.87	89.17	−0.30
2019年	89.70	76.10	13.60
2020年	90.82	83.08	7.74

资料来源：美国农业部

表十五：2000—2020年美国玉米、大豆价格PK表（单位：美元/蒲式耳）

年份	玉米	大豆
2000年	1.86	4.73
2001年	1.89	4.43
2002年	2.13	4.93
2003年	2.27	6.08
2004年	2.47	7.56
2005年	1.96	5.95
2006年	2.28	5.65
2007年	3.39	7.74
2008年	4.78	11.30
2009年	3.75	10.10
2010年	3.83	9.97
2011年	6.02	12.50
2012年	6.67	14.00
2013年	6.15	14.10
2014年	4.11	12.50
2015年	3.71	9.49
2016年	3.48	9.39
2017年	3.36	9.39
2018年	3.47	9.15
2019年	1.86	4.73
2020年	4.30	11.15

资料来源：美国农业部

表十六：2000—2020年美国玉米大豆产量PK表（单位：万吨）

年份	玉米	大豆
2000年	10215.60	7505.70
2001年	10199.20	7867.30
2002年	10229.30	7501.10
2003年	10737.80	6678.40

续表

2004年	10729.30	8501.70
2005年	10648.60	8350.80
2006年	10529.40	8700.20
2007年	10622.90	7286.00
2008年	11179.20	8075.00
2009年	10822.10	9147.10
2010年	10731.40	9066.50
2011年	10909.10	8429.30
2012年	11614.80	8279.20
2013年	11810.10	9136.40
2014年	12784.30	10690.60
2015年	12731.10	10687.10
2016年	12602.00	11693.30
2017年	12743.40	12006.70
2018年	12156.40	12051.70
2019年	13280.70	9679.50
2020年	13772.90	11248.50

资料来源：美国农业部

　　另外，玉米的扩种还会挤占棉花的轮种面积，2007年陆地棉比上年减少了300万英亩。过高的玉米价格增加了饲料的成本，降低了肉类生产者的盈利能力，因此以牛肉为主的红肉产量将下降，禽类肉增长减慢。

　　Paul的观点并非耸人听闻。在美国农业部的报告中，有一张美国玉米、大豆、豆粕、豆油、小麦、大米长期预测表，时间跨度为2006/07年度至2017/18年度，共12个年度。表中，美国玉米价格在2009/10年度达到顶峰，为3.8美元/蒲式耳，比2006/07年度的3.04美元/蒲式耳上涨了0.76美元。

　　0.76美元意味着什么呢？如果我们把产量考虑进来，大宗商品的威力就会显示出来。2009/10年度产量预计为131.5亿蒲式耳（实际产量为129.21亿蒲式耳），这就意味着这一年度要比2006—2007年度多花99.94亿美元，才能购买到同样多的粮食。

　　以同样的计算方法，美国大豆及产品农场价格、豆油价格、豆粕价格、小麦农场价格、大米世界价格在其预测的价格峰值时由涨价带来的额外支出分别为66.67亿美元、17.4亿美元、19.33亿美元、38亿美元、7.97亿美元，共计250亿美元。

　　当然，美国并没有完全承担这250亿美元，如果计算以上各粮食品种在价格峰值时的预测出口量，其中70多亿美元的涨价通过出口被粮食进口国分摊掉了。换句话说，这就是输出通货膨胀。

　　实际情况证明，玉米产量的最高峰是2020年的13772.9万吨，比2009/10年度增长了2951.2万吨；玉米价格最高点是2012年的6.67美元/蒲式耳，比2006/07年度上涨了119.41%。

　　2008年是一个悲观的年份。当年的《金融时报》认为：食品价格的不断上涨会在发展中（或是半发达）国家产生重大政治影响，条件优越的西方国家有时无法充分理解其影响程度。一位观察家在接受《大生》采访时所说的话更直接：正在和即将展开的粮食价格上涨，对于投资者来说的确是一个好消息，被称为国际投资大师的罗杰斯年初宣布，全球将迎来农产品大牛市。但是对于低收入的发展中国家而言这种前景是灾难性的。他举例说，联合国粮食计划署用于向非洲饥民分发每日粮食配给的红塑料杯，每天通常只能装三分之二，因为食品价格的上涨速度高于粮食计划署的预算。

　　由美国玉米乙醇带动的价格上涨，困扰的绝不仅仅是非洲。2008年在中国总理温家宝眼中，是"中国经济最困难的一年"，他在两会记者招待会上凝重地说道："我们必须在经济发展（8%）和抑制通货膨胀（4.8%）之间找出一个平衡点。"

"能源独立"搅动全球

　　由美国用玉米催动的生物能源风暴席卷了全球，它迫使每个国家必须同时做两件事：既要保障能源安全，又要保障粮食安全。这对于像中国这样的发展中国家显然是一个巨大的矛盾，而对于非洲的一些贫穷国家来说，则是一场不折不扣的灾难。

联合国粮农组织2007年的一份名为《最新粮食紧急情况》中写道：尽管2006年谷物获得创纪录产量，许多国家粮食供应形势获得改善，但仍有33个国家存在粮食紧急情况。

2007年，印度1公斤大米的价格由原来的20卢比涨到了40卢比，很多贫民因食品涨价而揭不开锅了。在埃及，部分食品的价格已经上涨了两倍之多。真正挨饿的还是非洲兄弟，在非洲南部的马拉维、津巴布韦、莫桑比克等国，至少有1200万人严重缺粮。

嘉吉公司的董事长Page在2008年3月22日接受了《大生》面对面的采访。他表情十分平静地说，嘉吉不赞成把供人类充饥的粮食用于燃烧。他说："作为领导人，我们应该问自己这个问题：什么价格是我们准备好的，让这个世界上的穷人支付伙食费的？作为一个发达的社会，我们将有能力同时生产粮食和可再生燃料，但对那些能够负担得起它的人们而言，这意味着什么样的成本？作为一个负责任的社会，我们需要仔细地思考和规划，因为我们将继续面对向一个日益扩大人口的世界提供食品的挑战。"

当然，面对媒体的说辞与作为企业的务实其实是两回事。在反对"把粮食用于燃烧"的同时，嘉吉正斥资10亿美元在全球加紧扩建自己的生物燃料产业。美国政府似乎连Page先生表面上的担忧也没有，在2007年年底签署的新能源法案中，没有对生物能源可能带来饥饿的问题表示任何关心。该法案的宗旨从它的名字——《美国能源独立与安全法案》——中表露无遗。

与粮食相比，美国对于能源的感受可能更为深刻。

在全球第一次粮价高峰时期，爆发了全球第一次石油危机。

1973年10月第四次中东战争爆发，18日，主要石油生产国先后宣布中断向美国出口石油。

美国每天的石油进口减少了200万桶，许多工厂因而关闭停工，政府不得不减少班机航次，限制车速，对取暖用油实行配给，星期天关闭全国加油站，禁止和限制户外灯光广告等。甚至连白宫顶上和联合国大厦周围的电灯也限时关掉，尼克松还下令减少他的座机的护航飞机。

为集中力量对抗美国，阿拉伯国家将石油进口国分为"友好""中立""不友好"三类，并以此决定供应、适度限制和停止供应。

在那个年头，"请允许我发动我的汽车"是美国人的心愿，并登上了当时报纸的大标题。

类似这样的石油危机美国一共经历了四次。1979—1980年，伊朗革命爆发，引发第二次石油危机，石油价格从每桶14美元飞涨到40美元，美国国内生产总值下降3%。

1990年8月，科威特战争爆发，美国随后对伊拉克开战，第三次石油危机爆发，油价三个月内从每桶14美元突破40美元。

1998—1999年年初，欧佩克连续三次减产；2001年美国遭受"9·11"恐怖袭击，开始陈兵海湾，到2003年3月，美军再次进军伊拉克，这次石油危机持续时间较长，油价不断攀升，2003年国际原油价格为每桶27美元，2004年约为40美元，2005年8月，美国能源法案签署月，一度突破每桶67美元。

进入2007年后，"第五次石油危机"的呼声此起彼伏，油价也冲高至90美元。而2008年3月11日纽约商品交易所4月交付的轻质原油期货价格盘中一度突破百元，达到了每桶109.72美元，7月3日达到145.29美元。此后又在2011年4月和2013年8月超过100美元。

美国一位石油专家在接受《大生》记者电话采访时说道，正是在不断应对危机的过程中，美国树立起了强烈的"能源独立"观念，并由此衍生出发展"生物能源"战略。2005年的能源法案第一次奠定了生物能源战略，2007年的新能源法案则把这一战略推入了爆发期。

高油价火上浇油

美国虽然不断强调"能源独立与安全",但是面对2005年以来的油价飞涨和"第五次石油危机"的呼声,却没有任何平抑价格的动作。

与前四次因战争导致石油减产引发油价上涨不同,2005年以来的价格陡峭上行并非因为供求关系。有一位中石化的销售主管给笔者提供了一组数据来说明这一问题:2004年第一季度,原油每天供大于求约30万桶;第二季度全世界原油日产量为8150万桶,平均日需求8300万桶,日供小于求150万桶。2005年世界石油日供应量约8400万桶,日消费量约8300万桶,供大于求100万桶。这位主管告诉笔者他的观点是,油价上涨原因并非供不应求,而是另有原因,这个原因就是资本投机炒作。

"2005年世界石油平均日供销量为8000多万桶,但纽约国际石油交易所日交易量达2亿桶,伦敦国际石油交易所日交易量接近4亿桶。这意味着原油一天之内要被投机商倒手几次。"主管向笔者解释道,"按金额计算,当油价为50美元/桶时,世界石油日消费金额约40亿美元,而国际石油市场日交易金额则高达数百亿美元。"

国家商务部研究院梅新育对这位主管的观点感到惺惺相惜:"石油期货价格作为定价基准,皮肯斯之流石油炒家对油价的影响力超过了海湾国家的石油部部长们。"奇怪的是,在油价不断攀升的情况下,掌握着7亿桶石油储备的美国能源部面对"动用储备平抑油价"的呼声不为所动。

石油储备制度是美国吸取第四次中东战争教训,通过《1975年能源政策与节约法案》设立的一项制度。在墨西哥湾海岸附近和路易斯安那两个州沿海地区,有4座锥形的储备库,这些储备库全部藏在610米—1200多米深的巨大盐层洞穴中。当初的储备目标是10亿桶,最终形成了7亿桶的规模,2008年的时候,美国储备达6.98亿桶,已经"满仓"。

从建立石油储备之日起,美国共动用过四次储备平抑油价:1991年海湾战争期间,向国内市场投放2100万桶石油;1996年和1997年,克林顿总统出售了2800万桶石油；2000年9月克林顿再次下令出售3000万桶平抑美国东北部高居不下的油价；2004年动用170万桶储备缓解"伊万"飓风的影响。但是自2005年之后，美国只增加储备而不再动用储备。布什总统在2007年1月的国情咨文中宣布，到2027年要将美国的战略石油储备翻一番，达到15亿桶。为此，能源部开始建立新的储备库。

2008年1月2日，石油价格突破百元，刷新2007年创出的每桶99.29美元的国际原油期货盘中最高纪录。2月初，民主党议员拜伦·多根提出一项议案，要求美国能源部2008年剩下的时间里，应该在油价跌至每桶50美元以下前暂停增加原油储备。但是这一提议招致能源部的反驳：每天进入储备的原油仅是市场中很小的一部分，不会对价格造成任何显著影响。能源部所说的"很小的一部分"是多少呢？每天7万桶！

一位金融界人士的一番话道破了天机："抬高油价其实对美国有利，因为美元仍然处于贬值趋势，而石油以美元定价，因此，弱势美元可以通过石油价格的上涨，使美国在次贷危机所加剧的经济衰退中得到喘息的机会，从而使美国经济恢复强势。"

用玉米输出通货膨胀

在两次世界大战之间的20年中，国际货币体系是几个相互竞争的货币集团，各国货币竞相贬值，因为每一经济集团都想以牺牲他国利益为代价解决自身的国际收支平衡和就业问题。但是经过了20世纪30年代的世界经济危机和二次世界大战后，各国的经济政治实力发生重大变化，美国的地位因其占有全球75%的黄金储备而空前稳固，美元成为硬通货。

1944年7月，44个国家或政府的经济特使聚集在美国新罕布什尔州的布雷顿森林商讨战后的世界贸易格局。其中22个国家于第二年年底签订了《布雷顿森林协定》，建立了布雷顿森林货币体系。这个体系以黄金为基础，美元直接与黄金挂钩，各国货币与美元挂钩，同时可按35美元1盎司的官价向美国兑换黄金。

不幸的是，20世纪50年代后期开始，美国经济竞争力逐渐削弱，国际收支趋向恶化，出现了全球性的"美元过剩"情况。这导致各国纷纷抛出美元兑换黄金，美国黄金开始外流。到了1971年，美国黄金储备已经不足以支撑美元，尼克松被迫于当年8月宣布放弃按35美元兑换1盎司黄金的美元"金本位制"，实行黄金与美元比价的自由浮动。金价随即骤涨，一年后美元贬值80%。随后欧洲各国和日本、加拿大等国宣布实行浮动汇率制，布雷顿森林货币体系崩溃。

美国经济的持续衰退积攒了高额负债。2007年6月美国政府债务接近9万亿美元，比1980年增长10倍。高负债又使美元贬值，1971年至1995年美元兑日元贬值75%。

为了拯救经济，美国采取了"加速美元贬值"的策略，这就是人们常说的"美元泛滥""流动性过剩"的开始。截至2012年5月23日，国际黄金现货价格为1567美元，那么就相当于美元已经贬值了44.77倍（1567/35=44.77）。通过这种方法，美国一方面可以吸引投资，重振经济；另一方面使其他国家的外汇储备缩水。

2001年，美国经济连续降息20余次，联邦基准利率从7.5%下调至1%，保持了宽松货币政策达3年之久，这个时期美国大量印钞，导致美元迅速贬值。2007年4月2日，美国第二大次级抵押贷款公司新世纪金融申请破产保护，次贷危机爆发。

为了解决危机，美联储不得不再次启动降息，2007年9月18日一次性降息50BP（Basis Point的缩写，债券和票据利率改变量的度量单位，1个基点等于0.01%，即1%的1%），10月31日再次降息25BP。

美元再一次被人为贬值。

石油价格的飞涨被许多学者认为是美元贬值的必然结果，自然，以美元定价的其他大宗商品包括粮食等农产品的价格飞涨，同样也是美元贬值的必然结果。在2010年之前，美国向中国出口大豆和棉花引起了一定程度的通货膨胀，因为这两种大宗商品中国进口量较大。

中国鼓励发展生物燃料始于2001年，当年为了消化陈化粮（储存后变质的粮食），黑龙江华润酒精（现为"中粮肇东"）、吉林燃料乙醇、河南天冠、安徽丰原四家企业被赋予生产车用乙醇的权利，并在2004年6月对车用乙醇进行补贴，财政部公布了2004—2008年的每吨补贴标准为2736元、2395元、2054元、1373元、1373元。2005年补贴降至1883元。2006年年底粮食价格疯涨，出于粮食安全的角度考虑，发改委下发通知，强调凡违规审批和擅自开工建设的车用乙醇项目，不得享受燃料乙醇财政税收优惠政策，并将补贴降至1628元。但是借此机会中粮却高调进入燃料乙醇产业。2006年开始，中粮先后将4家燃料乙醇定点企业中的3家收归囊中。除了中粮这样的巨无霸之外，很多中小型乙醇生产企业为了获得补贴也纷纷加入生产大军里来。2009年的乙醇产量为172万吨，按80%使用玉米计算，为137.6万吨玉米乙醇，再按3.2吨产一吨乙醇来计算，2009年用于乙醇的玉米即为440.3万吨。这个数字虽然只占当年玉米总产量（1.63亿吨）的不足3%，但是对于第二年也就是2010年的突然猛增的157万吨的进口量来说可是绰绰有余了。

2011年4月19日，发改委等多部门发文，要求在6月底前暂停对储备企业之外的各类经营者发放贷款收购玉米，已发放的贷款不得展期。这也是针对玉米乙醇增加玉米消费进而促使价格上涨发布的非常严厉的措施。

2012年5月，财政部下发通知将玉米乙醇的补贴标准降至500元/吨，2016年以后不再补贴。

2010年的恐慌性进口

就在美国政府公布新能源法案当天，中国财政部和国家税务总局就联合发布通知，自2007年12月20日起，取消包括玉米、小麦、稻谷、大米和大豆等5类原粮及其制粉的出口退税，开始收缩玉米出口。农民们对此消息还不太敏感，2008年的玉米种植面积比2007年多了600万亩，造成当年玉米产量升高至1.66亿吨。同时，国储从2007年12月11日开始到2008年10月14日，共进行了为期42次的玉米拍卖。由于拍卖持续时间长，拍卖数量大，较为有效地抑制了玉米市场居高不下的价格，均价由最初的1787元/吨下滑至1550元/吨。

玉米价格虽然下去了，但是由于国家在2008年下半年实施了玉米临时收储制度，抬高了玉米价格，农民种植积极性依然很高，2009年玉米种植面积又有了900万亩的增长。但是由于东北地区玉米受旱严重，黄淮海地区玉米长势也不如上年，玉米总产量从2008年的1.66亿吨降到了1.63亿吨。受实体经济影响，加工企业、饲料企业和肉类企业需求不振影响，玉米价格下滑。

2008年和2009年中国玉米的国际贸易十分平稳，2008年的进出口量分别为4.9万吨和27万吨，2009年的进出口量分别是8.36万吨和13万吨，可谓波澜不惊。2009年东北地区因受洪灾影响，价格回升。

2010年年初，国内玉米市场价格总体呈现了大幅走高的态势。2010年春节刚过，国内玉米现货价格持续上涨，5月，价格攀升至2100元/吨。媒体称"玉米疯了"。玉米占饲料原料60%的比重。广东省一大型饲料企业老总对记者表示，饲料企业如果没有原料库存，将面临"亏死"的局面。8月，农业部公布了前7个月的玉米进口量，竟然比去年同期增加了56倍！国际食物政策研究所所长樊胜根博士对媒体提醒说，中国目前粮食储备充足，自给自足仍然非常高。其他主要国家的粮食储备也不成问题，需要提醒的是心理因素，在粮食储备充足的情况下依旧大量进口等政策行为容易给市场造成误导，使民众产生不必要的恐慌。

为了控制玉米的消费，2010年7月15日起，国家决定取消部分钢材、有色金属加工材料等406个税则号商品的出口退税，其中包括玉米淀粉和酒精。国家粮油信息中心监测，2010年我国玉米淀粉出口量在36.6万吨左右，但自2010年取消出口退税政策后，我国玉米淀粉出口量连年下滑，至2014年出口量仅5.6万吨，比2010年减少31万吨。

2010年玉米临时收储计划照旧，而且价格进一步提高。但是，2010年4月开始，由于国际市场玉米价格的下跌，玉米进口到港量开始出现大幅度的增加。根据美国农业部数据，从2010年4月底中国首次订购美国玉米以来，截至2010年10月7日，中国共订购了超过160万吨的美国玉米，累计装船将近150万吨，预计后期仍将会有一定数量的美国玉米到港。

中国农业部公布的进口数据被英国《金融时报》形容为"重新点燃了人们对中国粮食安全可能影响全球农业大宗商品市场的担忧"。但是这对于詹姆斯的客户如美国农业部、美国大豆协会、美国大豆出口协会、美国谷类协会等机构来说，绝对不是担忧，而是惊喜与期待。"多年之后，中国重新向美国玉米敞开大门，使得我们的客户相信未来中国玉米的市场将和大豆一样潜力无限。"詹姆斯说。詹姆斯是一家美国贸易公司的经理，他最近收到的客户反馈都是要求重点盯牢中国市场和政策面对美国玉米的接受程度，尤其关心中国消费者对于"转基因"农产品的整体接受度。

在被问到如何为美国玉米打开中国市场时，美国谷物协会的总裁兼首席执行官托马斯·多尔毫不犹豫、信心十足地表示可以借鉴多年的转基因大豆经验。

据海关总署数据，2010年，中国共进口玉米157.2万吨，达到前一年的近20倍的消息，引起了各方的高度关注。这一年也因此被视作中国的"玉米进口元年"。2011年，玉米进口之势依然未减，共进口玉米176.4万吨。可惜的是，国际国内玉米价格倒挂问题并没有引起人们的足够重视，临储政策继续提高收购价格，2013年，玉米进口冲到顶峰，达到了前所未有的520.74万吨。

当然，维持临储收购需要大量的财政资金，2014年的时候，财政吃力的感觉已经首先从大豆和棉花的改革中显现出来。

2015年，关于玉米要像大豆、棉花一样实行目标价格的议论开始蔓延。

2016年，玉米生产者补贴制度终于出台。

向中国出口乙醇

2016年前11个月，中国进口玉米303万吨，比上年同期下降34.2%。这个数字尚不到2016年720万吨玉米进口配额的一半。这个消息令中国农民长喘了一口气：国产玉米这下可有了出头之日了！

谁知，按下葫芦浮起瓢，中国酒精工业协会坐不住了。为什么？因为乙醇进口多起来了！据海关总署数据，2014年之前，除2005年进口2万吨、2012年进口1.5万吨之外，其他年份很少进口。相反，2010年之前，每年出口基本保持在10万吨以上，2006年更是达到了102万吨的水平。2014年进口乙醇突然从2013年的0进口变成了进口2.7万吨，2015年骤增至68.7万吨，可谓来势凶猛，2016年前11个月只有52万吨的进口，但据中粮生化的研究人员透露，12月有大量进口，预估全年进口为92.3万吨。

表十七：2000—2016年中国乙醇产量、出口量、进口量（单位：千吨）

年份	产量	出口量	进口量
2000	1,513	152	1
2001	1,588	249	0
2002	1,668	115	4
2003	2,017	284	4
2004	2,195	97	4
2005	2,893	162	20

续表

2006	4,234	1,018	8
2007	4,920	130	1
2008	5,397	108	0
2009	5,811	108	0
2010	6,387	156	4
2011	6,657	43	5
2012	6,525	45	15
2013	7,346	40	0
2014	7,919	33	27
2015	7,783	25	687
2016	8,172	50	923

资料来源：国家统计局、中粮生化

注：2016年数据为估计数据

如果按照三吨玉米出一吨乙醇计算，2016年将以乙醇方式进口玉米达到278万吨，加上前11个月直接进口的303万吨，总进口玉米量超过了2012年的520万吨。那么，这些乙醇都是从哪里进口的呢？

据美国能源局数据，美国2012年之前没有向中国出口乙醇，2012年和2013年也很少，分别为400万加仑和300万加仑，折合1.2万吨和0.73万吨。2014年开始增长至7400万加仑，折合22.4万吨。据美国能源局估计，2016年美国向中国出口乙醇将达到2.34亿加仑，折合70.95万吨。

表十八：2000—2018年美国乙醇产量、出口量、出口至中国量

（单位：百万加仑）

年份	产量	出口量	出口至中国量
2000	1622.3	99.2	—
2001	1914.9	114.4	—
2002	2140.2	124.4	—
2003	2804.4	169.6	—

续表

2004	3404.4	213.1	—
2005	3904.4	243.5	—
2006	4884.3	328.9	—
2007	6521.0	413.1	—
2008	9309	581	—
2009	10938	662	—
2010	13298	399	0
2011	13929	1195	0
2012	13218	742	0
2013	13293	619	4
2014	14313	846	3
2015	14539	844	74
2016	15121	900	234
2017	15850	1400	0.12
2018	16088	1675	138

资料来源：美国能源局

注：2016年数据为估计数据

同样按三吨玉米出一吨乙醇计算，2016年美国预计向中国出口210万吨玉米。

查看美国2007年至2014年的玉米种植面积，2008年新能源法案生效之后，2009年的玉米种植面积上升了将近1亿亩。产量也增加了6500多万吨，但是出口量却增加不多，仅有330多万吨。

表十九：2007—2020年美国玉米种植面积、产量、出口量

（单位：亿亩、万吨）

年份	种植面积	产量	出口量
2007	4.96	38875	6190
2008	4.75	37280	4697

续表

2009	5.68	43832	5027
2010	5.22	41770	4651
2011	5.24	44014	3909
2012	5.35	42293	1854
2013	5.58	42188	4877
2014	5.91	38934	4735
2015	5.36	34700	4683
2016	5.74	38700	5120
2017	5.47	49852	4974
2018	5.39	48582	6542
2019	5.45	47987	3898
2020	5.51	49798	6604

资料来源：美国农业部

注：2015年数据为2014—2015年度数据，2016年数据为2015—2016年度数据。

美国乙醇产量和出口量的增加，导致美国玉米出口量的下降，美国玉米出口量在2010年、2012年、2013年出现了连续下滑，2012年仅有1854万吨，造成世界范围内粮价上涨的恐慌。

2012年8月，在美国农业部下调农作物产量预期后，联合国粮农组织总干事达席尔瓦已发出警告，指责在干旱情况下，玉米产量遭到"巨大破坏"，但因美国国会颁布的指令，40%的玉米生产量仍用于乙醇生产，要求"立即暂停（乙醇）指令，将让市场获得一些喘息的空间，并让更多玉米用于食品和饲料用途"。一些20国集团（G20）成员国，包括法国、印度和中国，已表达了对美国乙醇政策的担忧。

美国国内也形成了两派意见，以种植玉米为主的艾奥瓦州受益于玉米价格上涨，支持乙醇发展，而畜牧业州的代表得克萨斯州则表示不满。但是，美国发展乙醇燃料的步伐并没有放缓下来，2014年在2013年133亿加仑的基础上增加了10亿加仑，达到了143亿加仑。出口也从6.19亿加仑增长到8.46亿加仑。据业内人士预测，2016年美国乙醇产量将达到151亿加仑，出口达到9亿加仑。这已经是美国连续第七年实现乙醇的净出口了。

中国在2015年之前很少进口乙醇，主要的原因是实行30%的高关税，但是在2013年年初，国家公布《2013年关税实施方案》，将"任何浓度的改性乙醇及其他酒精"（税则号：22072000）最惠国税率由30%调低为5%。2014年，乙醇进口即达到2.7万吨，其中就包括美国的9100吨。2015年上半年未改性乙醇取消5%消费税后，乙醇进口关税降为零，政策导向促进了乙醇进口。促进乙醇进口的目的是抑制国内相关工业消费玉米的需求，平抑玉米价格。但是，乙醇的大量进口，却直接影响到国内酒精价格和酒精加工企业的利润。

2015年中国共进口68.7万吨乙醇，其中包括来自美国的22万吨。在进口乙醇的冲击下，广西、广东酒精市场价格持续下行，酒精加工企业市场压力加剧，部分企业停产。1至8月全国酒精装置开工率不断下降，虽然局部产区货源供应量减少，但由于市场需求疲软价格持续下跌，醋酸乙酯行情从年初的6000元/吨左右一路跌到5000元/吨左右，化工厂产量不断降低，成本倒挂严重。部分酒精厂资金链已陷入危机，预付货款囤货的中间商资金链已然断裂。

2016年，乙醇进口趋势不减。8月，中国酒精工业协会在湖北宜昌召开年会，包括燃料乙醇企业在内的120多位代表参会，共同呼吁提高乙醇关税。

据媒体报道，美国候任总统特朗普任命俄克拉荷马州司法部部长Scott Pruitt来领导美国环境保护署，这引起市场担心玉米乙醇及大豆生物柴油的支持可能被削弱。Pruitt长期以来一直强烈抨击美国政府的生物燃料政策，还针对美国环境保护署提出了多项诉讼。

就像棉花和纺织的关系，玉米和乙醇也是上下游的产业，如同跷跷板一样，此起彼伏。2017年会怎样呢？2017年1月的前几天，中国乙醇关税由5%提高至30%。当年美国向中国的出口下降了99.9%。2018年中美贸易战开始之后，中国为反制美国加税，将美国乙醇进口关税提高至70%，但由于中国2018年年底发文计划在2020年前将汽车强制性添加E10混合燃料推向全国，而国内生产能力略高于10亿加仑，于是只能恢复大量进口。

2021年：玉米进口狂飙

如果读者朋友了解了大豆沦陷的过程和棉花配额之战的详情，就不难对玉米的进口动向保持一颗警惕之心。

2020年，这颗警惕之心又一次提了起来。

起因是玉米价格涨起来了。

1月至3月9日，国家粮食和物资储备局公布的玉米收购价格徘徊在每斤9角钱以下。细心的人士也许注意到了，这个价格受到了国储拍卖的压制。2月国家一共开拍了5次玉米，成交比率除第一次（成交率36.45%）外，其余四次均不足6%。但由此成交132万吨。

3月16日，玉米收购价格突破9角，并一路上行！

5月25日，收购价格冲抵9.91角，伸手触摸1元大关。

三天后，国储大剂量开拍！一出手就是近400万吨（399.25万吨）。

哪预料！百分之百火爆成交！浓郁的火药味一下子喷薄出来。

国储显然也是有备而来，每周重拳出击，一连14周，每周都是400万吨左右。一共抛售5500多万吨，才把成交率打下100%。

但是，市场的力量似乎更大，一边是拍卖量持续增长，一边是现货收购价格不断上蹿。8月31日，大连商品交易所玉米主力合约的收盘价已经冲到了2262元/吨。

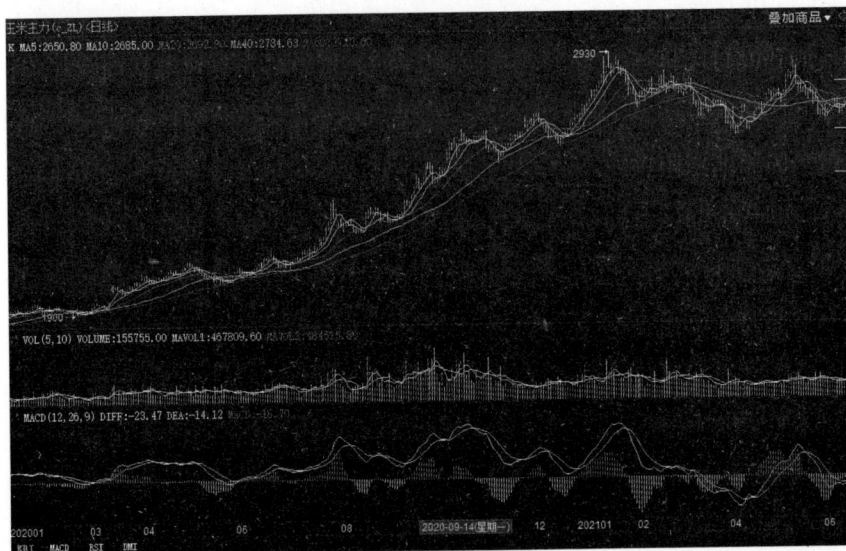

尽管9月现货收购价格有所回落，但是期货价格仍然澎湃汹涌。市场似乎无声地在孤注一掷，赌的就是国库已空！

根据笔者的估算，2020年国储玉米还有6000万吨左右，按照往年的拍卖期，还有一个月的时间，库中所储玉米的确是强弩之末了。

其实，笔者早在2019年就提出玉米调减种植面积可以停止了，需考虑库存清理完毕之后如何保障价格的平稳。看来，考验政策的时候到了。

我在《非官芳解读之九十一：玉米价格研判》中写道："2021年5月至10月，国家如果想继续调控价格，就必须在2020年10月之后收购并储备一定量的玉米备来年抛售之用。"2020年10月12日中储粮哈尔滨直属库率先挂牌，将玉米价格推升至新高。这一消息似乎是对我的建议的鼓舞，但是，在随后的几个月里，秋粮收购的进度却没有比上一年快多少。截至2021年4月30日收购季结束，总的玉米收购量达9703万吨，低于上一年收购量（9802万吨）近100万吨。

其实，早在2020年8月，我国玉米调控方式就已经悄悄地发生了变化。该月我国进口玉米首次突破单月进口100万吨的上限，达102万吨，之后数月，月进口数量均在100万吨以上，12月高达225万吨，致使全年进口总量为1130万吨，超过当年玉米进口配额（720万吨）410万吨。

进入2021年，前七个月更以狂飙猛进之势，大举进口1816万吨。而据美国农业部周度销售报告显示，中国向美国签订的年度玉米进口合同数量达2300多万吨。

6月下旬，往年5月开槌的国储拍卖尚无动静。似乎印证着玉米调控方式的历史性转变。

有人也许会问，玉米会成为第二个"大豆"吗？我的回答是，只要玉米的配额管理不取消，中国就有工具随时控制玉米进口。因此，从逻辑上玉米成不了第二个"大豆"。但是，玉米很有可能成为第二个"棉花"，因为棉花也有配额管理。

2020年，中国棉花进口量占总消费量的三分之一。

第六章

挑战国家储备

大豆、棉花、玉米，中国开始明明都是净出口国，最后都变成了净进口国。农民因为成本不断提升、价格上不去而纷纷放弃种植，国产大豆、国产棉花的产量不断下降，国产玉米虽然有所上升，但是有了大豆和棉花的教训，谁知道它什么时候也会降下来呢？还有，小麦和大米这中国的两大口粮会不会……哎，这只有天晓得了。

　　这不，外国人闯进中国国内来收购粮食了。

　　2016年7月国务院发文公布自贸区新规，允许自贸区内外商从事粮食收购和棉花批发。

益海嘉里叫板国家收购价

2010年夏，中国的产粮大省江西。

8月1日，国有粮食收购企业还没有开磅的时候，有一家公司就跑到稻田里收购早稻了。当年国家制定的早稻最低收购价为0.93元/斤，当地市场的平均收购价为0.95元/斤，这家公司居然出价0.98元/斤。一般来说，农民收割了水稻后，要整晒、烘干后才能卖，但是卖给这家公司，所有这些费时费力甚至还要花钱的环节全免，这就让当地的稻农难以拒绝了。

不过，这家公司每加工100斤大米要亏进去一两元钱。明眼人都看得出来，这是和国家收购叫板。

这家企业名叫益海嘉里（抚州）粮油食品有限公司。从公司名称当中就可以知道，这家公司的母公司应该是益海嘉里集团。益海嘉里集团是一家外资企业，它的股东分别是世界四大粮商之中的ADM和新加坡综合农业产业集团——丰益国际。益海嘉里集团成立于2001年，总部设在上海陆家嘴。目前该集团在国内直接控股的工厂和贸易公司达38家，另外还参股了鲁花等国内多家著名粮油加工企业。读者朋友如果购买过"金龙鱼"牌食用油，对这个公司就会有些感性认识了，因为"金龙鱼"就是这家企业的产品。

这家公司名气不大，但是在稻谷和小麦领域的实力不可小视。有关资料显示：2018年，益海嘉里的小麦年加工能力达到了591万吨，占全国总产能的3%。在稻谷加工领域，益海嘉里进展同样神速，2010年年底加工能力就达到了100万吨，中储粮为150万吨，国内最大的米业公司——北大荒米业的加工能力为700多万吨。另据公开数据，仅2009年，益海嘉里在华获得的收入达500多亿元。截至2019年年底，水稻年加工规模达到350多万吨。油料压榨和油脂精炼产能分别达到了2193万吨和1058万吨，分别占全国产能的13%和19%。

据媒体报道，在江西收购水稻之前，益海嘉里已在山东、石家庄等地参与了粮食收购，且收购价格均高于市场价。此番在江西收购，是因为益海嘉里（抚州）粮油食品有限公司就在江西抚州，该公司是益海嘉里集团于2009年2月通过收购江西省级农业产业化龙头企业——江西和氏米业有限公司名下的大米加工设备、厂房以及"爱和"牌注册商标组建的。

和氏米业位于江西的粮食主产区抚州市金溪县，而抚州市有赣抚粮仓之称，每年生产粮食达50亿斤，向国家提供商品粮超过20亿斤，占整个江西省的50%以上，因此，这里一直是各地粮商抢粮的前沿阵地。为了抢占先机，益海嘉里、中粮和中储粮等纷纷到这里设立加工项目，跑马圈地。

此前，抢粮主要发生在国内的国营企业和私营企业之间，益海嘉里的加入，让局势变得更加复杂和热闹。当时，在抚州市有粮食加工许可证的企业为213家，年加工能力达60亿斤，整个江西省的大米加工企业更是达2000多家。外资和中国的大型企业纷纷在此地设厂，使该地的加工能力远远超过了当地大米的产出能力，因此，很多企业面临着无米加工的窘境。

当然，无米加工的自然是小型工厂。原因很简单，由于收购成本太高，当时优质早稻加工成大米的利润只有0.38元/斤，而加工普通大米还要亏0.04元/斤。像益海嘉里那样，高价收购、赔钱加工，小企业自然承受不了。因此，大部分小企业都面临着停产倒闭的危险。

国储机构率先发难

2010年8月底，当地国储机构终于忍不住了。中储粮金溪直属库负责人通过媒体公开批评道：益海嘉里的经营缺乏民生观念和政策观念。他举出的证据是，益海嘉里的抚州公司一直都在亏损，但仍高价收米。此外，大米加工厂的原料一般是中晚稻，但益海嘉里却高价抢收早稻，给人的感觉是在搅局，扰乱市场。

原来，金溪县年产早稻3亿斤，其中50%为商品粮，而中储粮当地的直属库储备粮收的主要就是早稻，储量约1.25亿斤。因此，益海嘉里的行为，影响的不仅仅是小企业，也包括中储粮。

中储粮等企业对于益海嘉里的指责，惊动了中央政府。9—10月，整整一个月间，商务部、农业部、发改委等各部门都纷纷派人到金溪调查，最后得出的结论是，对外资扰乱市场秩序的指责不成立。

据当地的业内人士透露，中储粮并非单纯地抱怨益海嘉里，益海嘉里收购的粮食其实是在当地粮食部门的帮助下收购的，因此，中储粮抱怨的实际上是这些粮食部门。由此看来，在抢粮问题上，事情并没有看起来那么简单。

到了收获中稻的时间，拥有300亩稻田的金溪县农民廖根仁成了"名人"，粮管所的、中储粮库的、大米企业的，福建、广东来的粮商，几乎都在找他，希望买下他收获的稻谷。在粮管所的人看来，这简直是在抢："收粮的人都等在田间地头，只要农户愿意卖，他们可以在田里就把刚刚打下来的稻谷收走，根本不用农民自己去晾干。"往年作为当地稻谷收购主体的中储粮金溪直属库和十几个县的粮管所基本无粮可收。

在中央部委调查之后，益海嘉里也韬光养晦地把收购价格降至低于最高价格一两分的水平。"前一段时间有不少舆论指责我们抬高了收购价，所以我们现在一般按照低于常规市场价来收购，避免引领价格。"益海嘉里（南昌）粮油食品有限公司总经理于风义在接受记者采访时如是说。

尽管如此,价格仍高居不下,国家的"托市收购"形同虚设。

那么,抢粮风潮的原因何在呢?据业内人士分析:2009年,国家储备粮由原来的三年轮换一次改为两年轮换一次,根据规定,陈粮(第一次储存期限超过一年的粮食)按照当年收购价加仓储费用轮出后,四个月之内必须用新粮补充库存,否则若形成价差损失,由各直属库承担。

中储粮金溪直属库2010年需轮换的2008年的存粮就达2400多万斤。那些福建、广东来的收购人员要不就是两省中储粮库的,要不就是他们委派的异地收粮人员。

所谓利益相关,中储粮对益海嘉里"高价抢粮"的起急也情有可原。

停购的玄机

中储粮一直在国内粮油收购中扮演着重要的角色,是中央储备粮的主要管理者。其收购业务分为两大块:一块为政策性业务,就是按照国家规定的最低收购价和临时储备收购价收购粮食,然后进行存储拍卖,中储粮可以从该项业务中拿到补贴;另一块是贸易业务,就是按照市场价格收购粮食再卖出获利,或者受国内的一些企业委托,代购粮食赚取差价,这部分是中储粮的重要收入来源。考虑到中储粮的职能,它指责益海嘉里的高价收购行为扰乱市场秩序,自然显得理直气壮。但到了2010年9月,形势就发生了根本性的变化。知情人士开始大肆"围攻"中储粮,指责中储粮才是抬高粮价的真正推手。

其实,大的背景是俄罗斯、哈萨克斯坦、乌克兰、加拿大和澳大利亚等主要产粮国粮食大面积减产,国际粮价上涨,另外国内市场流动性过剩,影响到国内农产品价格的上涨。

此后几天之内,国务院办公厅就下发了《关于做好秋粮收购和当前粮食市场调控工作的通知》,措辞十分严厉:"中储粮全面暂停除与储备吞吐轮换直接相关业务以外一切购销经营活动。"

通知下发到各地县市级政府后，不少人都长长地出了一口气：国家早该限制中储粮了。

原来，就在益海嘉里收购了191吨早稻后不久，中储粮金溪直属库收购早稻的价格，一下就提到了0.995元/斤，比益海嘉里的收购价格还高1.5分，稻价高企，中储粮怎能脱得了干系呢？

不过，中储粮的内部人士却不服气：中储粮的退出对控制粮食价格的作用不会很大，反过来因为缺少了竞争对手，会让以益海嘉里为首的外资受益。

2011年春节一过，粮价又开始上涨，2月中下旬，中粮、中纺、华粮，也包括中储粮，四大粮食央企就接到了电话，主要内容为暂时停止收购原粮。由于粮价上涨过快，央企被要求不参与收购，或者说不参与"抢粮"。

四大央企限购，无疑给外资提供了绝佳的抢粮机会，益海嘉里已经设立了更多的收购网点。不过，早在春节前，北方就出现旱情，有先知先觉的企业开始屯粮，可供市场交易的粮食非常有限，央企继续收购或是暂时停止收购的意义并不大。可以说，政府的政策，显得略迟了一步。

现在需要注意的是，国家同时勒令三家粮食央企停止收购，难道不怕出现外资独大的局面？

原来在2010年的托市收购中，除了中储粮外，国家还允许中粮、中国华粮物流集团公司所属企业加入其中。国家就是希望经过市场化竞争，调控价格，但结果却是，包括国内的企业也互相抢粮。

中粮其实早就对中储粮在粮食收购上的垄断地位提出过异议，在获得收购资格后就与中储粮形成了直接竞争的局面，双方互相抬价。为了抢小麦，在河南，中粮的收购价格最高达到1.01元/斤，而国家规定的最低价仅为0.90元/斤。

到了2011年5月，政府在公布的《2011年小麦最低收购价执行预案》

中明确，在主产区执行最低收购价的企业为中储粮总公司及其分公司。也就是说，在托市收购方面的权利，又回到了中储粮手里。

可见，为了防止企业之间相互抢粮、抬高粮价，国家又恢复了中储粮的地位。

县级粮库

中储粮、中粮、华粮的内争外斗有伤元气，而县级粮库面临的则是生死存亡的问题。

2010年年底，河北沧州某产粮大县。王林所在的粮库是一家县级国有粮库，王林担任运营主任，之前他是一家国有粮站的站长。目前的王林已经比较悠闲，一年中最忙的时候已经过去，他所在的粮库里已经装满了粮食。

目前粮食价格比王林收购时候的价格又上涨了不少，也就是说，他所在粮库的粮食增值了，按理来说，如果可以买卖粮食，他们完全可以通过溢价赚一笔。不过，王林并不关心，因为，这和他以及他所在的粮库一点关系都没有。因为，粮库收购的粮食并不属于他们，而是属于益海嘉里，粮库只是收取大约50元/吨的代收代储费。

王林所在粮库的生存方式并不是特例，目前在中国的主要粮食产区——河北、山东等地，基层国有粮库为外资代收代储现象已经非常普遍。从本质上说，这些基层粮库仅仅是益海嘉里在中国粮食领域扩张的一枚棋子，已经失去了在市场上竞争的主动权。

其实，这些基层粮库也不愿意沦落到这步田地，也是不得已而为之。

2003年，中国开始了粮食流通体制改革，并建立了国家、省、市、县四级粮食储备体系。当时的县级储备粮库也承担着调节市场供求、平抑粮食产量波动等重要任务，并与其他三级粮库一起构成国家粮食储备体系。

但到了2004年，形势发生了根本的变化。

2004年5月26日《粮食流通管理条例》正式公布。粮食流通领域加快了市场化步伐，县级粮库被完全推向市场，不得不与拥有财政支持的国储粮库、省储粮库、市属粮库及私人粮库展开竞争，由于没有国储库和省储库的有利身份，再加上缺少了国家的拨款支持，县级粮库在竞争中败下阵来，很多粮库因缺乏资金，出现库中无粮可存的现象。

就在中国的粮食改革进行得热火朝天的时候，中国政府对外资的态度也发生了一定程度的转变。在2005年的《外商投资产业指导目录》中，明确把粮食存储和加工列在鼓励外资投资的产业目录中。

在中国粮食领域寻找突破口的益海嘉里及时发现了县级粮库存在的问题，并认为这是一个很好的发展机会：自己收购的粮食正好无处存放。在生死存亡中挣扎的县级粮库自然求之不得，双方一拍即合。益海嘉里合作的县级粮库遍及东北、华北、华中等国内主要的粮食主产区。

合作中益海嘉里只给这些粮库一些低廉的代储费，刚好维持其日常开销。即便如此，县级粮库非常热情。反正是代储，给谁代储都一样，而且中储粮分配下来的指标总是不太固定，有时很多，有时又很少，或者有一阵子又没有粮食可供储存，所以从中储粮那儿收的代储费也不稳定，而与益海嘉里合作则不会存在这些问题。

但是益海嘉里也有自己的打算，它并不准备长期依赖于地方粮库，因为毕竟不是自己的粮库，很难保证随时都可以存放粮食，而且如果出现意外，很可能出现无处存粮的情况。

这种情况也确实发生过。比如，在2009年，山东小麦大丰收，全国很多地区的小麦价格都低于国家的最低收购价，因此，国家执行了托市收购，这些粮食就放在了县级粮库，挤占了益海嘉里的粮食存储空间。因此，早在2008年，益海嘉里就在山东省的武城县、庆云县和嘉祥县建立了3个仓储贸易企业。此后，益海嘉里自建粮库的步伐逐渐加大，尤其在河北省，自建粮库已经初具规模。

如果益海嘉里的粮库数量达到一定规模，县级基层粮库那点代储费恐怕也很难收到了。

1949年米棉之战

益海嘉里目前收购的小麦和稻谷主要用于自己的食品加工，规模不大，还不太引人注目。但是很难说有朝一日益海嘉里依靠强大的加工能力掌握了巨大的粮源，会不会成为中储粮真正的竞争对手。到那时政府应该如何应对呢？毕竟，粮源一头连着粮食安全，一头连着农民利益。而中储粮恰恰是政府平衡两方面利益的杠杆。笔者希望在此宕开闲笔给读者朋友讲一段小故事——1949年的米棉之战，也许会对如何看待益海嘉里的现状和未来有些帮助。

这场惊心动魄的"战争"，在很多教科书上都以案例的形式被选登。从1949年6月中旬到7月下旬，上海的投机资本趁一些地区遭受水灾、风灾之机，操纵市场，以米价带头，纱布跟进，带动物价全面上涨。上海米价猛涨4倍，纱价上涨1倍，涨价浪潮接着又影响到整个华东和华北、中南等地。7月平均物价比6月上涨1.8倍。

从10月15日起，投机资本掀起了又一场物价风波，使涨价风从上海和天津向全国蔓延起来。一时间，币值大跌，物价猛涨。进入11月，上海和天津物价上升更为猛烈，这次投机分子集中攻击纱布，上海的棉纱价格不到一个月上涨了3.8倍，棉布上涨了3.5倍，其他商品价格也水涨船高。

得知消息后，毛泽东找来时任中央财政经济委员会主任的陈云。陈云向毛泽东汇报说：这次物价上涨，实际上是不法资本家和党在经济战线上的一次较量。毛泽东沉思了片刻后追问：他们利用的是什么手段？陈云只用了简短的四个字回答：囤积居奇。毛泽东轻轻地感叹道：好厉害！随后开始在屋子里慢慢踱步、凝思。经过一番周密的商议后，一个解决方案成形了：解决上海问题和稳定全国物价的关键，是要抓住大米和纱布，"我掌握多少，即是控制市场力量的大小""人心乱不乱，在城市，中心是粮食，在农村，主要靠纱布"。

从1949年11月15日至30日，中央人民政府每日从东北调动1000万至1200万斤粮食入关，加紧华中棉花东运，把陇海沿线积压的纱布运至西安。在此期间，天津、上海、西安等大城市都准备了足够抛售的粮食、棉布、棉纱等物品。同时严格控制对私商的贷款。经过周密布置之后，选择市场物价达到高峰之机，于11月25日在全国各大城市统一行动，集中抛售。

大量物资涌入市场，使投机资本措手不及，吞食不下，26日市场物价应声下降。连续抛售10天后，粮、棉等商品价格猛跌30%—40%。投机商哄抬物价的阴谋破灭，竞相抛售存货，但是市场已经饱和，愈抛愈贱，愈是不易脱手。存货就要更多资金，但告贷无门。不少投机商人是通过借高利贷抢购囤积的，不仅所囤货物亏本，还要付出很高的利息。许多投机商因亏损过多不得不宣告破产。

至此，上海和全国的物价迅速稳定下来。上海某投机资本家感叹说："6月银圆风潮[1]，中共是用政治力量压下去的，此次则仅用经济力量就能稳住，是我们所料不到的。"

1.1949年6月，上海旧经济势力利用人们长期以来形成的担心钞票贬值的心理，炒作银圆。原来1块银圆值人民币100元，6月3日涨到720元，6月4日突涨到1100元。银圆成为上海市场上实际使用的本位币，人民币只起辅助作用。到6月4日，上海投入流通的人民币近20亿元，大部分却浮在市面上。人民币只能购买小额货物，根本买不到整批货物。有的商号还拒绝以人民币做商品标价，把人民币排斥在市场之外。6月10日上午10点整，上海市军管会派出军警到证券交易所，抄没黄金3000多两、银圆3万多块，处理投机商人200多名。消息传开，市场上银圆价格暴跌。

既要开放，也要抓住

关于外资收购粮食问题，其实早在入世议定书中有过约定，在入世过渡期之后，我国粮食流通领域要全面对外开放。2005年粮食存储和加工被列为外商投资目录被鼓励部分，就是过渡期结束的先声。2008年，粮食流通领域的过渡期就已经结束。也就是说，外资可以名正言顺地在国内从事粮食的收购、销售、储存、运输、加工、进出口等经营活动，我国政府不能再对粮食流通领域的外资介入问题进行限制。这也说明本章所描述的外资在江西与国储机构高价抢粮现象发生的必然性。

有学者认为，外资如果完全控制了我国的粮食领域，那么，国内粮食市场和国际粮食市场将一体化。外资的目的是为了谋求利润，当国内价格高于国际市场时，外资企业会向我国倾销粮食，这会冲击国内的生产，为粮价波动创造了条件；当国际价格高于国内时，外资企业会将国内的粮食销往国际市场。目前我国的粮食，在自给方面还有一定的缺口，每年还要进口总需求量5%的粮食。14亿人口的吃饭是大问题，我国的大国效应是明显的。外资企业如果完全控制了我国的粮食领域，利用国内国际市场差价倒卖粮食，我国的粮食安全将没有保障，粮食安全的风险将进一步加大。

因此，研究者提出以下防范措施：

一、制定相关法规，进行约束。在符合WTO相关规则的前提下，对外资进入粮食生产、加工和流通领域进行严格审核，并建立备案制度，对外资在相关产业的占股设定合理上限，防止其在市场上形成垄断。

二、培育国有粮食企业。一方面要降低税负，另一方面要由财政进行适当补贴，大力扶持其发展，鼓励其提高生产能力和技术含量，以适应国际市场竞争和未来发展需要。

以上建议出发点固然不错，但操作性不强。首先，重要的粮棉产品有配额保护，外资还做不到"利用国内国外市场差价倒卖粮食"，即便有规模也不会大；其次，对外资占股设立上限，固然可以从形式上设置一定的壁垒，但是外资也可以以变通方式进行规避，比如，多家外资联合持有大股。还可以通过投资内部协议对企业决策权进行约束，等等。

说到培育国有粮食企业，更是让人无从入手。上一节回顾了1949年的粮棉之战，但是今日情形又有所不同，宏观调控的难度今非昔比。

首先，1949年新中国还处于战时状态，中共中央调集物资如臂使指，陈云根据毛泽东指示，一夜之间起草十二道"密令"，一纸令下，铁道部、财政部、人民银行、各大区军政机关军令如山，真所谓商场如战场，调控效果立竿见影。

如今呢？负责收储的中储粮总公司，以及被批准收储托市的中粮集团、中纺集团、中国华粮物流集团公司，却各有各的"小九九"。这个"小九九"就是各自的企业利益，中储粮揭发外资高价收粮，中粮等又谴责中储粮垄断。

可以说，有关部门在没有做好充分准备的前提下就不得不开放了，这一步来得如此之快，以至于国内还没有反应过来，外资已经开始竞争了。2016年7月自贸区新规中，暂时停止实施对外商从事粮食收购，粮食、棉花批发，大型农产品批发市场建设、经营的限制。国内企业顿感压力倍增。

笔者认为，外资江西抢粮事件反映出，地方政府追求自身局部利益的冲动与中央政府保障全局粮食安全目标发生冲突。这是导致外资渗透粮食流通领域的关键问题所在。

比如，自粮食购销市场化以后，国家不再给县级粮库拨款，使得这些粮库自负盈亏，由于自有资金缺乏，贷款渠道不畅，收购价格也毫无优势，县级粮库逐渐被粮农和经纪人抛弃，许多县级粮库处于闲置状态。和外资搞合作，搞一些短期的周转经营，既盘活了资产，又有一些收入，地方政府当然乐意。这就给外资进入粮食流通领域提供了方便。

因此，正确处理中央和地方的关系问题是破解粮食储备风险的重要一环。首先，必须把粮食安全指标下放至各级政府，作为重要的政绩考核指标。其次，要建立全国粮库的统一运营机制，对于县级粮库不应采取自负盈亏的原则，而是在保障其生存的前提下，要求其完成战略性收储任务。

一句话：既要对外资开放，也要把国有体系抓住。

第七章

到中国种地去

相信您看了上一章之后会更加不安，因为外资离你并不遥远，甚至就在你身边，以农民感觉不错的价格向他们收购农产品呢！相信你看了下面这一章，你的不安会进一步加剧。

　　外资对你生活的渗透远远超出你的想象力。我想，本书的读者朋友以城里人居多，可能感觉不到土地对于农民，也就是乡下人的重要性，或者说对于这种重要性没有感性认知。2012年有一部电视连续剧《我叫王土地》，反映了河套地区两代人争夺土地的故事。对于那个时代那里的人们而言，拥有土地等于拥有一切，失去土地就等于丢掉了性命。

　　从全球范围来看，随着城市化进程的加快，以及人口的增长、工业化的发展，农田正以惊人的速度减少。据统计，全球每年消失的农田约2000万公顷。耕地作为一种不可再生的稀缺资源，正在威胁着粮食难以自给的国家和地区。新一轮海外屯田在粮价高涨中悄然拉开了序幕。毫无疑问，它带来的将是一场不带血腥的土地争夺战。

恰帕斯起义

恰帕斯州位于墨西哥南部边境，偏僻、落后，历来默默无闻。但是，1994年该地声名大振。

1月1日，恰帕斯爆发了一起大规模印第安农民起义，5000多名印第安农民蒙着面纱，有组织、有纪律地占领并控制了恰帕斯的7个重要城镇，向当时的政府宣战。起义的规模和冲突的激烈达到了空前的程度。而就在同一天，美国、加拿大和墨西哥签署的北美自由贸易协定正式生效。

在恰帕斯，农民起义不是什么新鲜事。早在1712年和1867年，恰帕斯就发生过两次大规模印第安农民起义，原因是白人为了扩大种植园规模侵占了印第安人的土地。没有了土地的印第安人被迫成为种植园的劳工。此外，位于恰帕斯东部的拉坎顿丛林由于人口稀少、面积广大，也成为其他国家移民的主要目的地。随着土地减少，外来移民与当地农民之间的冲突不断。经济发展导致墨西哥土地投机蔚然成风。不过，墨西哥的农民不堪忍受剥削，掀起了1910—1917年墨西哥大革命。

革命终于让墨西哥政府认识到了土地对于农民的重要性，于是进行了土改，把本国的土地共有、集体经营，这得到了农民的支持。此后墨西哥的经济获得了长足发展。但到了20世纪末，新自由主义思想抬头，主导了墨西哥政府的改革，在土地私有化过程中，鼓励外资投资土地。新的土地法允许农民出售土地，也允许私人公司购买土地。

公司购买土地后，建立了大规模农场，有效地提高了土地的产出率，以前的小农经济自然无法相提并论。但这直接加剧了贫富两极分化，大批农民失去了生存的基本条件，增加了社会的不稳定因素。这就是1994年恰帕斯农民起义的起因。

这次起义，对墨西哥的政局产生了重大影响，导致了2000年墨西哥总统大选时已经上台71年的执政党下野，在野党候选人当选。

墨西哥农民争夺土地的斗争，也是世界农民争夺土地资源的一个缩影。对于土地的重要性，美国著名政治学家塞缪尔·P.亨廷顿曾表示：土地是生产的基本要素，土地改革不仅仅意味着农民经济福利的增加，它还涉及一场根本性的权力和地位的再分配。

对土地的争夺，从来没有停止，不管是过去还是现在。

在莱阳种地的日本人

2011年8月，山东莱阳。走进沐浴店镇，可以看到遍布的玉米地，田里的玉米已经长到了1米多高，一棵棵玉米迎风站立，上面挂着又大又粗的玉米棒子，绿得发亮的叶子显得精神抖擞。玉米站立的土地上，干干净净，几乎没有一棵杂草，不禁让人感叹庄稼人的用心。

在一处山坡地上，高高的铁丝围栏把田地隔开了，上面还装有先进的摄像头，看起来不像是一般的农户。再看看围栏内种植的玉米，和外面比起来，完全是另一番模样。玉米的高度不足半米，叶子呈黄绿色，这样的庄稼老把式一看就知道是缺少肥料，很难长出个大粒满的玉米，更让人惊异的是，田间长满了杂草，高的甚至赶上了玉米。不知内情的人看到，肯定会觉得这块田地是由完全不懂种田的人料理的。

事实上，这是日本朝日绿源农业高新技术有限公司种植的。由于不打农药、不施化肥，甚至不浇水，玉米很难长好，收成自然也很差，还不及当地玉米亩产量的一半。

朝日绿源是一个合资公司，出资方分别为日本朝日啤酒、住友化学和伊藤忠商事。这三家公司都是响当当的世界500强企业，不过，进入农业领域却是第一次，而种地更是头一回。与其他农场相比，朝日绿源有着难以比拟的优势。三家企业分工明确，朝日啤酒株式会社负责农业技术引进和日常管理；住友化学株式会社供应农资和农药等产品；伊藤忠商事是日本最大的流通企业之一，提供流通渠道方面的便利。

朝日绿源来到山东莱阳，是在2006年。在这里租下了1500亩耕地，租期为20年。租地的方式为：当地的农民把自己的耕地流转给村子成立的土地合作社，与日方签订租赁合同的是莱阳市政府和沐浴店镇政府。根据合同，第一个5年，日方租地的租金为800元/亩，以后每5年增加200元/亩。

令人"感动"的是，朝日绿源将该项目定位为支援山东和中国的农业改革，致力于发展山东和中国的农业。

在这片土地上，日本人种植玉米、草莓、生菜等农作物，而且还养了奶牛。朝日绿源种植的全是世界上最新的品种。如种植的甜玉米是从日本引进的，其他如小西红柿、生菜等十几种蔬菜也是如此；养殖的1000多头奶牛是从澳大利亚、新西兰购买的种牛。

除了自己种植农作物外，朝日绿源还向当地的农民购买玉米，因为，养殖的奶牛需要玉米做饲料，按照目前养殖的奶牛来看，每年需要的玉米约2万吨。朝日绿源的牛奶和草莓等产品走的是高端路线，目标定位是中国的高消费人群。牛奶的价格达到了22元/升，高出国内牛奶市价一倍有余，草莓320元/公斤，主要销往上海、青岛等大城市。

公开数字显示，在中国出得起并愿意出高价买农产品的人，大约占总人口的5%，是一个五六千万人的市场。与14亿人口相比，这个市场确实小了点。不过，朝日绿源明白，从这个市场获得的利润却不低。2007年三聚氰胺事件之后，中国人更加注重食品安全，外资品牌牛奶的销量也呈直线上升趋势，朝日绿源生产的牛奶虽然贵得让普通人难以接受，但高峰时销量却以每月20%的速度增长。这样的增长速度，就连朝日绿源自己都没有想到。

据报道，朝日啤酒最高咨询主席濑户雄三曾表示，如果莱阳项目获得成功，他们准备再复制三十个左右这样的项目。

打算归打算，至少从当时来看，朝日绿源种地一直处于亏损状态，每年不得不再掏出约200万美元弥补亏损。奇怪的是，2011年年初，朝日绿源制订了一个新的计划，准备把在莱阳的基地扩展至3000亩。此举着实让人感到不可思议。朝日绿源却很自信，认为自己这种种植模式，在中国一定会大有可为。

立松国彦的梦想

其实，日本人到中国种地已经不是什么新鲜事了。早在2008年10月12日，十七届三中全会通过《中共中央关于推进农村改革发展若干重大问题的决定》（以下简称《决定》）之后的一个多月，50多岁的日本人立松国彦就从他的家乡——日本的爱知县来到了中国河南省信阳市新县浒湾乡游围孜村。这个日本人的嗅觉是灵敏的，因为按照《决定》，农民可以根据依法自愿有偿的原则，以转包、出租、互换、转让、股份合作等形式流转土地承包经营权，发展多种形式的适度规模经营。

将立松国彦引进新县的，是在日本立松国彦的农场里打工的新县人虞春霞。立松国彦从虞春霞的口中得知，这个县的年轻人都出去打工了，土地撂荒严重。本可以一年两熟的耕地，很多村民只种一季稻谷。村里想过很多办法制止撂荒，效果不明显。立松国彦问起土地撂荒的原因，虞春霞说，中国种地是不挣钱的：每亩地收获1000多斤稻谷，除去人力、农药、化肥等开支，每亩地每年只能剩200多元。而把地包出去随便到哪里打工，除了拿到承包费，每月能轻松挣到1000多元工资，这种好事谁不干呢？而像虞春霞这样到日本、韩国打工的，每个月可以挣到五六千元钱呢！虞春霞告诉立松国彦，像她这种情况的，在新县有上万人，每年给新县带回来的劳务收入高达6000多万元。

新县人对日本人的到来十分欢迎，他们高兴地说："我们出去打工，日本人来给我们种地。"至于承包地是否可以租给外国人，村里的一位组长干脆地说道："租给谁都行，只要给钱！"很快，立松国彦就有了200多亩地，占游围孜村耕地面积的1/3。立松国彦随行就市地聘用了三名技术员，农忙时另外聘请几名当地的老人，实行8小时工作制，每人每天工资30元左右。

立松国彦专门从日本农场里运过来9台大中小型农机具，包括插秧机、拖拉机、卡车、小车、三轮车等。一台新挖掘机要40多万，即使旧的也价值不菲。他拉这么多农具来，目的是想扩大种植规模，他向浒湾乡政府提出再流转1000亩地，但是被很遗憾地告知，新县地处大别山区，很少有整片的土地了。尽管200亩地很难产生什么效益，但是立松国彦决定不计回报，先投入再说。

其实，立松心里自然有他的打算，他可不像周围的农民嘲笑的那样"傻种地，种傻地"。除了拿出几十亩地种蔬菜之外，剩余的他全部种了水稻，一开始种的是中国杂交水稻，但他的目的是把日本的稻谷品种引进种植。他认为，日本水稻的产量虽然很低，每亩不超过300公斤，但是口感好，经过市场调研，在上海的超市里可以卖到50元/公斤。

当然，每个国家对生物品种的引进把关都比较严格，中国也不例外。虞春霞替立松国彦办理过进口旧农具的进口手续，知道连农业机械的进口手续都十分严格，更别说种子了。她觉得立松国彦的梦想很难实现。而立松国彦自己似乎没有那么悲观。他经常收看中央电视台的《新闻联播》，关注农业政策的变化，还托人打听是否可以享受国民待遇，中国政府能否让他这个为中国人种地的日本人享有农业补贴。根据一份非政府组织的报告，日本在巴西、非洲和中亚租用和购买了大量农田种植有机作物，日本拥有的海外农田是国内农田的3倍。

"不过到中国投资农业的日本人倒不多。"立松国彦认为这是一个机会，他希望通过自己的先锋带头作用，引导更多的日本人来中国种地。

日本农业移民史

不免有人会问，又是世界500强企业，又是日本的农场主，他们放着好好的买卖不做，为什么赔本到中国种粮呢？其实，到海外种粮对于日本来说有着"悠久的历史"。

日本作为一个岛国，地少人多、资源缺乏，自古以来，吃饭问题都是一个严重的社会问题。即使到了现在，80%的日本人对未来粮食能否充足供应都十分担心。

目前，日本的每户农民占有的平均土地面积约为30亩。如果单单看这个数字，人们会认为还不错，比中国的情况要好（2018年中国的户均耕地5.8亩，农业农村部数据）。但是和其他国家比较一下，就知道日本的土地资源是多么缺乏了——日本的人均占有土地面积，是美国农民的1/90，是澳大利亚农民的1/1500。此外，随着人口增加、农民种粮积极性的降低，日本的粮食自给率已经严重下降，从20世纪60年代的79%骤减到39%。因此，日本的粮食不得不靠海外供应。按照日本官方的统计，在日本海外供应的60%多的粮食里，中国的供应量达18.3%，美国为22.2%。

为此，日本早就开始了海外土地开发的步伐，有人曾将日本的行动称为"农业移民"。为了给日本的低收入农民找条活路，19世纪末，日本就与当时的墨西哥政府协商，并签订了协议，让本国的农民移民到墨西哥从事农业生产，这是日本最早的"农业移民"。到了1899年，日本又出现了新的形式，以公司的名义向秘鲁派出农场工人。1908年，日本将这种形式扩展到巴西,到了20世纪二三十年代,日本又开始与哥伦比亚和巴拉圭展开农业方面的合作。

20世纪30年代,日本人侵占了中国的东北,看上了那里的土地、粮食以及农产品,曾多次秘密派专家到东北,勘测那里的土壤,并进行化验。

1931年,九一八事变后,在呼啸的北风中,佳木斯市民发现了一群人在进行武装游行,这是被称为"佳木斯屯垦第一大队"的日本"开拓团",也就是日本来到中国的移民。此后,日本向中国大规模武装移民。1932—1936年,仅仅四年间,日本进入中国东北的类似团体达9个,约3000人。此外,还有约900名自由移民进入了东北和内蒙古地区。

1936年,日本制订了《满洲开拓移民推进计划》,把移民上升为国策,计划1936—1956年输送500万移民到中国,并建造100万户房屋。当年,日本就向中国输送了2万移民,这批移民以家庭为单位在中国落户。到战争结束时,从日本迁移到中国东北和内蒙古地区的"开拓团"移民大约34万人。

在日本关东军的支持下,这些移民在吉林、黑龙江等中国的粮食主要产区无偿占有了大批优质耕地。据日方的资料记载,当时日本占有中国的土地达2000多万亩。此外,日本人还借助伪满洲国政府推行战时粮食征用等措施,用市场十分之一的价格购买当地的粮食及农产品。

日本人在中国种植和购买的粮食,首先为侵华日军提供军粮,多余的则运回本国。由于当时粮食是重要的战略物资,日本政府对此高度重视。

根据伪满洲国的档案资料,日本每年占有东北的粮食达1000多万吨,1932—1945年,掠夺了东北粮食总产量的一半以上,约1.3亿吨。

这段本来已经尘封的历史,在2011年7月黑龙江省方正县建立纪念碑纪念日本"开拓团"时,又重新回到了人们的视野。

除了中国,日本还将扩张的触角伸向东南亚,并在那里建立了农场。

有人认为,这些事都发生在过去。那么进入和平年代的日本人,又是怎么解决粮食问题的呢?是否仅仅依赖于从他国进口粮食?

2006—2008年，仅仅两年间，日本本土的农业企业就在巴西、非洲和中亚等地租用或购买了大量耕地，在这些耕地上，日本人主要种植有机农作物。2008年，日本再出惊人举动，世界上最大的综合商社三井物产在巴西投了100亿日元巨资，参与经营那里的大型农场。三井物产投资农场的面积达150万亩，主要种植玉米、棉花和大豆。单在这个农场，日本种植大豆的面积就达到了40.5万亩，而日本本土的种植面积也才210万亩。

对于三井物产的举动，有媒体评价说，涉及粮食种植的投资都非常复杂，但值得肯定的一点是，目前在国际粮食短缺、农产品价格高涨的情况下，拥有一定数量的耕地意义重大。

2011年3月，日本发生了史无前例的大地震，使本来就脆弱的农业受到了重创。相关人士预测，地震后，日本很可能向邻国转移农业。对此，中国政府部门也给予了高度重视，农业部、商务部等相关政府部门都先后派出调查组到山东调研。有山东的地方官员预计，不远的将来，日本将出现大量的农业产业转移，而一旦转移到中国，朝日绿源在中国的种植模式（尽管朝日绿源莱阳项目2017年已转售新希望集团），无疑可供日本其他企业借鉴。

冶基村民与复发中记的买卖

朝日绿源还不是最早在中国租地种植的外资企业，早在1997年，新加坡的复发中记私人有限公司就在山东龙口市冶基村开始搞种植了。它是目前亚洲最大的新鲜水果生产、加工、销售商之一，在世界上位居第七。外资到中国租地种植，首先需要租赁大面积的农田，但改革开放后，中国农村的土地已经承包到户，如何将大量分散的农田集中起来统一租赁，是个很大的问题。一家一户去谈，当然很不现实。能帮外资解决这个难题的最佳人选，当然就是地方政府了。地方政府有招商引资、发展经济的压力，外商打着投资、传授先进技术的旗号，双方自然是你情我愿。

1997年，冶基村以集体的名义向农民租赁了4000亩土地，转手又把这些地以集体的名义租给了复发中记。

按照合同，在20年租期内，土地使用权归复发中记所有。冶基村每年向复发中记收取土地租赁费，其中，耕地700元/亩，果园1000—1200元/亩，此后每3年增5%，增到第12年就不再增加。

而对于村子里的农民，冶基村则发放承包费，每人600元。

有人不禁要质疑，600元钱能顶什么用？农民没有土地，就等于失去了生存的手段，这些农民怎么生存？

农民自然不能白白出让土地，当地政府也不能不考虑农民日后的生计问题。在与外资签订的合同中有这样的附加条款：复发中记必须优先安排本村农民在基地就业，未到国家退休年龄的冶基村村民，都可以到基地就业。于是，农民失地后的出路问题解决了。

在与冶基村一切谈妥后，双方签订了合同，复发中记很快就建立起了"冶基名优果品示范园"。为了体现技术优势，专门设置了研究示范的内容，包括引进黄金梨等名优果品，并采用了生草覆膜、引架栽培等先进栽培技术。而且，复发中记还向全社会提供服务，服务内容为，名优出口果品栽培技术。这些技术确实名不虚传，通过这种技术种植出的水果符合出口标准，能卖出好价钱，农民自己种植的水果就不一定了。

目前，在复发中记基地就业的村民已经达500多人，人均月收入700元左右。虽然自己的树上长出来的水果卖多高的价格与自己一点关系没有，但是他们仍然非常高兴，因为，如果不在复发中记上班，自己种地劳神费力不说，没准儿还赔钱，现在不仅收入提高了，还长了见识，学会了以前从来没有使用过的种植技术。冶基村的村民们沉浸在与外资合作的喜悦之中，没有人想到以后可能会发生什么。

世界海外屯田浪潮

其实，致力于海外屯田的，不止日本一国。

2007—2008年，全球性的粮食危机爆发。2008年4月28日的英国《泰晤士报》评论说："粮食危机把大米变成了黄金。"

在这一背景下，越来越多的国家相信，在这个贸易限制越来越多、粮食价格越涨越高的时代，仅仅依靠从其他国家进口粮食，对于一个国家的长治久安来说，无疑将面临更多的风险和不确定性，海外屯田已经成为一个国家确保粮食安全的重要战略。

在不断涌现的屯田浪潮中，除了日本，最为积极的当属海湾国家。沙特、科威特、卡塔尔、约旦和阿联酋等国家与日本一样，一直都面临着吃饭的问题，传统的解决方法是进口粮食，但是，粮食危机让这些国家改变了之前的想法和做法。它们组成了专门的海湾国家合作委员会，把触角分别延伸到了老挝、菲律宾、越南等东南亚国家，以及中亚、欧洲的乌克兰、哈萨克斯坦、俄罗斯和土耳其等国，当然也包括苏丹和乌干达等非洲国家，它们疯狂地租地、买地，然后种粮。

按理像美国和澳大利亚这样土地肥沃、资源丰富的国家用不着干海外屯田这事了，尤其是美国，一直以来都是世界上的主要粮食出口国，也不缺耕地。如果有人这样想，就大错特错了。其实，美国和澳大利亚的公司和农民也在海外寻找耕地种粮，特别是在南美洲。在拉美地区，不仅土地肥沃，而且劳动力价格低廉，美国的农业企业早就开始把种植基地向这些地区转移了。比如，美国农民以个人的名义到墨西哥种田已经有很长的历史了，而像邦吉这样的大型美国公司，最近10年来也逐渐加大了这方面的投资力度。

此外，中国的近邻——印度、韩国等国家也加入了海外屯田的行列，为了支持本国的企业到海外种粮，印度政府特意对相关的法律进行了修改，而韩国则公开表示，其海外屯田的数量要达到日本的水平。

走出去一定要双赢

中国是否鼓励企业到海外屯田呢？关于这个问题，地方政府有实践，但中央部委的态度一直比较含糊。

在民间，赴海外建立粮食资源基地逐渐成为一种共识，把中国提高单产的技术和农田水利方面的技术，与非洲、南美洲、东南亚以及俄罗斯等拥有广阔土地资源的国家和地区结合起来，是一种比较优势互补的模式。

农业部下属四大农垦公司正在有分工、有步骤地走出去；2007年，中海油与印尼金光集团在雅加达发表联合声明，将在巴布亚岛和加里曼丹投资种植棕榈树；2008年，中国著名的通信设备公司中兴通讯下属的中兴能源公司开始培训人员准备赴印度尼西亚种植棕榈；2010年10月，巴西80万亩的土地将开始为中国种植大豆；2012年年初，重庆粮食局又准备投资12亿美元在阿根廷打造粮食基地，一期投资9989万美元，准备从事大豆、玉米、棉花等种植业务。

其实早在2003年年初，中央农村工作会议上就传出消息，"鼓励和支持有条件的企业到国外开发土地、林业、渔业等资源，发展农产品加工和贸易"。

2008年，英国《金融时报》称，中国农业部起草的一项提议，将把支持国内农业企业在海外收购土地列为一项国策。报道被迅速转载，"中国正逐步丧失食品自给自足的能力，原因是随着富裕程度不断提高，食谱重心从大米等转向肉类，而生产肉类需要大量地进口饲料"的说法被广泛引用。不过，农业部很快出来"辟谣"，表示海外屯田"不是农业部一个部门的事情"。

之后，时任国家发改委副主任的张晓强出面澄清道：中国没有海外屯田计划。他说，国内一些私人公司打算在一些外国农场投资，但是人们对于这样做是否符合国家战略利益存有争议，因此目前这种意向还没有成为政府的公开政策。不过他又表示，国家支持有条件的企业去不同国家和地区开展农业种植和生产。

张晓强所说的"争议"是指国际上存在的反对声音。比如，在2009年召开的八国集团农业部长峰会上，国际农业生产者联合会的副主席高芬就批评说，富国的"海外屯田"将演变成第二代殖民主义，即"掠夺资源，让穷国更穷"。

不过，中国应当不在高芬所说的"富国"之中，以和为贵的中国文化很适宜与这些土地资源丰富的国家形成双赢的局面。首先，不要试图控制当地的土地，或是派遣本国劳动者去耕种。因为以土地为生的当地居民更了解他们的土地，可以和他们签订收购合同，同时为他们提供种子、肥料、农药和种植技术；其次，投入一定的资金修建道路和港口，并提供生产信贷资金。总之，如果能像对待中国农民那样，海外屯田未必不是一条增强中国粮食安全的蹊径。

2012年2月2日，中央农村工作领导小组副组长陈锡文在国新办举行的发布会上表示的态度，被认为是代表了官方的态度。他强调，在中国农业"走出去"的战略实施过程中，重要的是争取双赢和多赢的格局。他认为，可以到一些粮油的出口国家去设立农产品的初级加工厂，帮助当地扩大就业，也把一部分企业的利润和税收留在当地。还可以采取技术和经济的援助措施，加大对非洲地区的援助。他的另外一个重要观点是，中国在海外投资农业，产品并不一定要运回中国，"我们坚信一条，只要有粮食增产潜力的地方，能把这些潜力发挥出来，全球的粮油供给能力增加，对中国的粮食安全就是一个非常大的支持"。

看来，可以对未来的前景稍稍表示一下乐观了，因为政府关于农业走出去的思路已经逐渐清晰起来。

第八章

种子的故事

美国的高额补贴拉低了世界农产品价格，并通过出口使中国的农产品价格难以维持在成本之上，农民因收益递减而减少种植，进而导致中国农产品总产量下降，粮食安全的隐患始终没有解除。外资涉足国内粮食收购，与粮食储备交手过招，使局面变得扑朔迷离。这糟糕的消息似乎正汇集成一种不好的感觉。

这个趋势的下一步会怎样呢？笔者目前还无法回答。不过，笔者认为，更重要的问题是如何应对这种趋势。

自由主义经济学者的观点是让市场去选择，任由农民改种别的甚至放弃种植，不是可以到城市里打工去吗？至于农产品产量下降也随它去，没有了可以买进口的！国内粮食贸易就更无所谓了，反正肉是烂在锅里。不仅无所谓，外资竞争对于国内企业来说还是个借机"健身"的好机会呢！

农业领域内的一些专家也持类似观点！说观点"类似"而非观点"相同"，是因为农业专家的理由与经济学者不一样，他们认为：由于中国人对食用油的需求、中国纺织业对棉花的需求、中国的饲料和生物燃料对玉米的需求不断增长，而中国现有的耕地要想满足这种增长是不可能的。比如，他们最有力度的说法是：完全由国产大豆满足国内食用油的需求，需要再增加一个黑龙江省！这可能吗？

笔者认为，这不仅是可能的，而且事实在不断地验证着。扩大种植面积并非增加产量的唯一办法，事实上，有史以来，农作物不断增长的产量来自单产量的提高。美国玉米1886年的单产量是24.3蒲式耳/英亩，2018年单产量提高至176.4蒲式耳/英亩，132年间提高了6倍多。这不相当于在单产量不变的前提下种植面积扩大了6倍多吗？再比如，中国1949年的棉花单产量为10.59公斤/亩，2018年的单产量提高至121.29公斤/亩，69年提高了10倍多，这不同样等于在单产不变的情况下种植面积扩大了10倍多吗？

提高单产的途径无非种子和化肥，尤其是种子的力量超出人们的想象。然而十分遗憾的是，在外资的渗透之下，种业已经是险象环生了。

"南袁北李"

中国种子界原有"南袁北李"之说。"南袁"想必大家都知道，指的就是大名鼎鼎的袁隆平院士，而"北李"，知道的人也许就不那么多了。论曾经的历史贡献，"北李"绝不输于"南袁"，但是"北李"社会知名度之式微，与其代表性的产品——"掖单""登海"号种子在市场上的日渐没落有极大的关系，而"掖单""登海"号的没落，与外资的合资有直接的因果关系。

"北李"本名叫作李登海，被称为"农民发明家"的他只有初中文化程度，但这没有妨碍他成为一个育种天才。1972年，只有23岁的李登海就在老家创造了夏玉米亩产520公斤的高产纪录。7年之后，31岁的他培育的紧凑型杂交玉米新品种——"掖单2号"问世，当年在全国首次突破了夏玉米单产750公斤大关，创出了776.9公斤/亩的国内夏玉米最高纪录。1989年，掖单13号玉米新品种问世，经国家专家验收组验收，亩产达到1096.29公斤，首创世界夏玉米高产纪录。2005年10月，"登海超试1号"再次创造了世界夏玉米高产纪录，亩产达到1402.86公斤，是全国当年平均产量（352.49公斤/亩）的4倍。

2005年11月8日，在上海召开的亚太地区种子协会的第二届年会上，中国的"南袁北李"双双获奖，袁隆平获"中国杂交水稻杰出研究成就奖"，李登海获"中国玉米产业重大贡献奖"。

1990年，农业部在莱州召开全国玉米会议，提出推广紧凑型玉米1亿亩、增产粮食100亿公斤的目标，掖单12号、13号都是重点推广品种。最多时，李登海的种子推广面积占全国玉米种植总面积的1/3，"掖单13号"被全国16个省（区、市）审（认）定，创下全国年种植面积近5000万亩的纪录。通俗一点说，李登海就是那个时期不折不扣的种业老大。

1997年，李登海有了自己的公司——莱州市登海种业有限公司。2000年该公司变更为山东登海种业股份有限公司，为上市做准备，2005年公司在深圳中小板上市。

杜邦先锋找上李登海是在2001年。从先锋的角度来说，与山东登海的合作有两方面的原因：一是根据中国的种子法，外资不能独资经营种子；二是李登海在中国玉米界是登高一呼震动全国的人物，其业界影响力是独一无二的，这也是先锋需要而缺乏的。

但是世界玉米种子的老大和中国玉米种子的老大之间的谈判居然进行得十分艰苦。谈判的焦点是控股问题，杜邦先锋首先提出控股60%，李登海断然拒绝。杜邦先锋退而求其次提出各占50%股份，李登海还是没有同意。

其实，早在1996年，杜邦先锋就派人找过李登海。李登海后来在接受电视台采访时说："人家提到在中国寻找了39个合作目标，把我们放在第一位。我也确实有一种自豪感。"但是正是因为控股问题，马拉松的谈判一直进行了7年半。

2002年12月，登海先锋公司成立。其实，李登海对于合资也是有期待的。他当时提出了三个条件：一是登海必须控股；二是先锋公司必须带进先进的种质资源；三是先锋公司必须引进先进的管理技术。

第一个条件实际上不是条件，因为这是法律规定的。第三个条件其实也只是一种希望而已，因为合资公司的运作是与登海种业分离的，先锋公司"先进的管理技术"究竟能否移植到登海种业中去也未可知。作为科学家，第二条才是李登海最倾心的。合资公司注册资本为668万美元，中方出资340.68万美元，占51%，外方出资200万美元，占49%。合资公司以生产和销售玉米杂交种子为主。在杜邦先锋内部有一个不成文的合作原则，即在世界上任何一个地区的合作必须为独资或控股，与登海种业的这次合资仅占49%的股权，这在其历史上还从来没有发生过。

不过，杜邦先锋的让步，自然有着深层次的原因。

业绩逆转的登海种业

2005年4月18日，李登海的山东登海种业股份公司上市了。这一年，登海种业的答卷还是不错的：主营收入4.14亿元，同比增长39.39%，营业利润1.9亿元，同比增长23.37%。但是没想到第二年就令股民们大失所望：主营收入跌至2.83亿元，同比下降31.48%，营业利润降至1.04亿元，同比下降45.36%。

登海种业在年报中总结业绩下降的主观、客观原因：一、全国种子供应量多于需求量两倍多，大批的小公司低价倾销非受保护的品种，冲击了登海种业的销售；二、登海种业的品种没有进入地方政府直补范围，影响了销售；三、管理体制存在较大缺陷，对市场反应慢；四、公司营销能力低下。

其实，第一个客观原因是没有说服力的，因为2005年的年报里，登海种业同样说道："全国玉米市场连续第三年供大于求，全行业处于低谷时期。"

按照知名种业专家刘石的说法，登海系列种子受到的冲击主要来自"郑单958"。

"郑单958"是玉米种子市场上的一匹黑马，由河南省农科院粮食作物研究所的堵纯信教授培育成功，和登海系列种子同样是紧凑型玉米。也许正如刘石所言，再好的种子都有两个"天敌"，一个是病虫害，一个是更强的种子。对于曾经辉煌过的登海号种子来说，"郑单958"就是那个"更强的种子"。

2001年，"郑单958"的种植面积只有339万亩，第二年就扩大了4倍多，达到1324万亩，2003年继续增加61.3%至2135万亩，2004年再翻一倍多达4300万亩，2005年为5400万亩，2006年为5895万亩，2007年、2008年连续两年更是超过了6000万亩，约占全国当年玉米播种面积的30%，全国累计推广面积接近5亿亩。其声势直追当年的登海系列。

当此颓势之际，登海种业作为一家上市公司来说，恐怕还得感谢它控股的登海先锋公司。登海先锋强悍的冲击力，一步步把登海种业从业绩的泥潭里拉上岸来。

2003年是登海先锋的制种年，因此这一年登海先锋没有业绩体现。2004年开始销售，营收为800万元。2005年营业收入升至3071万元，净利润也达到了299.3万元。2006年，登海先锋的营收达到1.1亿元，接近登海种业营收的一半，净利润3197万元，而登海种业的净利润只有608万元。

实际上，2004年、2005年登海先锋的收入基本来自销售登海号系列种子，而2006年业绩的暴涨，则是因为从这一年起，登海先锋的利器"先玉335"闪亮登场，开始与"郑单958"一决高下。

"先玉335"的盈利优势是明显的：登海种业销售登海号种子营收2.83亿元，净利润只有608万元，净利润率仅2.15%，而同期登海先锋销售"先玉335"营收1.1亿元，净利润则高达3197万元，净利润率为29.1%。

2.15%与29.1%的差距，就是两粒种子生命力的差距。

在利润猛增的时候，"先玉335"的播种面积也大幅攀升。2006年，"先玉335"的播种面积为26万亩，2008年就骤升至816万亩。2009年，增加到2400多万亩。当年全国播种玉米面积4亿多亩，"先玉335"占了6%，列全国玉米种子销售量的第二位。在吉林和黑龙江南部，市场份额超过了"郑单958"。到2010年，"先玉335"在全国的播种面积达到了

3000多万亩，加上相关品种，总面积接近6000万亩，约占全国总面积的13%。在吉林省，"先玉335"的种植面积占到当地玉米种植总面积的50%。

2011年，"先玉335"的种植面积超出上年1—2倍，仅次于"郑单958"。

短短几年，先锋公司就变成了中国种业市场的佼佼者。其推广速度之快、影响之大，令业内人士震惊。

学不到的研发

2007年、2008年可能是李登海最欣慰又最痛苦的两年了。欣慰的是，登海先锋的营收达到了1.48亿元，同比增长了100.44%，净利润达6973万元，增长118.11%。2008年营收增至2.35亿元，净利润增至1.2亿元。痛苦的则是，登海种业这两年的营收分别是3.14亿元和4.17亿元，净利润分别为756.96万元和260.2万元。而且，在登海种业的主营收入中，销售"先玉335"所得分别占1.35亿元和2.15亿元，其营业利润在总营业利润中所占比例更高，分别为71.19%和70.83%。说白了，登海种业的业绩大部分是靠"先玉335"在支撑。虽说手心手背都是肉，李登海身兼两家公司的董事长，但是他能高兴得起来吗？

如严格按签订合同时的约定，登海种业在合资公司控了股，而杜邦先锋也带进了先进的种质资源和管理技术，那么，情况可能会大为改观，但合资后李登海才慢慢地发现，中方控股只是名义上的控股，合资公司的核心技术、高层管理人员都被外资牢牢地掌控在手中。

按理，研发"先玉335"应该由合资的两家公司的研究人员共同完成。但是，令中方困惑的是，包括"先玉335"在内的研发，根本就没在合资公司进行，而是在杜邦先锋的独资企业——铁岭先锋种子研究有限公司进行。该公司成立于1998年4月，在北京、辽宁铁岭、河南新乡、山东济南以及海南都设有研究站。铁岭先锋培育出新品种后，交给合资公司并收取品种使用费，制种则由登海先锋的酒泉分公司负责。合资公司只是负责销售。

我们再来看看酒泉分公司的股权结构：据有关资料显示，山东登海先锋种业有限公司酒泉分公司是由山东登海先锋种业有限公司和美国杜邦集团先锋海布雷公司于2002年12月投资成立的合资企业，其中山东登海先锋种业有限公司控股51%，美国杜邦集团先锋海布雷公司控股49%。这也就是说，负责制种的酒泉分公司的实际控制方为杜邦先锋。虽然，销售由合资公司负责，但实际上中方的人也插不上手。登海种业就是拿点分红，其他连边都别想碰，更别谈什么拿到对方的核心科研成果了。也许有人要说了，每年都有分红也行啊，登海还是大股东呢！其实，隐痛恐怕只有李登海知道："先玉335"成功了，"掖单""登海"却败落了。二者此消彼长，虽然一样盈利，只是核心竞争力转移到人家手中了。

先锋带来的革命

"先玉335"的崛起是以农民的认可为基础的。

刘石曾分析说，对农民来说，很少考虑种子是哪个国家的，只要增产、增收，他们就愿意购买。一个新品种怎么能让农民了解它的产量呢？登海先锋采取的办法很是新颖：先种"先玉335"试验田，然后为种了试验田的农民提供免费脱粒服务，脱粒时召开脱粒现场会。玉米收获之后，登海先锋的人员就带着脱粒机来了，请村长召集村民们参观脱粒现场会，并设立猜产量中大奖的游戏环节，不仅活跃了现场气氛，更重要的是加深了农民对于"先玉335"高产的印象。

那么，"先玉335"为什么能获得高产呢？首先是发芽率高。发芽率，中国的国家标准是大于且等于85%，简单说，就是种下100粒种子，有85个能发出芽来，就算是达到国家标准了。而"先玉335"的发芽率是多少呢？95%！刘石说，在普通人来看，仅仅10%的发芽率的差距，也许算不了什么，但对于农民来说，这却意味着3倍的差距。如果播下100粒"先玉335"，最多只有5粒不发芽，而国产种子不发芽的可能有15粒。

从实践情况看，农民在播种的时候，用"先玉335"一穴只播1粒就够了，而国产种子至少要一穴播种3粒。因此长期以来，中国农民采用的都是一次播种3粒的播种机。刘石想，用3粒播种机播种"先玉335"既是一种浪费又难以显示出"先玉335"的比较优势，必须采用单粒播种机！但是，市场上根本没有单粒播种机。为了让农民相信并接受单粒播种模式，刘石专门找到一家播种机制造商，通过不断试用改进，成功制造出了单粒播种机。这种机器售价3200元左右，登海先锋打出广告，凡是购买单粒播种机的农民，登海先锋每台补贴1000元，加上厂家让利500元，只需要1700元。

这一招甚为管用，单粒播种机迅速大卖起来。看似登海先锋做了亏本买卖，但是这样一来，购买了单粒播种机的农民只能购买"先玉335"了，等于锁定了用户。为什么？因为只有"先玉335"可以做到一穴一粒，使用单粒播种机播种别的种子，会面临发芽率、出苗率降低，大量减产的危险。这是农民最不愿意看到的。

更新颖的是，登海先锋还帮助农民卖粮。在平时，登海先锋的工作人员就积极与玉米产区、销区的粮库，以及玉米加工厂、饲料厂等收购粮食的企业保持联系，并向其推销农民种植的"先玉335"玉米。登海先锋还与一些饲料厂、淀粉厂联合做实验，让他们的客户看到，禽畜吃了"先玉335"玉米做成的饲料后长膘快、产蛋率高，这样他们就会向饲料厂要求购买"先玉335"生产的饲料。帮农民卖粮，成了登海先锋的"副业"。

刘石认为，帮农民卖粮，表面看起来是"副业"，但却是非常重要的环节，因为，玉米销路好，农民就会继续买这个企业生产的种子。

一克种子一克金

杜邦先锋的前身，是先锋良种国际有限公司，创立于1926年，1999年被美国杜邦公司收购，形成了现在的杜邦先锋。目前，杜邦先锋已经发展为世界上最大的玉米种业公司，在世界玉米种子市场占有率达20%以上，在美国玉米种子市场占有率约为40%。

与许多跨国公司一样，早在20世纪80年代，杜邦先锋就已经进入中国。由于对中国的政策、法律和市场均不熟悉，经历了较长时间的"蛰伏期"。其进入中国的第一站选择的是北京，在中国农业大学设立了先锋良种海外公司联络处，并聘用技术人员开展了品种实验，试图把美国种子打造成完全"本土化"的中国种子。经过十几年的深入调查与研究后，1998年，杜邦先锋在中国设立了第一个玉米种子研发中心，在北京设立了办事处，并开始布局全国种业市场。据时任登海先锋公司总经理的刘石回忆，2001年自己到杜邦先锋中国办事处任职时，只有3个研发人员、1个财务、1个行政兼前台，共5个人。

虽然进入中国已经十几年，但杜邦先锋没有急着赚钱。刘石说："我们在中国有长期的打算，五年内不用赚任何钱，把基础打好，让产品、技术获得中国老百姓的认可。"

2002年，杜邦先锋在中国拿到4个玉米品种的推广许可证，由此开始着手全国布局。第一步就是选择了与登海种业合资。2003年，在辽宁设立铁岭先锋育种站，并成立合资育种公司——铁岭先锋种子研究有限公司。2006年，杜邦先锋又与甘肃敦煌种业股份有限公司成立了敦煌种业先锋海外有限公司，其中，中方控股51%，外方为49%。敦煌先锋主要负责东北三省、内蒙古、河北、新疆等地区的春玉米带；而登海先锋主要负责黄淮海地区的夏玉米带。

业内人士分析，为完成在中国玉米种业的科研、生产和市场营销的布局，下一步杜邦先锋很可能会选择与辽宁东亚种业或川农高科种业合作，以完成对东北地区的覆盖，并进军西南地区。

杜邦先锋进军中国玉米种子市场，只是外资进军中国种业的一个缩影。其实，自2000年起，即中国颁布《种子法》，首先对外开放蔬菜、花卉种子市场后，外资就以此为突破口，大举进军中国种子市场。

1998年，位居全球种业第三位的先正达就将其最新的蔬菜育种成果输送到了中国；孟山都在1996年将转基因抗虫棉引入中国，并于2001年涉足中国玉米种子市场。

因具有产量高、抗病等方面优势，外资研发的种子受到中国农民的青睐。目前，在中国注册的外资种子企业已达70多家，以杜邦先锋、孟山都、先正达、利马格兰四大跨国种业巨头为首的外资，已逐渐在中国的棉花、蔬菜、玉米等领域拥有越来越多的种植面积。

在市场上获得垄断地位后，外资开始大幅提高种子价格，民间有"一克种子一克金"的说法。例如，番茄种子，某以色列品牌的价格达2.1万元/公斤左右，而国产品牌仅1100元/公斤左右；甜椒种子，外资生产1粒种子的成本不到1分钱，但在中国市场的价格却卖到了1元钱/粒，堪比黄金。

超越登海先锋

2009年是登海种业的奋起直追年，公司里响起了一个向下属公司学习的口号——"学习登海先锋先进经验，落实科学发展观，寻求新的突破"。围绕着这个主题，登海种业进行了一系列改革。刘石曾经说过，登海早期缺乏自己的制种基地，仅是授权其他企业制种，必然会阻碍其发展。为了和销售接轨，登海种业在宁夏惠农加工中心新建了一条1000吨/批次的穗烘干生产加工流水线，以满足公司制种基地对果穗烘干和按粒包装的要求。销售管理方面，将销售中心转移至北京，并且强化了以经销商为销售渠道的销售网络，初步实现了由论斤卖向按粒卖的转变。

论斤卖转向按粒卖，的确是从登海先锋学来的。此前，登海种业的销售也是像"郑单958"一样打价格战以追求销售规模，极大地丧失了利润。"郑单958"的产权虽然属于河南农科院，但是没有企业作为载体，只好向全国招标出售经营权，最后，北京德农种业、秋乐、金博士、金娃娃等四家企业分别获得经营权。四家企业为了扩大销售，低价竞争，结果不仅无利可图，市场也未打开，只好握手言和，联手展开销售，价格才开始回升，销售量也逐步提高。但是尽管如此，每公斤9元的价格，与"先玉335"26元/公斤的价格仍然相差甚远。登海先锋过去在销售上完全是德农风格，利润率极低。

育种出身的李登海这一次在育种方面下的功夫是不容忽视的。科研项目立项新增了9项，其中有"紧凑耐密型高产玉米新品种配套技术试验示范""高产优质多抗玉米新品种培育"等5项主承担项目，参与承担项目4项（含国家转基因重大专项课题3项）；4个玉米新品种通过审定，其中"登海661"通过山东省审定，"登海662"通过国家审定，同时通过山东省及河南省审定，"登海701"通过山东省及河南省审定，"登海3769"通过国家审定。这一系列新种子排山倒海般涌向市场，标志着登海种业进入了超级玉米的新时代。根据登海种业年报显示，2009年超级玉米新品种实现销售收入2.02亿元，占当年主营收入（5.79亿元）的34.89%，销售利润1.08亿元，占营业利润（1.89亿元）的57.14%。登海种业迎来了高利润率时代。

2010年、2011年的登海种业表现依然不俗。主营收入分别为9.38亿元和11.53亿元；净利润分别为3.85亿元和4.13亿元。同期登海先锋的主营收入分别为6.6亿元和8.15亿元；净利润分别为3.49亿元和3.52亿元。

2019年，登海种业主营收入8.23亿元，其中来自登海先锋公司的部分7200多万元，不足8.8%；上市公司净利润4158万元，其中来自登海先锋的净利润 - 10246万元。

看着这些数字，李登海这个倔强的老"农民"在什么地儿偷着乐呢吧！

政策仍将收紧

显然，中国的政府部门已经认识到了中国种业问题的严重性，因此，对外资的政策正在收紧。

农业部《现代农作物种业发展规划（2011—2020）》已上报国务院。根据该发展规划，之前部分合资企业由外资独自掌控研发中心的局面即将终结，改为由合资企业双方"共同管理"。

2011年5月9日，中国种业第三次"最高规格"会议在湖南长沙召开。许多业内人士认为，这是新中国成立以来种子产业从未有过的、最重要的会议。农业部、发改委、科技部、财政部、国土资源部等15个国家部委均有代表参加会议。会议的重要议题之一是贯彻落实国务院在4月18日发布的《关于加快推进现代农作物种业发展的意见》（以下简称《意见》）。

该《意见》首次明确了种业的国家战略地位，提出将大幅提高市场准入门槛，推动企业兼并重组，培养具有核心竞争力和国际竞争力的"育繁推一体化"的种子企业。

农业部修订的《农作物种子生产经营许可证管理办法》（以下简称《办法》）自2011年9月25日起施行。该《办法》提高了种企的准入门槛，将注册资本从500万元提高到3000万元，晒场、仓库等固定资产不少于1000万元；"育繁推一体化"种企注册资本从3000万元提高到1亿元，固定资产不少于5000万元。

中国政府的政策意图是，让企业形成一个完整的产业链，并最终形成具有竞争力的国内大型企业，这样的意图是好的，但结果能否像计划的那样发展却是个未知数。

在国内，种子产业链条严重割裂，科研单位只搞科研，不参与生产和销售；而很多企业只是生产、销售，不考虑科研，科研资源也按照这样的结构配置。这就形成了目前的局面，几乎99%的种子企业都没有品种研发能力；与美国等发达国家相比，品种选育水平至少落后20年。

此外，中国有证的种子企业达8700多家，但没有一家的市场份额能达到全国市场总量的5%，前20强的销售额加起来都赶不上孟山都。从品种看，水稻种子产业的集中度相对高一些，但行业前三强——隆平高科、亚华种业和丰乐种业加起来也不超过25%，小麦则更低。

面对现状，袁隆平院士曾倡议，为做强做大中国种业，应集纳全省全国资源，把长沙打造为中国种业之都。

袁院士的期望代表了中国老一辈科学家种业报国的理想，而刚从隆平高科离职的刘石（2010年4月出任隆平高科董事、总经理）对于未来的看法同样引人注目。他认为，作为现代种业企业，要从种子生产供应商转变为农业生产综合服务提供商。业内人士认为，"先玉335"的成功，种子只占40%，而刘石的管理则占了60%。

正如笔者在前文中所述，李登海已经清醒地认识到发展属于自己种子品种的重要性，并试图消解对外资品种的依赖。目前，登海种业已研发出超级玉米品种并通过国家审批。新品种吸收了现有市场上品种的优点，李登海希望，能够借此夺回被"先玉335"夺走的市场。

笔者认为，李登海在合资中学到的最可贵的一点就是自主独立的精神，正是靠着这种精神，登海获得了超级种子，也正是靠着这种精神，登海真正学到了先进的管理。

2016年1月1日，新《种子法》开始施行，新法中增加了"国家建立国家种业安全审查机制"的要求；2015年修订的《外商投资产业指导目录》，明确种业为外商投资限制领域和禁止领域；农业部等4部委也对设立外商投资农作物种子企业审批和登记管理做了明确规定。这些政策成体系地对外商投资种业进行了严格管控。

不过，开放似乎是迟早的事。2018年6月28日，国家发改委、商务部发布的《外商投资准入特别管理措施（负面清单）》规定，"取消小麦、玉米之外农作物新品种选育和种子生产须由中方控股的限制"。

袁隆平及其普遍意义

2021年5月22日13点07分，袁隆平先生因病去世。

我立即在微信朋友圈及"非官芳解读"公众号发布了袁隆平先生为本书所写的序《必须做强做大民族种业》。

我与袁隆平先生并未谋面，所结之缘系于此序。

2007年2月，美国第二大次级抵押贷款机构New Century Financial发布盈利预警，拉开全球经济危机的序幕。7月，标普降低次级抵押贷款债券评级，全球金融市场大震荡。8月，欧美股市全线暴跌。随后，金属原油期货和现货黄金价格大幅跳水，美国次级债危机向全球蔓延。大宗商品价格持续上涨。年底，欧美五大央行联手救市，但是仍未阻止危机的进一步恶化。2007年中国全年CPI上涨4.8%，同比提高了3.3个百分点，成为1997年以来涨幅最高的一年。2008年1月，中国南方20个省市区发生大面积雪灾。中国大豆期货价格两次冲上4700元/吨的高位！粮食安全问题成为人们关注的焦点。时任国务院总理的温家宝在政府工作报告中对2008年的粮食产量寄予了非常大的希望。

此时，《大生》杂志记者卢敬春提出在两会期间采访袁隆平，经同意后，敬春两次进入两会委员驻地，但是都没有找到袁隆平。听敬春后来讲，第三次，她终于在袁隆平的房间门口"堵住"了袁隆平。原来袁隆平在会议期间两头跑，休会期间就回湖南的实验室，记者根本就采访不到他。袁隆平听了敬春等待他的经过，感动之余就接受了她的采访。这才有了4月1日第27期的"高端访谈"——《中国不要到国外去买粮食》。

　　在这篇稿件中，袁隆平提出一个重要观点，认为买粮食吃始终是一个问题。中国不要到国外买粮食，中国要靠自己。解决粮价上涨的办法有两个，一个是控制人口增长，一个是提高粮食产量。他认为，美国人莱斯特·布朗的观点虽然是对的，但他低估了科技进步对提高粮食产量的作用。

　　布朗的观点我曾经关注过，为了更深入地理解袁隆平的观点，我又查了相关资料。布朗写过一本书《谁来养活中国？》，他在书中运用英国政治经济学家托马斯·罗伯特·马尔萨斯的人口理论，对中国1990年到2030年40年间的粮食产值情况进行了分析和推算。所谓人口理论，简单说，就是人口按几何级数增长而生活资源只能按算术级数增长，所以不可避免地要导致饥馑、战争和疾病。他断言，到2030年时，中国人口数量将达到16.3亿左右，如果按照每人每日消耗8两粮食计算，就需要粮食6.51亿吨。可是以当时的工业化形势发展，中国的耕地面积还在日趋减少，因此粮食产量可能会下降到2.73亿吨，需要从外国进口3.78亿吨。

　　很显然，袁隆平先生对布朗观点的分析是中肯的，也具有普遍意义。布朗对中国粮食产量40年的推算是以单产量不变为基础。这个前提下，增加粮食总产量的办法只有扩大耕地面积，但是工业化时代，耕地面积只能减少而不能扩大。这样一来结论就变得很简单了，即粮食供不应求，进口粮食不可避免。

　　但是，科技进步的事实对这种"布朗式逻辑"早已做出了无声的回应。早在2004年，中国超级杂交水稻就已经实现了800公斤亩产的目标。在袁隆平先生逝世的前半年，2020年11月2日在湖南省衡阳市衡南县清竹村进行的袁隆平领衔的杂交水稻双季测产达到了亩产1530.76公斤。

　　由于媒体的失误，袁隆平先生去世的消息被提前播发。在消息被证实后，我在朋友圈写道："官媒新华社微博消息，袁隆平院士5月22日13点07分逝世。袁隆平在杂交水稻发展史上的贡献和在国家粮食安全方面的地位已被历史定格。媒体报道上的变化并不能使这一事实发生动摇。"

第九章

转基因内幕

崔永元和方舟子的口水大战是2016年最为壮观的农业事件。科学的精神是可实验、可重复，二人谁也没有做过科学实验，却大打口水仗，一直打到了海淀区法院。尽管如此，在笔者看来，这件事对于帮助大众了解转基因也起到了比较大的推动作用。10月，崔永元宣布开食品公司，专卖非转基因食品。相信这件事还会有新的进展。

　　谈种子就不能不提孟山都。不过，与杜邦先锋和利马格兰等种子企业不同，在许多人的眼中，孟山都已经和"转基因"画上了等号。关于转基因，读者朋友一定有许多关心的问题，笔者以设问的方式将读者和听众经常问到的问题以及笔者的回答开列如下。

　　问：什么是转基因？

　　答：就是人为地把一个物种上的基因转移到另一个物种身上，改变它的遗传特性，使其更符合人们的需要。

　　问：能不能举个例子？

　　答：比如，人们把狼的基因转移到狗身上，可以使狗增强灵敏度、耐力、爆发力，以便训练成警犬；也可以把狗的基因转移到狼身上，使狼拥有狗的忠诚。

　　问：那么转基因到底对人体有害没有呢？

　　答：转基因植物会分泌出一种毒素，这种毒素对人体是否有害，目前不得而知。有科学家说，需要几代人的实验才可以证明。而笔者所知道的目前的活体实验仍存在争议。

问：那么为什么油脂厂都买转基因大豆呢？

答：因为便宜。

问：为什么便宜？

答：原因有两方面：一方面是地多人少这种资源禀赋形成的成本优势；另一方面是美国政府给美国农民补贴，使他们低价卖给中国而不赔钱。

问：这么说转基因没有一点好处吗？那美国人培育转基因干什么呢？

答：转基因植物的好处是可以杀死虫子，节省农药。

其实，读者朋友每天吃的食用油中，有许多品牌都是以从美国进口的转基因大豆为原料制成的。读者朋友每天吃的各种肉类、禽类甚至鱼类，都是吃饲料长大的，饲料中就有不可或缺的豆粕。当读者朋友感觉离转基因很遥远的时候，你恰恰在每天食用着转基因食品。

读者朋友可能更不知道的是，这一切都与孟山都有关。

孟山都是个神秘的企业，2008年我在组织一篇《孟山都阴谋》的报道时，还找不到它的网站。当时，如果不是遇到了美国作家F.威廉·恩道尔（F.William Engdahl）和他的新作《毁灭的种子：基因操纵的幕后动机》（*Seeds of Destruction: The Hidden Agenda of GMO*）中文译本，那篇报道可能会因资料不足而流产。

自杀的印度种棉农民

达尔维今年只有23岁，年轻漂亮，但是现在她目光呆滞、面色苍白，显得疲惫不堪。因为，如此年轻的她已经成了寡妇。不久前，她的丈夫选择了自杀，给达尔维留下的是一座破土屋，还有两个孩子，一个2岁，一个刚刚6个月。

她的丈夫也很年轻，离世时也才28岁。

2006年，达尔维家开始种植孟山都的一种转基因棉花——保铃棉（Bollgard）。孟山都在广告中宣称，转基因棉花能完全抵抗害虫的侵袭，并获得更高的利润，但这种棉花种子的价格是传统种子的5倍。看到神奇种子的种植前景，达尔维家扩大了种植面积，一共种了100亩。

由于没钱买种子，达尔维的丈夫借了高利贷。但在种植后，他们发现还要购买专门的肥料，更要提供很好的灌溉。这让原本就贫困的达尔维一家力不从心，而缺少了这些"辅助措施"，神奇的种子得到的结果是低产。

一年算下来，达尔维家非但没赚钱，还欠了大约1000美元的债。因债务缠身，无法自拔，达尔维的丈夫选择了结束自己的生命。而借给达尔维家高利贷的人，就是孟山都种子的经销商。

达尔维家的境遇绝对不是特例，其所在地区的棉农几乎都背着债务。

而借给他们高利贷的人，绝大多数都是孟山都的种子经销商。其实，转基因棉花更适合大农场主种植而不是小户农民，因为他们拥有土质好的土地，而且也能够根据需求排水灌溉。印度70%都是分散种植的普通农民。

公开数字显示，从1997年至今，那里已经有20多万人自杀身亡，其中很大一部分是棉农。而达尔维家所在的地区——印度重要的棉花产区马哈拉施特拉邦，最多时平均每天有3位棉民自杀。这个故事想必孟山都也看到了，在它们的网站上专门对此进行了说明。它们反问道：印度农民自杀和保铃棉有关系吗？

"如果您在网络上搜索孟山都，您会发现许多关于孟山都保铃棉种植失败导致印度农民自杀的故事。然而，并不是您在网络上看到的所有东西都是事实，这件事就是最好的例证。事实上，印度农民自杀的悲剧由来已久，在2002年孟山都保铃棉进入印度之前很多年就已经存在了。有很多原因导致了农民的自杀，许多专家也认为其中一个主要原因是负债。农民无法偿还贷款，面对微薄的收益，自杀常常被看成唯一的出路。其实，2004年由IMRB市场研究和咨询公司做的关于印度棉农的调查发现，种植保铃棉以后，印度棉花的产量增长了64%，杀虫剂的成本减少了25%，农民总收益增长了118%。农民是孟山都的顾客，只有农民成功了，我们才是成功的。印度的农民已经发现种植保铃棉是可以获得成功的，因此每年我们都有很多回头客以及新的顾客。"

孟山都的这番说明细读起来更像是一份辩护词。它们首先指出印度农民自杀是古已有之，原因是负债，但它们又引用了一家公司的调查数据来说明保铃棉的增产能力和缩减种植成本的能力，但是，它们回避了一点，那就是它们的种子必须辅助以专门的肥料和很好的排灌，否则就会大面积减产，就像达尔维一家所遇到的情况那样。但是卖种子的孟山都经销商为什么没有事先提醒达尔维的丈夫呢？达尔维的丈夫在不被告知的情况下种植失败，继而因负债自杀，这与孟山都没有任何关系吗？

小白鼠实验的未解之谜

人类历史上第一个对转基因提出反对意见的科学家，是英国阿伯丁市的阿帕德·普兹泰博士。像那个年代的所有人一样，普兹泰本来对转基因食品的光明前景深信不疑，直到他接手了一项科学实验。之前关于转基因食品效用的唯一一项研究是由孟山都资助的，研究得出的结论是转基因食品完全健康，适宜消费。1995年，普兹泰所供职的罗威特（Rowett）实验室接到了苏格兰农业、环境和渔业办公室的一份协议，要求由他主持一项预算为150万美元、历时三年的研究。罗威特实验室是一个由政府资助并为政府服务的科研机构。当时转基因农作物刚刚开始普及，基本处于实验室或田间实验的阶段，苏格兰农业、环境和渔业办公室出于对国民负责的态度，要求罗威特研究所制定科学检验方法的准则，以便政府管理部门在进行转基因农作物的风险评估时使用。

而在阿帕德·普兹泰博士看来，这项研究无非是对转基因食品的安全性给予一个完全独立的确认过程。但是1997年下半年，他对自己以往的观点产生了怀疑，因为食用转基因马铃薯的小白鼠的心脏、肝脏、脑部都比正常的小，而且免疫系统也十分脆弱。1998年8月，他在一档收视率很高的英国独立电视台的节目《行动中的世界》中公布了他的实验结果：

"有人向我们保证转基因食品是绝对安全的。我们可以随时食用转基因食品，也必须随时食用转基因食品，目前来看，转基因食品对我们来说没有任何危害。……但是作为长期从事这一领域研究的科学家，我认为把人类当作小白鼠一样来做实验是非常非常不公平的。我们应该到实验室去找小白鼠。"

阿帕德·普兹泰博士的确被吓坏了，他呼吁把转基因限制在实验室当中。这无疑向生物技术界、政界、农业界、科学界扔了一颗重磅炸弹。奇怪的是，普兹泰不仅失去了工作，而且被英国正统科学界扫地出门，甚至连英国皇家学会这样的权威机构也出来参加争论，并摧毁了普兹泰在科学上的清白，使之成为在英国最早一个也是最后一个涉及转基因活体研究的人。这一切是怎么回事呢？听听恩道尔先生经过调查之后在他的书中是怎么说的：

1998年，一位英国顶尖的基因科学家向媒体发表了其研究成果：实验表明转基因食品可能对免疫系统造成损害。这一基于客观实验的结论原本对科学研究是一个重要贡献。但就在研究成果发布后48小时内，这位科学家和夫人同时接到所在研究所的解聘通知，并被要求不许透露任何研究信息，否则连养老金也保不住。之后英国皇家学会等机构和人员也群起而攻之，对这位科学家进行抨击。为什么会这样？因为英国首相布莱尔直接打电话对研究所进行干涉，因为布莱尔接到了美国总统克林顿打来的警告电话。而所有这些打压首先来自孟山都公司的一个电话。

从那以后，所有推广转基因的广告语就变成了"这么多年来还没证据证明转基因是有害的"。记得时任美国农业部副部长任筑山在天津接受《大生》采访时就是这么说的。

错误由政府承担

恩道尔先生上面那段话指出了孟山都的私人利益与政治利益结盟，又通过美国和英国的政治利益，干掉了科学的尊严，并将人类的生命安全置于一种不确定的境地。这句话其实可以成为转基因的另一种注脚。

孟山都的这种手法并不是什么新鲜事。还记得那场越南战争吗？在这场战争中，美国曾使用了一种致命的灭草剂——橘剂，数百万人因被这种农药腐蚀而丧生。很多年以后，退伍的士兵曾到美国白宫门口告状，要求对当时被"橘剂"腐蚀导致皮肤溃烂做出赔偿。

"橘剂"的制造者就是孟山都，而这些退伍士兵状告的也是孟山都。

对此，孟山都也有自己的说辞，请看它在网站上的辩护：

橘剂：孟山都被卷入的背景

我们非常尊重那些被送去越南战场的美国士兵，以及所有在越南冲突中受到影响的人们。在这段艰难的岁月中，无论是哪一方，都承受着巨大的痛苦。其中的一段历史便是关于橘剂，对此，直到40年后的今天仍有许多疑问。

介绍一下当时的背景。1961年至1971年期间，美国军方通过使用橘剂来摧毁越南的原始森林，这样可以降低美军受到伏击的机会，减少伤亡率。

随着战争进入白热化阶段，美国政府利用其在《国防生产法案》中的权威，与当时七个主要的化学公司签订了合同，以保证获得美军及其联军在越南战场上所需要的橘剂和其他除草剂。美国政府指定了橘剂的配方并规定了使用这些化学品的时间、地点和方式方法，包括使用频率等。橘剂是越南战争中以军事目的使用的15种除草剂之一，也是使用最为广泛的一种。它被称为橘剂是由于当时在盛放这种化学制剂的容器外使用了橙色绑带。

当时参与生产的公司包括Diamond Shamrock公司、陶氏化学公司、Hercules公司、T-H农业与营养公司、Thompson化学公司、Uniroyal公司以及当时身为化学品制造商的孟山都公司。孟山都在1965年至1969年期间生产了橘剂。

橘剂是将两种常用的除草剂"2，4-D"和"2，4，5-T"按50：50的比例配制而成。橘剂从19世纪40年代末期开始在美国国内使用，并没有在美国农民、铁路和其他方面的使用中引起事故。自从越南战争之后，科学界和大众对其中的二噁英成分"2，3，7，8-TCDD"产生担心，这是生产"2，4，5-T"过程中的一种副产品，"TCDD"在该种除草剂中有微量存在。关于橘剂问题的研究已经进行了几十年，并且一直持续到今天。

有关橘剂问题的诉讼案件非常多。1984年，孟山都和其他6家化学生产商与美国退伍军人在美国纽约东部地方法院的集体诉讼中最终达成协议，这次的诉讼共涉及了数以百万的美国退伍军人和他们的家庭。该诉讼的解决是通过各方的努力而非漫长复杂的法庭辩论达成的结果，在美国地方法院法官Jack B. Weinstein主持下，1.8亿美元的赔偿金作为协议的一部分偿付给了相关当事人。

之后，也有一些关于此问题的诉讼。2009年3月，美国最高法院解决了一个重要的法律问题，即支持了下级法院禁止就由橘剂事件引发的诉讼进行追讨赔偿的一致裁决。最高法院认同这些公司不必承担越战中橘剂使用的责任，因为这些生产商受制于政府协议，需执行政府的指示。

孟山都如今是从事种子和农业技术的公司。

我们相信越南战争中，包括橘剂的使用而带来的不良后果，应该由相关政府出面解决。

孟山都虽然在诉讼中败诉，赔偿了巨额资金，但其潜台词其实是：错误由政府承担，孟山都无罪。

孟山都小史

孟山都，成立于1901年，其总部位于美国的密苏里州，是世界上最大的转基因公司和化学除草剂"草甘膦"的生产商，占据了世界90%的转基因种子市场。中国所需的大豆80%依赖于进口，这些进口大豆的90%以上都是利用孟山都的技术种植的转基因大豆。

孟山都发家于制造硫酸等工业化学药品，并成为世界上最大的生产多氯化联二苯（PCB）的公司。后来经证实，这种物质会使大脑组织受到严重损害，导致人类产生生理缺陷或者癌症。

1981年，孟山都开始涉足生物技术领域，经过多年的研究后，研制出一个经过人工修改的植物细胞，实现了生物技术领域的重大突破。

1990年，孟山都将所有化学制品方面的业务转手交给了一个新成立的公司首诺（Solutia），这个公司接受了孟山都曾经涉及的化学污染诉讼。从此，孟山都彻底告别了不光彩的历史，变成了一个彻彻底底的跨国生物技术公司，同时也成为世界上主要粮食作物的转基因种子专利的持有者和控制者。

1983年，一种含有抗生素药类抗体的烟草在美国培植成功。这意味着世界上第一例转基因植物的诞生。当时曾有人感叹，人类终于有了一双创造新物种的"上帝之手"。

据恩道尔在《毁灭的种子：基因操纵的幕后动机》中记载，1986年，在白宫召开了一次非公开会议。参加此次会议的人员为美国副总统老布什与孟山都高层管理人员。此次会议讨论的内容，是如何撤销对发展中的生物技术行业的管制。

1988年，老布什当选为总统后，开始迅速落实生物技术计划，并给孟山都和其他主要的转基因公司大开绿灯，使这些公司获得了长足的发展。

1992年5月26日，美国副总统丹·奎尔宣布了政府对生物工程中食品部分的新政策。新政策的核心在于，政府完全放开对生物技术产品的监管，对于食品部分不进行特别管制。该措施的出台直接加速了生物技术向粮食加工者、农民及消费者扩散。

对此，恩道尔在其著作中分析道，美国政府正在为孟山都等公司的转基因推广铺路。尽管美国的议员们忧心忡忡，并认为必须有一部法律规范转基因产品，以避免对人类未知的风险和可能造成的健康危害。

但所有这些呼吁最终都不了了之，因此，不管是在当时还是此后的几年中，美国政府没有颁布任何法律法规，以管制生物技术和转基因产品。

根据老布什政府的新政，此后美国政府的监管部门对待转基因产品就和对待其他产品一样，判断食品新产品是否安全的根据，只是生产转基因产品的公司提供的数据，而不再进行深入的调查和研究。这对于孟山都等公司来说，无疑是莫大的支持。

目前，孟山都、杜邦、道化学和先正达四家公司控制了全球绝大多数转基因种植专利。其中三家与美国政府有着密切的联系，这三家公司曾经用长达数十年时间，在五角大楼进行生物化学武器研究。

进军中国路线图

孟山都来了。这是迟早的事，因为中国的市场太诱人了。

20世纪20年代初，那时由于各种条件的限制，中国人吃糖是一件奢侈的事。1923年，孟山都首先用糖精敲开了中国的大门。当时的糖精为一磅一罐，包装设计也非常好，即使放在水中，其中的糖精也不会变质。这使孟山都的糖精在中国大受欢迎。20世纪80年代后，孟山都开始在中国寻找投资机会，并希望与中国的企业合作，成立合资公司。

孟山都首次将转基因种子——保铃棉种引入中国是在1996年。其与河北省农业厅下属的河北省种子站以及美国岱字棉公司合作成立了第一个生物技术合资企业——河北冀岱棉种技术有限公司。此次合作成为孟山都在中国的起跑点，仅仅用了两年时间，整个河北省的棉花地里就种满了保铃棉。这种棉花让中国的棉农大开眼界，因为棉田里几乎再也找不到棉农恐惧的棉花杀手——棉铃虫了。保铃棉让孟山都在中国声名大振。1998年7月，孟山都又在安徽成立了安岱棉种技术有限公司。

合资公司的产品由孟山都直接从总部带到中国进行应用。虽然孟山都对这两家公司的持股比例为49%，中方为51%，但双方实力并不匹配。

因此，公司实际的管理经营权是在外资手中。另外，孟山都要求占有两家公司70%—80%的利润，这是违反政策规定的。对此，中国的农业部也提出了质疑，并明确表示不赞成。根据相关数据统计，棉农种植转基因棉花后，种植成本降低了约20%，棉花质量也明显提高。但合资的两家中方企业的自有产品份额也变得越来越少。

随着保铃棉种植面积的进一步扩大，相关的负面报道也开始出现，例如，烂根、烂芽、出苗率不高等问题。到了2008年，一位孟山都的管理人员无意中透露，孟山都在中国建立的首家合资公司冀岱棉公司已经停产，原有业务已移交给安岱棉公司处理，孟山都正准备向中国引进新的转基因品种。在中国市场混了几十年的孟山都似乎已经摸清了中国市场的命门，这个管理人员在谈到这个问题时，表现得十分自信。

此间，孟山都又与中国种子集团有限公司兴办了一家合资公司——中种迪卡种子有限公司。该公司是中国第一家经营玉米等大田作物种子的中外合资公司。更多的业内人士认为，该合资公司的建立，无疑为孟山都进一步占领中国市场打开了方便之门。而最终占领中国除棉花之外的其他大田作物种子市场也是孟山都的最终目的。

其实，早在1997年，由五部委联合签署的文件就规定，外资种业公司在中国不能独资研发、控股，参股不能超过50%。孟山都对此曾提出异议，要求中国开放市场。因中国政府的态度非常明确，无奈之下，孟山都只好选择与中方的公司合作。再加上中国政府对转基因的限制，孟山都也暂时没有把转基因触角伸及中国的大田作物。

被无视的实验结果

有一种说法是：从国际上来看，虽然还存在一些争论，但是转基因作物商业化种植规模可以说是不断扩大，所有转基因产品在商业化种植之前都经过了大量的安全性研究和严格的评估审查，国际上对转基因产品的安全性是有权威性结论的，任何批准上市的转基因食品，可以说与传统的食品一样，它是安全的。

这种说法令人生疑。难道他们不知道英国普兹泰博士的实验结果吗？他们为何漠视那些不利于转基因的实验呢？

其实，除了普兹泰博士的实验，世界上还有多个被漠视的著名实验：美国先锋种子公司将巴西坚果中编码2S albumin蛋白的基因转入大豆中，提高了转基因大豆中的含硫氨基酸。1994年，该公司对该转基因大豆进行食用安全评价时，发现对巴西坚果过敏的人同样会对这种大豆过敏。因此认为，蛋白质2S albumin可能正是主要过敏原，于是立即终止了这项研究计划。

1999年5月，美国康奈尔大学昆虫学教授洛希（Losey）撰文称，他用拌有转Bt基因抗虫玉米花粉的马利筋杂草叶片饲喂帝王蝶（Monarch butterfly）幼虫，发现这些幼虫生长缓慢，并且死亡率高达44%。洛希认为这一结果表明抗虫转基因作物同样对非目标昆虫产生威胁。

2001年11月，美国加州大学伯克利分校的微生物生态学家David Chapela和David Quist发表文章，指出在墨西哥南部地区采集的6个玉米品种样本中，发现了一段可启动基因转录的DNA序列——花椰菜花叶病毒（CaMV）"35S启动子"，同时发现与诺华（Novartis）种子公司代号为"Bt11"的转基因抗虫玉米所含"adh1基因"相似的基因序列。他们认为墨西哥玉米受到基因污染。

2005年，俄罗斯著名生物学家伊丽娜·叶尔马科娃主持了转基因大豆喂养小白鼠的试验：在小白鼠交配前两周以及在它怀孕期间，喂食经过遗传基因改良的大豆，一半以上的小白鼠刚出生后就很快死亡，幸存的40%生长发育也很迟缓，它们的身体都比那些没有吃转基因大豆的小白鼠所生下来的幼崽小。而且，食用转基因大豆的雄性小鼠睾丸（GAOWAN）颜色变深，一些小鼠肠胃中出现异常增生细胞，肝部细胞发生异变。

2012年9月，法国科学家塞拉利尼在《食品与化学毒理学》发表文章称，使用抗除草剂的NK603转基因玉米喂养的试验鼠出现高致癌率，试验老鼠身上乒乓球大小的肿瘤很快传遍世界，也登上了中国各大媒体网站的显著位置。这项实验突破了90天的期限，以两年时间对200个小白鼠实验而定，结果是，50只鼠的34个器官都增大了，差不多90%都是乳腺方面的肿瘤，还有一些其他方面的肿瘤。

一篇来自某科研单位的文章《剖析国际十大"转基因安全事例"》对以上这些国际上的实验进行了否定和批驳。但是，作为一家全国权威的科研机构，该机构并没有抱着科学工作者的精神，同样以实验结果来说服人，而是"依据发生的先后顺序，将这10个事例一一列出，并尽可能找全这些事件的原始出处和权威机构的最终论断"。

笔者不解的是，该文所依托的"权威机构的最终论断"令人疑惑。科学工作者应该拥有起码的科学精神，从科学实验中求真知，而不是依从"权威机构"，盲从根本产生不了真正的权威。从科学的角度看，从来就没有最终论断，只有相对的和暂时的真理。比如，该文指出："欧洲食品安全局（EFSA，European Food Safety Authority）对该研究的最终评估中，彻底否定了转基因玉米有毒甚至致癌的研究结论。欧洲食品安全局认为，这个研究结论不仅缺乏数据支持，而且相关实验的设计和方法都存在严重漏洞。"

不过，中科院植物所研究员蒋高明通过翻译欧洲食品安全局最终评估报告的原文指出，欧洲食品安全局并没有对该risk assessment（风险评估）进行否定，反而肯定了其做法。国内有些专家对事实做了篡改：一是把欧盟官方文献中的"安全评估"和"风险评估"的内容砍掉，从而篡改了原文的结论目标和内容；二是把欧盟机构的责任放到法国学者头上，搞责任篡改；三是故意不提欧盟官方实际上是接受了法国学者实验报告提出的建议，完全篡改了事件本来面目。

崔永元之战

2012年，中央一号文件在转基因方面没有多落笔墨，仅仅提出"继续实施转基因生物新品种培育科技重大专项"。

2013年、2014年中央一号文件只字未提转基因。2013年9月，方舟子发起活动鼓励网友品尝转基因玉米，称应当创造条件让国人可以天天吃转基因食品。此举激起了电视节目主持人崔永元的强烈回应，并质问方"懂不懂科学"。随后，两人在微博上就转基因食品问题进行了一番激烈的"唇枪舌剑"。参战观战者一时达到2000万人之众。

2013年12月，崔永元自费赴美国洛杉矶、圣地亚哥、芝加哥等六个地区进行采访。证明在美国科学界，转基因也是一个有争议的问题。

2014年两会，全国政协委员崔永元在提案《关于转基因作物及相关问题的提案》中提出两点：一、建议转基因专项研究重点转向安全评价；二、立即终止全国种子企业转基因项目。2015年中央一号文件的口径突然发生变化，提出"加强农业转基因生物技术研究、安全管理、科学普及"，这一提法虽然引人关注，但是没有激起人们的情绪，因为政策支持的毕竟是"研究""管理""科普"。

崔永元两会提案再次聚焦转基因滥种问题。他在接受记者采访时对中央一号文件对转基因的定位表示赞同。谁知，2016年一号文件更进了一步："加强农业转基因技术研发和监管，在确保安全的基础上慎重推广。"3月，崔永元政协提案直指农业部官员渎职。《关于严查农业部有关官员在转基因监管中严重失职的提案》重拳出击："国家必须痛下决心严查农业部有关官员，向全社会公布一份全面的'转基因滥种问责清单'，出重拳治理滥种，还中国农业身家清白。"

本书2013年版上市，正赶上崔永元与方舟子开打口水战，出版社编辑征求我的意见，是否再写一本关于转基因的书。我考虑再三，决定尝试，因为我毕竟不是生物技术研究者，但是，把转基因研究者的话向大家介绍清楚，也是有益的。

我决定从正反两方面入手，一方面联系北京大学医学部免疫学系副主任王月丹，他是国内第一个做转基因小白鼠实验的科研人员，结果证明，BT蛋白对人体细胞是有害的；另一方面，农业部农产品质量监督检验测试中心（北京）常务副主任黄昆仑，曾做转基因大米七天老鼠灌胃实验，证明转基因无害。

王月丹在位于学院路的北京大学医学部的一栋办公楼里与我会面，昏暗的光线下，他显得比较平静，并不像媒体描述的那样遭受打击后的样子。他建议，无论是挺转派还是反转派，都要把注意力集中到科学实验上来，做完小白鼠实验，还需要做流行性病理实验，可通过自愿征募的方法进行实验，可能要做好几年，需要国家重视起来，拨付资金去做。

联系黄昆仑老师就没有这么容易，电话打到农业部农产品质量监督检验测试中心（北京）办公室，两三天没有人接，第三天终于有一位女同志接了电话，听完我采访的请求，她表示记下来了。我问什么时候给答复，她让我下周再打，他们也不常见黄老师。一周之后，我按期打电话，还是那位女同志，说已经把我的请求转告了黄老师。我强调，一定要获得黄老师的回复。对方说，那我试试吧！但是从那以后，我再打那个电话，就再也没有人接听过了。

我不死心，又从《科学时报》一位记者手中获得了黄昆仑的邮箱地址（她通过这个邮箱成功联系过对黄的采访），给黄发了一封请求采访的邮件，特别强调我想了解灌肠实验的过程，因为反转派认为黄的实验时间太短，只是普兹泰实验的前奏。结果石沉大海；再发，依然如故。

后来我又通过邮件联系华中农业大学生命科学技术学院教授张启发，他是联合多名院士两次给总理上书的著名人士，也是力挺转基因的学者。但是结果和黄昆仑一样，不回复的方式让我吃了闭门羹。

正是这个时候，崔永元和方舟子的微博大战开始了。我注意到，二人的论战关乎科学的部分甚少，方舟子是生物化学专业博士，比崔永元占了便宜，可惜方舟子并没有去做实验，而是挖苦崔永元没有资格和他辩论，失去了进一步验证自己判断和推广转基因的机会。崔永元则占了大众的先机，因为像他一样不懂转基因科学研究的人是大多数，他争取的是一种知情权和选择权。

相对来讲，作为一个消费者，我更倾向于支持崔永元。消费者可以要求吃得放心，如果不能放心，也可以拥有选择权。国家政策应当尊重民众的选择权。

2015年6月，北京市海淀法院对崔永元方舟子名誉侵权案做出判决：原告被告双方均构成侵权，双方均需删除微博，赔礼道歉，赔偿对方4.5万元。

崔方之争虽然告一段落，但是转基因政策并没有完全停止。据有关人士介绍，2020年中央一号文件中，转基因技术在表述上有了较大变化，已从"转基因"一词变化为"生物技术"。

第十章

钾肥争夺战

提到种子，就不能不顺便说说化肥。这不仅因为在决定粮食增产的诸多因素中，化肥是一个非常重要的角色，还因为化肥所遭遇的外资威胁更有过之而无不及。当然，读者朋友们别误解，中国并不缺少化肥，中国缺少的是生产化肥的原料。

植物生长离不开三大元素——氮、磷、钾，三种肥料在植物的生长过程中有着不同的作用：氮肥对提高产量起主要作用；磷肥可以提高结果率、糖分、含油量等；钾肥在抗旱、抗寒、抗病虫害方面有特殊功效。这三种肥料对于农作物生长缺一不可。

但是中国这三种肥料的产量非常失衡，氮肥多而磷肥少，钾肥就更加稀缺。钾肥稀缺的原因主要在于它的原料——钾盐矿在地球上的分布比石油还要集中：90%以上储藏在加拿大、俄罗斯、白俄罗斯和中东地区。中国也是如此，在青海省格尔木地区，静静地躺在那里的察尔汗盐湖，储藏着中国90%的钾盐，但是这个储量只占全球储量的1%。在中国每年近1000万吨的消耗量中，盐湖只能供应较少部分，另外600多万吨都需要进口。

而凡是依赖进口的东西，都容易引起人们的遐想。原因嘛，想必读者朋友们都知道：中国人口众多，在多数产品上都会是最大的消费国，但消费大国并非生产大国，竞争就增添了变数。又一个故事开始了。

钾肥市场乱象

2011年11月底，中国的北方秋风萧瑟，完成秋收的农民开始进入冬闲，而南方的乡下还在忙着购买化肥，准备冬种。但是化肥厂的供应却一天天紧张起来，包括北方在内，全国5000多家化肥厂都面临着钾肥供应紧张的问题。因为又到了国际钾肥联盟来中国进行价格谈判的时候了。这是每年行业内最令人揪心的时刻，每谈一次钾肥价格就上涨一回。

2005年度的谈判结果是，在1000元/吨的价格基础上增加了40美元/吨；2006年继续涨价25美元/吨；2007年涨了5美元/吨；2008年较上一年足足上涨了400美元/吨；2009年在高昂的价格基数上，破天荒地下调了250美元/吨；2010年不涨也没降，与2009年持平；2011年上半年上涨50美元/吨，下半年上涨70美元/吨；2012年又会涨多少呢？

谈判期间，价格飞涨，但是有价无市。一些贸易公司基本上已经没有现货，那些还没有发到的货物也被预订一空。沿海地区的省级农资公司开始囤积钾肥。部分复合肥生产企业已经不报价、不接单。这是每年都会上演的一幕。

表二十：中国历年钾肥进口合同价格（单位：CFR美元/吨）

年份	进口钾肥合同价格
2004年	161
2005年	206
2006年	231
2007年	236
2008年	636
2009年	386
2010年	350
2011年上	400
2011年下	470
2012年	470
2013年	400
2014年	305
2015年	315
2016年	219
2017年	230
2018年	290
2019年	290
2020年	220
2021年	247

资料来源：FMB（化肥市场公报）

　　2012年3月20日，前方谈判终于传来消息：国际钾肥主要销售联盟之一的BPC（Belarus Potash Corporation的缩写，意为"白俄罗斯钾肥联盟"）宣布已与中国中化集团公司（原为"中国化工总公司"，简称"中化"）、中国农业生产资料集团公司（简称"中农资"）签订了第二季度合同，进口总量为40万吨，价格为470美元/吨；同时，另一个国际销售联盟Canpotex（北美钾肥销售联盟）宣布与中化化肥以同样的价格签订第二季度合同50万吨。这个价格与2011年的价格持平，终于让中国人高高悬起来的心暂时放了下来。

中外钾肥谈判始于2004年。

2004年之前，全球钾肥一直处于过剩状态。据国际肥料工业协会提供的资料，1995年过剩215万吨，此后过剩量一路攀升到2000年的430万吨，直到2002年才下降至116万吨。

造成过剩的原因是1991年年底苏联的解体，这个庞大的国家曾经是世界头号的化肥消费国。一个巨大市场的瞬间解体，对一个行业的影响是灾难性的。1993年钾肥供应还处于基本平衡状态，过剩量只有72万吨。但是，进入1994年，过剩量猛增到惊人的301万吨。漫长的过剩期，使得钾肥的价格经历了近10年的低迷。1996—2003年，钾肥的大批购买平均离岸价格始终徘徊在100多美元/吨，最高峰的1999年年初也只有120美元左右。进入2003年，价格重新回到100美元附近。

但是，到了2003年10月，改变全球钾肥供求格局的事情出现了——中国化肥行业全面复苏。复苏的诱因是农产品价格出现大幅上扬，这是中国自1997年以来的第一次。粮价变化的背后是粮食供求关系的转变。1995—2004年的10年间，中国粮食产量在1998年达到了历史高点——接近5.3亿吨。但此后一路下滑，连续5年的歉收，使粮食产量在2004年进入历史低谷——4亿多吨。随着政府对粮食生产支持力度的加大，化肥消费快速增加。

为了保证化肥供应，2004年成为中国针对化肥行业出台政策最多的一年。在增产的欲望和政策驱动下，中国对钾肥的需求量突然增大。自2004年开始，中国替代美国成为世界最大的钾肥消费国，而中国的钾肥来源却非常有限。钾肥进口一下子多了起来。

据中国化肥信息网数据，2002年中国进口钾肥695万吨；2003年下降至657万吨；但2004年进口量突增78万吨，达到735万吨。那时的中国被世界钾肥巨头们称作"新兴市场"，"新兴市场"还包括印度、越南和巴西。这些国家的GDP增速均在7%以上，中国更高，为9%。

"新兴市场"的迅猛发展，把低迷了10年的钾肥市场一步步拖上岸来。以中国为代表的"新兴市场"国家拯救了国际钾肥巨头。但反过来，国际钾肥巨头们也因此拥有了提升价格的空间和权力。

而当时的中国，像成品油、化肥等关系国计民生的重要商品的进口权实行严格管制，只有中化和中农资拥有。应该说，在这种前提下，供给方的提价目的并不容易达到。但是，2004年，在国内旺盛的需求驱动下，中化和中农资为争夺国际钾肥商手中的钾肥，展开的一场"价格战"，使外商获得了主动权。

此后，中国国内对化肥进口权的竞争不断。所谓每年一度的钾肥谈判机制就此形成。

中化与中农资的争战

华泰证券研究所的裴雷和郝国梅写于2004年的一篇文章是这样描述这场价格战的：

> 我国是钾盐贫乏国家，需要每年大量进口。目前仅有中化和中农资两家国有企业具有进口资格。我国钾肥市场价格由进口钾肥决定，这既取决于国外钾肥企业对中国市场的争夺策略，还取决于国内两大企业的进口竞争。前期两大集团为争夺钾肥进口代理权进行的价格战，对两家企业的利益均造成损害，在两大进口批发商——中农资及中化"休战"后，国内钾肥价格提升了20%以上。

中化曾经是中国唯一的化肥进出口企业。1998年11月，国务院下发《国务院关于深化化肥流通体制改革的通知》，赋予中国农业生产资料集团公司化肥进口代理经营权。中化独家代理化肥进口的历史随之结束。这份被称为"39号文件"的通知，被化肥界视为钾肥进口的拐点。

中农资是中华全国供销合作总社直属的，集生产、流通、服务为一体的，专业经营化肥、农药、农膜等农业生产资料的大型企业，已经有50多年历史。而中化在国内贸易方面没有任何业务。因此，中农资出现在谈判桌上，对中化是一个巨大的威胁。但是，由于中农资一直经营国内贸易，没有国外客户关系，反观中化，已经打了多年的基础。所以中农资虽然被授予了代理权，初期并没有获得多少"实惠"。不过，中农资也没打退堂鼓，苏联解体给中农资这个"后来者"提供了巨大的机会，就在国际市场疲软的时候，该公司开始向苏联地区用力。

苏联解体后，世界第二大产钾国俄罗斯国内市场需求减少，着力出口；第三大产钾国白俄罗斯原有的生产链和供销环节全部被割裂，为将产品打入国际市场正急于寻求合作。为了共同的利益，俄罗斯Uralkali、Silvinit和白俄罗斯的BPC组成了IPC公司。与中农资合作的就是IPC，而中化原有的客户以加拿大钾盐商为主，苏联地区正是中化的"软肋"。

中国磷肥协会会长武希彦接受一家媒体采访时说，后来Uralkali出来单干，参与到加拿大钾肥联盟，剩下的Silvinit和白俄罗斯BPC，对外的名称还叫IPC，但是到1995年年底之前，IPC又发生变故，BPC联合Uralkali成立新BPC，即白俄罗斯钾肥公司，Uralkali放弃了自己的名称。IPC则只剩下Silvinit一家。Silvinit后来改变外贸方式，针对中国市场、欧洲市场，以短平快、打游击的战略，对中国销售钾肥以小额边境贸易为主，根据国际市场价格随行入市，不做海上运输，对其他国家则实行海上运输。现在中国对苏联地区钾肥谈判签的单子，就是新的BPC。

中农资利用苏联地区钾肥供应商的混乱，终于在钾肥进口代理上站住了脚跟。在2004年中国进口的735万吨钾肥中，从俄罗斯进口419万吨，从加拿大进口194万吨，其余部分来自白俄罗斯、德国及约旦。武希彦说，当时的约定是，中农资仅限于和IPC签约，中化和Uralkali签约，等于对苏联进口，中农资占60%，中化占40%。而加拿大、以色列等其他地区，均由中化对外签约。

但是，2004年，当中国将化肥行业拉进起飞跑道的时候，这种"平衡"被打破了。裴雷和郝国梅所说的中农资和中化之间的"价格战"，并不是针对国内客户的"降价战"，而是面对国际供应商的"抬价战"。因为非此不足以争取到货源。

正是那一年，国际钾肥巨头们利用中国两家代理公司的竞争，将谈判价格提升了40美元/吨。两家公司的竞争不仅没有给各自带来好处，反倒是让外商渔翁得利，最后只好握手休战。出人意料的是，第一轮钾肥进口权争夺战的硝烟尚未散去，第二轮的争夺战又拉开了序幕。

2002年和2004年分别被赋予进口权的8家公司加入了钾肥进口的竞争行列，这进一步加速了国际钾肥商的联盟步伐。

三大钾肥联盟的同进退

分布在加拿大、俄罗斯和中东的钾盐矿，分别由这三个地区的世界前八大钾肥公司控制，它们通常被世界化肥界人士划分为三个阵营：

第一阵营：加拿大PotashCorp、美国Mosaic、加拿大的Agrium组成的Canpotex公司；第二阵营：俄罗斯的Uralkali、Silvinit和白俄罗斯BPC组成的IPC公司（此阵营的演化已在上一节谈过，不再赘述）；第三阵营：中东的以色列的Israel Chemicals Ltd（ICL）、约旦的ArabPotash Company。

三大阵营的利益原本并不统一，各有各的地盘，但是，在对主消费国——中国、印度、巴西的谈判中无形中结成了利益共同体。与中国、印度、巴西这些买方大国各行其是不同，在世界钾肥联盟眼中，全球市场是一个整体，在一个局部市场，只要有一个供应商的利益受损，就可能波及其他供应商在其他局部市场的份额。

一篇分析文章写道：

国外几大钾肥企业心照不宣地采取了同进退、共调产的策略，始终维持着市场格局。事实上，在国际贸易中同行间达成的约定俗成的所谓行业守则，有些像战争中的攻守同盟。这其中的微妙之处值得国内所有希望开辟海外市场的中国企业认真学习、仔细体会。

2006年3月中旬，在钾肥谈判胶着时期，五矿商会曾经通过新华社发出一条个别国家钾肥公司可能退出中国市场的消息。对于业内关注谈判的人来说，不难看出此消息是有明确指向的。而且，消息中还强调了中国市场需要钾肥量之巨大，也是在向其他钾肥企业发出需求信号。

就在此消息发出后的两天，笔者致电国际另一大钾肥生产企业亚洲分公司的一位负责人，请教其对此事的看法。他很坚决地表示，他们会保持在中国的原有市场份额，而不是借机增长。他的理由简单而明确，如果哪一家企业在中国的钾肥市场份额出现大幅度缩水，对于所有钾肥企业都将是一个负面影响。因为这批无处可去的产品会对全球其他市场现有份额带来巨大的冲击，由此带来的混乱对于任何一家企业都是不利的。

据笔者了解，与该观点相应的事实是，2005年年底，钾肥谈判初期，加拿大PotashCorp、美国Mosaic在北美的工厂，以及BPC公司都相继宣布了减产和停产。PotashCorp总裁兼首席执行官比尔·多伊尔表示，虽然关闭部分钾矿影响了公司的现金收入，但钾肥价格的坚挺，对今后的钾肥贸易有长远的好处。

正是这种对利益关系的深刻认识，使三大阵营越来越趋同于一个整体。后来没获得钾肥进口权的6家公司曾经找到钾肥联盟中的一家，希望打开谈判缺口，但是对方的报价比联盟还要高。相比之下，中国的企业却很难形成真正的联盟，常是"台上信誓旦旦，台下各行其是"。

三小联盟鼎立

2002年是继1998年39号文件之后，中国钾肥进口格局的又一个转折点。

为了落实中国对WTO的承诺，2002年外经贸部发布第50号公告，赋予中国化工建设总公司和华垦国际贸易公司化肥非国营贸易经营资格。

中国化工建设总公司成立于1982年，其前身为中国化学工业部外事局和成套设备进出口公司，2006年10月被并入中海油。

华垦国际贸易有限公司前身是华垦物资有限公司，是中国农业发展集团有限公司控股的上市公司中农发种业集团股份有限公司的子公司，成立于1993年1月，注册资金5000万元，并被赋予化肥等进出口经营权及多项核定品种经营许可的进出口公司。

2002年加入的这两家企业都是贸易企业，是钾肥争夺战的第二股力量。但是，与中农资1998年时的处境类似，由于没有国际贸易经验和客户基础，因此，两年左右的时间内也没有获得多少"实惠"。

2004年，又有5家企业加入钾肥进口的阵营。9月8日，商务部发布第52号公告，中国石油天然气集团公司、山东鲁北企业集团总公司、山东鲁西化工股份有限公司、湖北洋丰股份有限公司、辽宁西洋特肥股份有限公司等5家获化肥非国营贸易自营进口经营权。

新加入的5家生产性企业原本只能从前4家贸易型企业购买加过价的钾肥，与国内其他生产企业处于同一成本线，现在获得了自营进口权，意味着原料成本的降低，继而意味着市场竞争力的增强。这颇令国内其他同类企业眼红，但"五兄弟"已经顾不上同情别人了，它们摩拳擦掌，准备各自与外商直接谈判。

但是，国际贸易毕竟是一门没有修过的新课程，"五兄弟"各家都是几十吨的小单子，国际钾肥卖家谁也没搭理它们。"五兄弟"开始总结教训，最后一致认为，国际卖家已经形成价格联盟，采取秘密开会、串通价格的办法，统一涨价，因此应该以联盟应对联盟。它们想到了老牌的进口企业中阿公司。

中阿公司是10家企业中比较特殊的一家——是当时中国与第三世界国家间最大的经济合作项目，因此还被邓小平誉为"南南合作典范"。

正是因为这一特殊性，因此当经营不善发生亏损而被中方承包经营后，为了支持中阿走出困境，政府给予了许多支持，其中一项就是赋予其化肥进出口经营权。那时是1993年，当年任中阿副总经理的武四海出任中阿公司总经理。

"五兄弟"之所以选中中阿公司，还因为武四海担任着世界肥料协会的主席，在国际肥料界有着非常高的声誉和影响力，这一点也可以作为和外商谈判的"软筹码"。

武希彦回忆说："武四海起初认为与中阿集团没有关系，中阿享受中化、中农资进口的到岸价，怕受损失，后来经过动员，他思想转变，答应出马。结果2004年8月，协会开会，组织6家公司让各家法人写委托代理书请中阿代理，和国际几家大的供应商接触。"

武四海的担心是有原因的。因为国家特批给中阿的化肥进出口权仅限于自用，不得销售。氮、磷肥是自己对外谈判，钾肥由中化代理进口，中化只收其成本费。因此，与中化没有冲突。如果加入"五兄弟"阵营，一边由中化代理之外，一边又找外商直接进口，很可能会遭到中化反对。

武四海出任"五兄弟"的龙头老大后，"五兄弟"变成了"六兄弟"。

这样，在中外钾肥谈判中，中方就出现了三个阵营：由中化、中农资两家既得利益者组成的第一个阵营；中国化工建设总公司、华垦国际贸易公司是第二个阵营；"六兄弟"是第三个阵营。每个阵营都是一个小联盟。

至此，中国钾肥进口企业完成了"2＋2＋6"三足鼎立的局面。国内3个小联盟与1个国际大联盟的对抗赛就这样开始了。

商务部组织"大买家"

"六兄弟"阵营率先出动和外商一一接洽，外商态度友好，但含而不露。到2004年年底，正式开谈2005年合同的时候，只有Uralkali一家答应给它们20万吨的单子，而且开价比给中化、中农资的还高。"六兄弟"空手而归。

"六兄弟"的行动毫无疑问地惊动了中化、中农资。正如武四海所担心的，中化对中阿公司十分不满。"第三阵营"和"第一阵营"的矛盾就此埋下了伏笔。总结初战失利的原因，武希彦认为是"由于中化在背后做了工作"，为了瓦解"六兄弟"，"中化、中农资两家公司毫不犹豫地同意涨价40美元"。从此，中化、中农资为了确保地位，不惜以高价格结束谈判的观点，就成了其他企业批评中化、中农资的主要说法。

不过，据业内人士分析，由于6家企业均为生产性企业，进口钾肥仅供自用，加起来也不过100多万吨。与中化和中农资手中超过500万吨的大单差距明显，在外商卖家联盟面前，只是一个小买家。外商怎么会为了一个小买家的利益，而得罪大买家呢？他评论道：真正的办法，是10家企业整体联盟。万般无奈之下，8家企业决定向政府求助。

2005年10月，中外2006年度钾肥价格谈判开启。当月末，由中国磷肥工业协会出面，向国家商务部外贸司呈递了"紧急报告"，请求商务部出面，组织全部10家企业组成一个与国际卖家联盟匹敌的大买家联盟。申请得到了官方的高度重视，商务部随之成立了钾肥进口联合谈判小组，决定建立钾肥联合谈判机制。

12月22日，商务部组织10家企业到会，高虎城副部长主持召开了钾肥进口协调会。会上，中化、中农资竭力反对新的联合谈判进口机制，其余8家则拍手同意。商务部最终形成了指导意见——"商务部指导，商会协会组织协调，企业统一对外谈判"。武希彦对此解释说：实际上就是统一谈判价格，分别对外签约，利益共享。7日后，国务院办公厅秘书一局以专报信息的文本，将"钾肥进口问题"上报时任国务院副总理吴仪并抄报国务院总理温家宝。

吴仪在该文上批示："请商务部牵头狠抓一下进口钾肥问题上我国公司的相互竞争之事，此建议很好，要建立新的钾肥采购机制，反对企业只考虑自身利益，置国家利益于不顾。"商务部由此更进一步坚定了搞钾肥进口新机制的信心。

2006年1月4日，商务部主持召开钾肥进口联合谈判协调会，制定"钾肥进口联合谈判规则"。据当时参会的武希彦介绍，谈判规则有三：一、统一对外谈判，中化、中农资各出一个代表，其余8家企业推举一个代表；二、在谈判过程中，中化、中农资的代表主谈，8家企业推选的代表有权参加谈判，但现场没有发言权；三、由中国五矿化工进出口商会、中国磷肥工业协会帮助组织协调10家企业联合谈判之中的矛盾。

对于"内部规则"，8家企业提出要求"统一对外谈判，分别对外签约"，负责居中调停的五矿商会提出了折中意见，8家企业和中化、中农资分配进口钾肥的比例为：中化、中农资占80%，8家获得20%；此"规则"适用范围限于原苏联地区，该地区出口中国的钾肥为400万吨，占到了中国进口量的一半以上。8家公司无奈让步，接受了五矿商会的协调。

这就是日后钾肥进口领域中极为著名的"二八分成"共识。

至于对加拿大钾肥市场，由于中化与加方签订的独家代理合同还在有效期，为保护中化免遭损失，等中化的合同到期，亦即2007年，8家公司才可以参与谈判。关于签约方式，中化、中农资提出8家公司不能直接对外签约，只能对中化、中农资的子公司分别签约，还提出必须均衡供货。最后商务部出面协调，判定由中化、中农资两家对外签约，剩下的8家再与中化和中农资的海外子公司签约。8家企业认为，这实际上意味着进口钾肥权100%又重新回到中化、中农资手里。

虽然8家企业对"二八分成"并不满足，但毕竟前进了一步；对加拿大钾肥的签约要等合同到期，也在情理之中。但是，8家企业不能和外商直接谈判，只能和中化、中农资的海外子公司签约是为什么？

据中国石油国际事业有限公司化工品部一位人士透露："中化、中农资提出要求6家企业与其子公司签约，说到底，还是为了垄断利润，掌控第一手价格，不让我们了解对外签约的价格内幕。不了解对外签约价格，何谈对外签约资格？根据原外经贸部2002年第27号《原油、成品油、化肥国营贸易进口经营管理试行办法》第十条，'国营贸易企业在每季度结束后10个工作日内，将该季度国营贸易进口管理货物的市场供求情况、购买价格和销售价格等有关信息报送外经贸部和国家经贸委'。"

"中化、中农资所谓的合同价格保密，根本站不住脚，最起码应该汇报给国家。"辽宁西洋集团总经理助理仇广纯也说道。

武四海的《建议》

8家企业对内部协调结果自然不会满意。"六兄弟"继续寻找代言人，最后确定综合实力远远超过中化和中农资的中石油做代理。武希彦说，中石油方面表示愿意代理6家企业进口，而且提出不收代理费，但是，中石油却在6月自动退出。对于自动退出的原因，中石油方面表示"不便透露"。

就这样，从2005年10月就开始的2006年度钾肥谈判一直僵持了近7个月。

2006年6月5日至7日，国际肥料工业协会第74届年会在南非开普敦召开。会议期间，已经升职为国际肥料工业协会主席的武四海，在和印度、巴西、马来西亚等钾肥进口国厂商接触之后达成了共识，就是国际钾肥出口联盟已经形成垄断，进口国也必须联合起来应对国际钾肥垄断，并且探讨了联合行动的可能性，最后形成一致观点：以拖延时间的"战术"致使钾肥垄断集团降低价位。

从遥远的南非赶回来，武四海马不停蹄地将几国商议的方案汇报至商务部。谁知，一个月后的7月初，中化在香港上市的公司中化化肥公司（HK0297）公开了一个信息：中化化肥公司与加拿大钾肥供应商Canpotex公司，早在4月1日就已经续签了2007—2009年的合作备忘录——由中化澳门与Canpotex签订备忘录，将在2007年1月1日至2009年12月31日的3年间分别供应价值43亿港币、53亿港币、63亿港币的钾肥。

此举立即在行业内外引起振荡。因为根据商务部的协调结果，加拿大钾肥进口的份额，在中化与Canpotex上一期的合同到期后，也将纳入"统一对外谈判，分别对外签约"的范围，实现"二八分成"。一家不便透露名字的公司说："中化的做法显然没有按照协调结果执行。"

武希彦分析说："首先，这个备忘录明确了中化的独家代理权；其次，按比例一算，可以看出大致每年递增价格是40美元，也就是说每年涨价幅度已经确定。"武希彦说，他们就此找到商务部，商务部的说法是，这只是个备忘录，并没有法律效力。不过，商务部随后将此事报至国务院。不久，商务部的态度就发生了转变。

7月6日，武四海与中国磷肥工业协会联名向国务院总理温家宝呈递了一份《关于钾肥进口情况的紧急反映及建议》（以下简称《建议》）。武四海在该《建议》中表示，2004年，为了两个垄断（对外垄断进口资源、对内垄断分销市场），中化、中农资竟接受外方不合理的40美元涨价要求，涨幅高达41.2%，给我国农民购肥带来了约30亿元的巨大损失，加上船运费用涨价，损失总额约50亿元。2006年4月10日，中化在香港的子公司中化化肥公司与加拿大钾肥供应商Canpotex公司签订了2007—2009年钾肥备忘录。按照备忘录签署的贸易额与贸易量计算，钾肥价格在未来几年将年均上涨约40美元。全球钾肥目前供大于求，提价是不可接受的。因此，武四海建议，在国家商务部领导下，成立由五矿商会和磷肥协会任组长、相关钾肥用户及公司参与的谈判机构，建立联合谈判沟通机制，形成联盟，以挫败国际钾肥供应联盟的不合理涨价企图。

此后，国务院总理温家宝在中国磷肥工业协会提供的请示报告上批示："请商务部研处。"

关键时刻的打拼

武希彦说，此后，商务部召集各部委参加会议，发改委、农业部、五矿商会、中国磷肥工业协会等都参加了。中化化肥公司2004年年报中的大事记显示，也就是在商务部开会的7月，"钾肥谈判结束，本公司与BPC、Canpotex、以色列死海工业有限公司（DSW）、阿拉伯钾肥公司（APC）签订了2006年采购合同"。

2005年年底钾肥谈判开始的时候，外商提出的2006年涨价幅度为40美元/吨。经过7个多月的僵持，外商没有达到预期目的，最后只能以涨价25美元结束谈判。在2006年的上半年，中国没有进口一吨钾肥，市场消耗的完全是上一年的库存和一些国产钾肥。

武希彦回忆说："那年谈判到7月24日才谈成，我们开始将价格压得很低，因为我们有库存，进口量也大，拖到7月才把价格抬起来，7个多月的影响使国外垄断方的损失很大。"

8月，中化化肥公司又与DSW、APC续签了2007—2009年合作备忘录。由于2006年度价格的谈判一直从2005年10月延续到2006年7月，因此，尘埃落定不到3个月，2007年度的价格谈判又开始了，上次谈判的巨大压力使外商不敢再延迟时间，谈判小组抓住时机签下了仅涨价5美元/吨的合同。

这被国内代理商看作一次巨大的胜利。一位熟悉内情的人士表示，这次胜利使10家企业认识到，进口量大是一个重要的谈判砝码，而依靠库存拖延时间也是有效的策略。因为供应商虽然垄断了资源，但是，这些资源只有销售出去才能变成利润，在钾肥消耗国家，库存一天天减少的同时，供应商的库存也在一天天加大，如果不能尽快销售出去，势必减产，而减产的危害不仅是现金收入的减少，而且会使产能闲置，损失巨大。印度在2006年的谈判坚持到了最后，价格一分也没涨，就是一个很好的说明。

武希彦的说法印证了这位人士的说法："巴西也主张与中国联合，我们也向商务部建议和印度、巴西联合起来，共同应对国际垄断。但是中化、中农资坚决反对，认为印度是考虑自身私利。"

虽然2007年度的涨价幅度以5美元奏凯，但是8家企业却高兴不起来，因为按它们的说法，"二八分成"中的"二"，它们并没有买到手。

据分析人士说，原因可能就在于它们"只能和中化、中农资的海外子公司签约"这一条上。因为中化、中农资的子公司完全可能在外商涨价后的钾肥价格上加上比较高的利润，如果到8家企业手上的价格与国内市场分销价格持平，"二八分成"中的"二"就成了镜中花、水中月。

"联合谈判，表面没有变，但内部游戏规则变了。"武希彦说道。转眼就到了2007年，"两会"召开，6家生产企业中恰好有3位人大代表：辽宁西洋集团董事长周福仁、山东鲁北企业集团董事长冯怡元、中阿化肥总经理武四海，他们联名上交了一份提案，即第6265号建议，"提案"要求公平钾肥进口权利，真正落实钾肥进口新机制。商务部就此提案给予回复，但三位人大代表一致表示"极度不满意"。他们还在会议期间分别找到商务部外贸司。据周福仁回忆，和商务部的见面吵得非常激烈，也很不愉快。

4月26日，一直没有发言的两家从事非国营贸易的贸易企业——中国化工建设总公司、华垦国际贸易公司也开始表达不满。它们联合中国磷肥工业协会向国家发改委提交了一份《关于目前中国钾肥市场情况的紧急报告》（以下简称《紧急报告》）。报告言辞非常激烈，直接指责中化、中农资从农民身上牟取暴利。然而回应它们的却是2008年的谈判结果——涨幅高达240%！

据知情人士透露，2019年中化进口钾肥130万吨，中农资进口296万吨。二者占全国进口总量（908万吨）的46.92%。

"垄断"与1.7%的毛利润

《紧急报告》对中化、中农资的"垄断"问题进行了具体分析：

2004年年初中国进口氯化钾的市场价格在1200元/吨左右，之后由于国际海运市场发生较大变化，导致进口成本增加，但当年国际海运费增长幅度最高只有40美元/吨左右，而中国的氯化钾市场价格在2004年之内却上涨了700元/吨以上，折合85美元/吨，仅此一项增加的利润就高达近20%，而中化和中农资作为国营贸易公司，国家规定的进口化肥经营差价率应为1.7%。

言下之意，"二中"赚取了绝对不止区区1.7%的经营差价。这里所谓"违反国家规定"，指的是国家发改委就进口钾肥的口岸交货价设定了价格上限，即国家发改委批准的实际总成本＋1.7%毛利率。其中，总成本包括到岸价、保险费、产品检查成本、银行收费、关税、贸易税、手续费、进口税、增值税、包装成本及进口企业产生的合理行政成本的总和。而中化化肥公司2004年年报显示，当年营业额为118.37亿港币，经营利润为6.74亿港币，毛利润达5.7%。难道真如磷肥协会、中国化工建设总公司和华垦国际贸易公司所说，中化胆敢明目张胆地违反国家发改委的规定？

笔者在中化香港控股有限公司2005年6月13日发布的"向中化香港（集团）有限公司收购化肥集团"说明文件中发现，"中化系"有着十分复杂的股权结构，而人们通常将"中化系"的各个公司统称为"中化"，其实，在钾肥进口过程中，"中化系"的代理权曾经有过变更。

有关资料显示，1950年3月，中国进口总公司成立；1961年，改称中国化工进出口公司；1965年，更名为中国化工进出口总公司。此后一直到2003年11月，才改成今天的名字——中国中化集团公司。1993年4月，中国化工进出口总公司设立了独资企业——中化化肥公司。在2005年中化化肥被中化香港控股有限公司反向收购之后的年报里，中化化肥与已经更名为中化集团的中国化工进出口总公司签订长期服务框架协议，前者的进口化肥全部由后者提供，价格为实际购入价和发改委规定的若干费用，但不包括任何后者的利润。

就此，有关分析人士推测，1993年之前独家代理时期，中国化工进出口总公司可能完全按照国家的规定执行1.7%的经营差价；1993—1998年，中国化工进出口总公司则很可能在进口价格基础上增加1.7%卖给子公司中化化肥公司，再由中化化肥公司加上"垄断"利润之后卖给其他企业；1998年之后，中国化工进出口总公司和中化化肥之间的利益关系可能仍然是1.7%，变化的可能是中化化肥的收益——由"垄断利润"变成"合理利润"。但不管怎么说，中国化工进出口总公司亦即后来的中化集团的做法，并没有违反国家发改委的规定。

大赢家PotashCorp

换句话说，中化集团除了是中化化肥公司的实际控制人，还是该公司业务链条上的一个环节。为什么这么说呢？其实在"39号文件"出台之初，面对中农资的凶猛竞争态势，中国化工进出口总公司就已经悄悄地在酝酿业务转型了。

中化香港控股公司的收购文件显示，独家代理权丧失后，中化化肥的业务模式从单一的贸易代理，转向化肥产品采购、生产和销售的上下游一体化模式，并采取反向收购的路径展开股权转让。2004年，通过一系列复杂的股权安排，中化集团将国内外所有化肥业务全部转让给中化化肥公司；2005年，再由中化香港控股公司收购中化集团所持有的化肥公司及其所有附属公司的全部股权。收购完成后，公告显示，由中化香港控股公司及其"一致行动人士"持有中化化肥股份38.9亿股，占全部股份的66.98%。

所谓"一致行动人士"是谁呢？2005年7月，距离2006年度钾肥谈判开始还有3个月的时候，"一致行动人士"终于揭晓，原来是国际钾肥谈判联盟的领头羊——加拿大的PotashCorp。此后，PotashCorp又不断增持，最终将股权提高至22.06%。看来，这的确是一个"双赢"的战略。

业内人士分析说，其实并没有政策限制8家企业与国际钾肥巨头的谈判，但包括中农资都无法介入加拿大阵营的谈判，为什么？因为，中化是在和"自己人"进行谈判。你想加入吗？人家为什么要理你？至于PotashCorp，不仅直接可以掌控每年的价格谈判，还可以在获得钾肥利润的同时，获得分红。这也许是中化上下游一体化模式中最坚实的支撑点。虽然"独家代理权"在政策上已经失去，但是，中化又在商业运作中将它牢牢地握在了手中。资本市场人士评论道，这的确是一个漂亮的转型。

第十一章

沉重的农机

下面一章是本书在2016年修订版中新增的一章。在本书的逻辑结构中，农机市场在农业产中部分中占有不可忽视的作用，理应有所关注和表述。另外，2015年我曾经受农业部农垦局委托赴全国各地垦区进行调研，前后共调研了十个垦区，每个垦区至少三个农场，大致跑了三四十个农场。一个印象深刻的景象是，所到农场，农机基本被外资垄断，绿色的约翰·迪尔，红色的凯斯，蓝白相间的久保田……当然，也不是完全没有国产农机的立足之地，起码还有小型的红色拖拉机——东方红。

　　"到黑龙江去看看，200马力以上的拖拉机基本是国外进口的，被国外占领了市场，这就是差距。"中国工程院院士、华南农业大学教授罗锡文的这句话可以说是对我调研感受的最直接的概括。

　　事情就是这么怪，农场的员工们非常自豪地向我介绍他们所用的设备多么先进，"全部是进口的！"一位干部骑在一辆凯斯刨地机上，拍着车窗说道，"这家伙的马力比坦克还大！"

　　但是，在这自豪背后，我却能隐隐感觉到国产农机行业衰败和焦虑的气息。

"共和国长子"的"两会"提案

作为农机行业的"共和国长子"，中国一拖集团（以下简称"一拖"）无论是产品名称还是企业控制权，都保持着独立和自主。在诸多的洋品牌农机产品中，"东方红"系列拖拉机独树一帜。据说，"一拖"的第一台拖拉机最早的名称是"Ｄ·Ｔ·54拖拉机"，毛泽东得知后，要求"型号、名称不准使用洋字"，后来广泛征求意见才取名"东方红"。而面对外资的不断调研，河南省委始终坚持两条戒律：一条是不允许整体出售；另一条是不允许外资控股。

在"一拖人"看来，周恩来总理20世纪50年代对"一拖"提出来的"中国第一的产品、中国第一的人才、中国第一的业绩"的要求，始终是"一拖人"的红色信念，在封闭的国际环境中，这是自力更生、艰苦奋斗的需要，在对外开放的今天，则是自主创新的中国梦。当然，在外资不断涌入的环境中，国产农机企业自主创新越来越感到艰难。每年"两会"，"一拖"董事长都会利用全国人大代表的身份向中央反映国产农机企业的心声。

2010年"两会"，当时的董事长刘大功向会议提出了《关于提升我国农业装备制造业自主创新能力的建议》，提"自主创新"既有为国产农机同行说话的成分，也有为"一拖"集团打开高端农机市场做铺垫的意思。

2008年，刘大功就已经到黑龙江进行考察调研，调研时，"一拖"发现自己的产品已难以满足黑龙江农机化发展的要求。尤其在大马力拖拉机、大型农机具上，黑龙江大量引进国外设备，国产品牌的采购量几乎为零。这对一直被称为中国农机企业"老大哥""领头羊"和"共和国农机长子"的"一拖"集团来说，是一个巨大的刺激。而这种刺激，是长年囿于中部地区的"一拖人"难以体会到的。

经过讨论，"一拖"决定在黑龙江省齐齐哈尔市建立工厂，生产220马力的动力换挡拖拉机。但是要做100马力以上的拖拉机必须自主研发核心技术，据了解，黑龙江地区200马力以上大型拖拉机曾长期为少数几个外资品牌把持。近几年，国内不少企业虽然进行过相关领域的研发、创新尝试，并推出过几款200马力以上的拖拉机产品，却从未真正实现批量投产。一位业内人士曾向记者表示，各厂家的国产200马力拖拉机在驱动、传动等许多方面的关键技术并未真正解决，还处在样机阶段。

也许正因为这种现实的需要，才有了刘大功的两会提案。在提案中，刘大功分析了国产技术体系的现状：

一是长期依赖技术引进和跟踪模仿，使我们缺少对各类产品技术的应用机理和设计理论的研究，原创技术缺乏；

二是知识产权保护不力，企业创新积极性难以保持；

三是农业装备长期低价销售，企业利润低，投入乏力；

四是新型产学研结合机制尚未完全确立，科研院所、大学的科技成果与市场需求对接困难；

五是研究院所转企后，其共性、公益性技术供给职责大大弱化。

为了改变这一不利现状，刘大功建议尽快完善包括三个子系统在内的农业装备技术创新体系：一是以科研院所和大学为主体的农业装备制造业技术研究体系；一是以农机制造企业为主体的农业装备制造业产品研发体系；一是以公共和民营两部分为支撑的农机技术服务体系。他提出由政府出资设立农业装备专项发展资金，专门用于农业装备重大技术项目的补助；减免农机企业的增值税和所得税；采取多种方式拓宽产学研合作的筹资融资渠道；重点支持原创性技术、共性技术及战略性关键技术的研究开发。

刘大功力挺自主创新的做法在他的后任赵剡水那里得到了继承和发扬。

2015年3月，"一拖"新任董事长赵剡水的两会提案直指农机补贴内外资应区别对待的尖锐问题。

他的建议令人印象最深的一点是：实施农机购置补贴应视同为政府采购。"无论是按世界各国的惯例，还是根据WTO的相关原则，我国都可以在制定农机购置补贴政策时，比照政府采购项目设定准入条件。具体而言就是，直接从国外进口的农机，特别是150马力以上拖拉机及配套机具，不应享受政府购机补贴；外资企业在国内制造的农机及配套机具，国产化率达不到60%，不能享受政府购机补贴。"他建议在国家农机购置补贴资金中拿出一定比例的专项资金，用于对国产优质名牌产品累加补贴，对民族农机企业自主研发的动力换挡拖拉机等可替代进口的高端产品，也应加大补贴力度。

有人也许会认为，赵剡水的观点有失公平竞争，不符合市场经济精神。但是赵剡水自有他的说法：以美国为例，在政府采购项目中，为实现对本土企业的保护，美国制定了一系列法律，其中《购买美国产品法》规定：所有公共用途的货物，包括物品、材料、供给品，必须在美国生产，制成品必须使用美国材料并在美国完成制造。其他国家如巴西、俄罗斯等，也都有限制国外企业、保护本国企业的政策。

在中国，已有部分行业开始在政府采购项目上设置准入条件。例如，为扶持国产风机，国家能源局对风电项目招标时，有一个重要的条件是国产化率须达70%以上，这为国内风电设备生产企业创造了有利的发展机会。

五巨头挺进中国

2013年7月16日，随着亨利·普尔博士和马金英女士在闪光灯前的握手签约，山东金亿机械制造有限公司这个成立于1958年、资历与中国一拖集团相当的国产农机企业，被德国克拉斯集团收购了85%股权。

媒体称，至此，全球排名前五的农机企业约翰·迪尔、凯斯纽荷兰、爱科、克拉斯和赛迈·道依茨-法尔全部完成对中国的布局。

全球农机老大约翰·迪尔1995年在北京设立办事处，1997年5月出资2990万美元，与佳木斯联合收割机厂合资成立中国第一家农机合资企业——约翰·迪尔佳联收获机械有限公司，控股60%。2000年年初，成立约翰·迪尔（中国）投资有限公司和约翰·迪尔（天津）贸易有限公司。同年8月，出资2999万美元，与天津拖拉机制造有限公司合资成立约翰·迪尔天拖有限公司，控股51%。成为中国拖拉机企业首例合资企业。2004年12月，约翰·迪尔佳联收获机械有限公司成为约翰·迪尔公司全资子公司。

1999年11月，纽荷兰公司与凯斯公司合并，成为全球第二大农机公司。该公司也是一家超过百年的老牌企业，创办时间与约翰·迪尔差不多。进入中国的时间晚了两年，1997年在哈尔滨设立了代表处，1999年2月由CNH INDUSTRIAL AMERICA LLC独家出资220万美元成立凯斯纽荷兰机械贸易（上海）有限公司。同年9月成立凯斯纽荷兰工业（哈尔滨）机械有限公司，是中国第一个从事高端大马力轮式拖拉机生产与组装的外商独资企业，由凯斯纽荷兰工业亚洲控股有限公司和凯斯纽荷兰工业欧洲控股有限公司共同出资3500万美元。2001年10月，凯斯纽荷兰工业亚洲控股有限公司与上海拖拉机内燃机有限公司合资成立上海纽荷兰农业机械有限公司，双方共出资6700万美元。凯斯纽荷兰工业亚洲控股有限公司以名义出资4020万美元、实际出资1000万美元，持有60%股权。

至此，布局中国的版图绘制完毕。其中，上海纽荷兰公司和哈尔滨纽荷兰公司分别生产100马力以下和100马力以上的拖拉机产品。这两家公司以纽荷兰品牌为主。贸易公司主要经营进口凯斯纽荷兰大型农机，以凯斯品牌为主，包括联合收割机、采棉机、青贮收获机、甘蔗生产机械、超大功率拖拉机等。三家公司分工明确、相互协作，有针对性地对中国市场展开经营。

在五巨头中，美国爱科集团是最为独特的一家跨国公司。该公司成立最晚，1990年由Deutz-Allis管理层从KHD买断Deutz-Allis，由此成立爱科，开始以AGCO Allis和Gleaner品牌名称在北美进行农机制造与分销。该公司仅仅通过26年的经营就变身为世界农机老三，和它的并购手法有关。26年来，爱科一共发起了37次并购事件，平均每两年近3次。

正如其一贯的风格，爱科在中国的动作频频，多方布局。2009年落户上海，以爱科控股（香港）有限公司名义成立外商独资企业爱科劲魄能发电机组（上海）有限公司，注册资金360万美元；2010年6月以ROGER NEIL BATKIN个人名义在常州设立外商独资企业爱科（常州）农业机械有限公司，注册资金1.066亿美元；2011年3月又布局东北，以爱科控股（香港）有限公司名义设立外商独资企业爱科（大庆）农业机械有限公司，注册资金800万美元，实缴100万美元；2011年以爱科控股（香港）有限公司名义收购山东大丰机械有限公司，设立外商独资企业爱科大丰（兖州）农业机械有限公司，注册资金人民币3.58亿。

其中，常州工厂主要生产中低马力拖拉机，而大庆工厂主要生产大马力拖拉机。爱科大丰（兖州）农业机械有限公司将主要生产高中低联合收割机以及其他全线收获机械。生产爱科劲魄能柴油发电机组的上海工厂也为爱科在中国的全套产品线提供支持。

排名第四的克拉斯成立于1913年，是欧洲第一、世界第四大农业机械制造商，以收获机械闻名于世。1936年率先推出自主研发的联合收割机。其JAGUAR系列自走式青贮饲料收获机占全球50%以上的份额，2003年CLAAS公司通过收购法国著名的雷诺农机公司，从而成功进军拖拉机领域。2013年全球销售额达38亿欧元。该公司于2004年12月进入中国，成立中国代表处。2012年9月在华成立全资子公司科乐收农业机械贸易（北京）有限公司。2013年成功收购山东金亿机械有限公司大部分股权。

赛迈·道依茨-法尔公司的发展经历与爱科有些相似。2007年，赛迈·道依茨-法尔大连农机公司成立，注册资金人民币14亿元，赛迈·道依茨-法尔全资持有该公司股份；2011年10月与山东常林机械集团股份有限公司合资，外方出资人民币61180万元，占有95%的股份；2013年5月又以山东常林道依茨法尔机械有限公司名义与自然人张东合资成立黑龙江常林道依茨法尔机械有限公司；2016年5月，以DEUTZ Aktiengesellschaft名义成立外商独资企业道依茨（上海）国际贸易有限公司。

纵观五巨头进入中国的路线，大致有几个特点：一、采取独资或先合资后独资的路线，即使合资也要保持绝对控制权；二、投资产品涉及大中小马力产品，以大马力市场为主，对国产产品形成门槛；三、外资多采用并购手段。

当然，五巨头并非外资的全部，来自日本的农机也毫不示弱。

久保田垄断中国水田

在任何行业，日本都是一股不可忽视的力量。这一点体现在农机行业，就是久保田的独树一帜。

和约翰·迪尔、凯斯、爱科这些习惯高举高打的欧美企业不同，久保田并不去争夺大马力市场。尽管都是东方人，久保田与中国人的观点颇为不同，中国人认识到国产农机与进口货之间的差距，主要就是大马力机械的差距。而久保田坚守中小农机市场，其农机产品介于欧美企业大马力产品和中国小马力产品之间。在日本人看来，这才是差异化战略的选择。

但是，就是这个选择，使得久保田多年后垄断了中国南方的水田。

当约翰·迪尔们奔赴黑龙江农垦和新疆建设兵团的腹地进行"大兵团作战"时，久保田却悄悄地潜入江浙沪一带对水田农民进行调研。

水稻是中国的重要口粮之一，2007年以前一直是中国第一大种植作物。目前在4.5亿亩的种植面积中，华中双季稻稻作区以68%的份额领先于其他五个产区，该区域包括苏、沪、浙、皖、赣、湘、鄂、川8省（市）的全部或大部分和陕、豫两省南部，是我国最大的稻作区。作为一个食米民族，日本人对此应该是不陌生的。

当然，久保田的视野并不局限于中国，在它看来，全世界种植面积最大的前10个国家（印度、中国、印度尼西亚、泰国、孟加拉国、越南、缅甸、菲律宾、柬埔寨、巴基斯坦）收获面积占全世界总量的84%，这10个国家都在亚洲，中国恰恰是它们的龙头。

久保田占领水田的策略与欧美国家占领大面积旱田的做法颇为不同，它更注重集团式作战。这里要提一下日本的著名商社丸红株式会社。

日本的商社是日本财团的商业中枢，它背后一端链接着财团，另一端链接着财团所属轻重工业企业，久保田就是丸红株式会社链接的企业之一，它们同属于富士财团。正是因为这个商社的存在，久保田才可以在中国没有设立工厂的时候就把产品轻松地卖给中国的稻农，以此作为长期调研的对象。代理产品的就是丸红株式会社。

"二战"之后，日本首相吉田茂实施"亚洲马歇尔计划"，向东南亚各国提供了大量的援助项目和长期低息贷款（ODA），以协助日本企业开拓东南亚市场。但规定是必须购买、使用日本的机械设备，订单必须发给日本企业，由日本企业承担设计、建设等。丸红株式会社就利用ODA向中国销售自己所代理的所有产品系列（其中就包括久保田所生产的农业机械与建筑机械），建立并逐渐完善在中国的销售与维护渠道。这些渠道不仅仅限于中国，它覆盖整个东南亚地区。在丸红株式会社向当地的农民销售农业机械过程中，和中国的农业部门建立了深厚的合作关系。

久保田向丸红提供产品和配件，丸红株式会社向久保田提供客户反馈并要求久保田按照客户意见提供设计改进。这种总代理商的模式一直到久保田在中国设立公司才告结束。

1998年4月，久保田与丸红株式会社共同出资2100万美元，合资建厂，成立久保田农业机械（苏州）有限公司。共享收益并降低风险。股份方面久保田占大头，丸红株式会社占小头。

随着海外竞争对手的不断进入，久保田与丸红展开了狙击竞争对手的策略：

1.2012年3月，由富士财团提供支持，在中国成立久保田租赁，注册资本金8500万美元。通过各种租赁交易模式，向农户提供租赁服务，销售久保田农机产品。

2.与供应商和经销商结成生死同盟，绝不拖欠供应商货款，另外由于产品质量过硬，在国内品牌的经销商都要提前垫资的情况下，久保田的经销商却依然能够保持全款提货的权利。2014年，久保田水稻收割机被农业部暂停补贴资格，厂方和经销商精诚团结携手作战，双方每台各降人民币一万元进行销售，当年久保田水稻机销售数量仍然名列榜首。

3.当地农民可以试用产品，试用一段时间如果不符合客户需求，可以免费退换。

4.强化当地服务，提高服务质量。山西运城一位农机经销商告诉记者，2014年久保田在当地试销了3台收割机，2015年服务员就专程上门，询问产品不足、诊断产品、免费更换损伤部件。相比之下，许多国外企业，在中国农村农民连配件都买不到，又无视中国国情，节假日员工照样休假不误，碰到什么故障，活活急死那些农忙季节日夜作业的农民兄弟。

正是依靠这些策略，久保田成功狙击了竞争者的进入，保全了自己在中国水田的垄断地位。

2014年，久保田中国农机销售收入35.7亿元，全喂入水稻收获机、插秧机分别达到2万台和1.1万台，双双排名行业第一。

2007年的政策性井喷

对于农机企业来说，2007年是个好年头。中央农机购置补贴一下子从上一年的6亿元，增加到了20亿元，翻了两倍还要多。中央补贴可以带动地方补贴资金，比如2004年，中央补贴金额只有0.7亿元，带动的地方补贴为3.4亿元；2005年中央补贴为3亿元，带动的地方补贴为8亿元；2006年中央用6亿元带动了10.6亿元的地方补贴资金。政府补贴最终还会带动农民自身的投入，发生乘数效应。比如，2004年政府用4.1亿元的资金带动了农民20多亿元的投资。

据中国农机工业协会会长陈志透露，2015年1月至12月全国2319家农机规模以上企业主营业务收入4283.68亿元，比上一年增长了7.39%。这一比例高于机械行业3.32%增幅，也高于汽车4.74%的增长和机床工具3.25%的增长，这一成绩与农机补贴的贡献密不可分。据农业部数据，2015年中央农机购置补贴高达236.45亿元。从2004年至2015年，中央农机购置补贴资金总额达到1436.15亿元。

表二十一：1998—2020年中央农机购置补贴资金表

年份	补贴资金/亿元
1998	0.2
1999	0.2
2000	0.2
2001	0.2
2002	0.2
2003	0.2
2004	0.7
2005	3
2006	6
2007	20

续表

2008	40
2009	130
2010	155
2011	175
2012	215
2013	217.5
2014	237.5
2015	236.45
2016	237.37
2017	186
2018	174
2019	180
2020	197

数据来源：国家农业农村部

中央设立专项资金用于农机购置补贴始于1998年，但资金不多，每年2000万元。2004年开始，农机购置补贴作为一项长期政策被写入中央一号文件。从2004年至2020年，一共17个中央一号文件，除2011年的一号文件之外，其余16个一号文件均提到了农机补贴。从2004年至2014年，补贴力度快速加大，从文件的关键词可以看出其变化脉络：继续增加（2005年）、增加（2006年）、扩大（2007年）、继续加大（2008年）、大规模增加（2009年）、进一步增加（2010年）、扩大（2012—2014年），2018年、2019年更重视重型农机的自主创新，赋予省级更大自主权（2020年），提高农机装备自主研制能力（2021年）。补贴的范围从部分农民到全体农民。农机具购置补贴的机型从少到多到优，着力破解农民购不起优质农机的难题。

表二十二：2004—2021年中央一号文件关于农机化的政策内容

中央一号文件	主题	农机化政策
2004年	农民增收	农机具购置补贴
2005年	农业综合生产能力	农机具购置补贴粮食生产服务
2006年	社会主义新农村建设	农机具购置补贴
2007年	现代农业社会主义新农村建设	农机具购置补贴，农机技术创新，农机产品粮食生产，机械化农机作业和服务，农机安全监管
2008年	农业基础建设农业发展农民增收	农机具购置补贴，粮食生产机械化，经济作物和养殖机械农机化税费优惠，农机服务减免税，拖拉机免养路费，农机跨区作业免费通行，培育农机主体，农机安全监理
2009年	农业发展农民增收	农机具购置补贴，启动农机化工程，农机推广服务，安全监理粮油机械化，农机技术改造，农机售后服务，重点环节农机作业补贴，大中型农机信贷，支持农用燃油供应保障，农机更新报废经济补偿
2010年	城乡统筹夯实基础	农机具购置补贴农机环节作业
2011年	水利改革	
2012年	农业科技创新保障农产品供给	农机具购置补贴，农机农艺结合，农机装备技术突破，培养农机大户拓展农机作业，粮棉油与养殖机械农机关键零部件重点产品研发，支持农机工业技术改造，农机化税费优惠政策，农机售后服务，农机安全监理
2013年	农业现代化农村发展活力	粮棉油糖等农机装备农机具购置补贴，农机以旧换新试点农机保险
2014年	农村改革农业现代化	农机具购置补贴，农机报废更新补贴，大田作物全程机械化发展，农机作业、维修、租赁等社会化服务
2015年	改革创新农业现代化	加快农机装备领域科技创新，支持农机企业技术创新，农机具购置补贴完善，农机具购置补贴政策，开展大型农机具融资租赁试点
2016年	发展新理念农业现代化	农机装备、智能农业等领域关键技术突破，加快研发高端农机装备及关键核心零部件完善，农机购置补贴政策
2017年	拓展农业产业链价值链	提升农机核心零部件自主研发能力
2018年	提升农业发展质量	进一步提高大宗农作物机械国产化水平

续表

2019年	夯实农业基础	推动生物种业、重型农机、智慧农业、绿色投入品等领域自主创新
2020年	强化农村补短板保障措施	调整完善农机购置补贴范围，赋予省级更大自主权
2021年	强化现代农业科技和物质装备支撑	提高农机装备自主研制能力，支持高端智能、丘陵山区农机装备研发制造，加大购置补贴力度，开展农机作业补贴

但是，农机购置补贴虽然帮助了农机行业做大，却没有帮助国产农机企业做强。

研发投入占主营业务收入的比重是反映一个行业技术创新能力的重要指标，国外品牌一般是4%—5%，中国的是多少呢？整个制造业2015年才达到0.99%。在时任中国农机工业协会副秘书长党东民看来，造成农机行业自主创新能力不足的原因主要有以下几点：

一、农民购买力低，制约了我国农机生产规模的发展扩大，也使我国的农机产品多为低档、低价位、中小型、低技术含量产品。而大型、高效、低耗农机产品的发展，受到了严重的制约。

二、计划经济时期，为了保护农民利益，农机产品连续十次降价，企业是在低利润或亏损状态下运行。在市场经济时期，产品的价格受到农民购买力的制约，不能大幅提高，因此企业的利润率低，是机械装备行业中利润率最低的行业。农机制造业的企业几乎没有积累，技术改造、设备更新在绝大多数企业难以进行。

三、近几年由于科研体制改革，大量开发类科研院所转制，基础和共性技术缺失；企业技术创新机制还未形成，产业技术创新主体缺位，具有自主知识产权的技术极度缺乏，形成了对国外技术严重的依赖性。自主创新能力不足。

四、外资依靠先进的技术和资金实力，对后发的国产企业技术创新形成抑制作用。现行相关外商投资政策虽然对外商投资项目的建设性质、建设规模和优惠政策等作出了规定，但在对农业装备产业方面的市场准入、市场份额、兼并收购、投资监管等方面缺少具体的规定。

前边提到的"一拖"董事长刘大功也在2011年撰文对此观点进行了呼应：2006年至2010年国家支持农机企业进行技术改造的资金仅有4亿元，远远不能适应农业工业的发展需要，与每年数十亿、上百亿的农机购置补贴相形见绌。他建议按中央农机购置补贴金额的3%—5%，设立"农机工业发展专项资金"，集中力量支持重点农机产品的技术突破和优势企业的形成。

笔者并不知道刘大功的建议发挥了多大的作用，但是从政策走向上分析，国产农机技术创新的支持政策在2015年开始发生变化。

2015年5月8日，国务院发布了《中国制造2025》，提出"力争通过三个十年的努力，到新中国成立100年时，把我国建设成为引领世界制造业发展的制造强国"的发展目标。规模上制造业研发经费内部支出占主营业务收入比重由2015年的0.99%提升至2020年的1.26%和2025年的1.68%。文件提出，通过实施农机科技进步与创新、关键零部件发展、产品可靠性提升、公共服务平台建设、农机农艺融合等五大专项，实现农机装备制造能力提升和促进现代农业发展的战略目标。

2015年的中央一号文件也提出了"加快农机装备领域科技创新"和"支持农机企业技术创新"的说法；2016年的中央一号文件则进一步提出"农机装备、智能农业等领域关键技术突破"和"加快研发高端农机装备及关键核心零部件"。

2015年1月，农业部办公厅、财政部办公厅联合印发了《2015—2017年农业机械购置补贴实施指导意见》，专门针对农机生产企业加强研发创新提出了农机新产品购置补贴试点。目标是通过补贴，加快农机新产品的运用推广和农机化新技术的升级换代。据悉，农业部已确定机械化率排在前列的浙江、福建、湖南为试点省份。

2018年年底，国务院发布《关于加快推进农业机械化和农机装备产

业转型升级的指导意见》，提出"推动农业机械化向全程全面高质高效
升级"。

佳联的故事

"佳联"是佳木斯联合收割机厂的缩写。佳联1946年建厂，原名"合
江工业"，以农机修理、制造为主，是佳木斯市工业的摇篮。1980年，该
企业与佳木斯收获机械厂合并，名称也成为后来知名的佳木斯联合收割机
厂，与吉林四平、河南开封、新疆联合收割机厂并称四大联合收割机厂。

1949年至1965年，我国农机企业的主要工作是引进和仿制，尽管产品
的数量不多、制造质量也不高，而且在此期间国内少数单位自行设计研制
的一些小型联合收割机均未成功，但此时我国已初步掌握了联合收割机的
生产和制造技术。

1966年至1980年，是我国农机迅速发展的阶段。联合收割机产量达
到6000台，到20世纪70年代末，一个比较完整的联合收割机制造业已初
具规模。典型的生产厂家及其产品有：四平和开封联合收割机厂生产的
ZKB-5、LZ-5等机型；佳木斯联合收割机厂的丰收-3.0自走式联合收割
机；北京联合收割机厂的北京-2.5自走式联合收割机；依兰收获机厂的北
大荒-6；新疆联合收割机厂的新疆-5等一大批自走式联合收割机。尽管其
中有的机型是国外二十世纪四五十年代技术水平的老机型，机器性能相对
比较落后，但是已经逐步具备了独立设计开发新产品的能力。

1980年，佳联厂长王自忠向机械工业部报告，要求引进世界先进、在
中国生产技术含量高的农机。1981年机械部首先组织开封、佳木斯两个联
合收割机厂引进美国约翰·迪尔公司的"1000"系列谷物联合收割机的制
造技术，生产了1055、1065、1075三种大型联合收割机。继而又协助四平
联合收割机厂与民主德国前进工厂以合作的方式引进E514联合收割机的

制造技术，进行组装和制造。

到了1984年，经过消化吸收，佳联开始小批量生产迪尔1000系列联合收割机。技术引进使佳联辉煌了一阵子，关键是全国独此一家。佳联的大型联合收割机在东北的国营农场、新疆生产建设兵团及华北地区知名度极高，占有国内95%的市场份额。所以，此次引进技术，无论是政府部门还是业内同行，都认为是成功的。由此，佳联在全国农机行业，尤其在联合收割机行业中奠定了龙头地位。

但是正如笔者前面所说，影响我国农机发展的一个巨大因素是农民的贫困，缺乏购买力，自1982年起，全国产量由6000台一下子降到1000余台。当时，支持与外资合作的人说，自主研发不切合市场实际，应通过吸引外资进行技术引进。这种看法至今不绝。岂不知农民的购买力今天也没有太大的提高，如果把农机购置补贴停下来，农机市场势必萎缩。

改革开放之后，由于市场竞争的激烈，佳联的自主研发并没有延续下来，佳联的产品依旧主要为1000系列，生产出来的产品质量还不完全过关，与约翰·迪尔的产品质量相差悬殊。到1996年，企业的生产经营已经很困难，流动资金极度匮乏。1997年企业负债率达到了130%。

1994年，约翰·迪尔派人到中国考察，寻找合作伙伴。由于佳联的技术积累和市场地位，约翰·迪尔就把合资的目标锁定了佳联。在合资与否和谁来控股的问题上，佳联内部也存在着不同声音。

佳联老厂长王自忠认为，已经引进了技术就没有必要合资，再说企业困难不止佳联一家，若将来能获得国家支持，还有发展机会。如果一定合资，必须坚持两条：一是整体合资（全员、全部资产合资），二是由佳联控股。

这与约翰·迪尔的合资目的不符，约翰·迪尔的意见是：只要优质资产，必须由迪尔控股，或者先由佳联控股，过渡到迪尔控股。

以厂长为代表的另一派则认为，自主研发大型收割机太难，合资十分必要。让约翰·迪尔控股可以激励它全力以赴在中国发展。约翰·迪尔资金实力雄厚，还可以把产品卖到国外去。

之后，约翰·迪尔邀请佳木斯市组织了一个赴美考察团。看到约翰·迪尔一条生产线可以生产多种机型，多是机械手操作，从原材料采购到产品下线、售后服务，都是电脑控制。产品几乎没有库存，完全按订单生产的景象，更是加剧了合资派"自主研发太难"的感觉。

这时，约翰·迪尔抛出了撒手锏："我可以选择与开封、四平等地的企业合资，若中方控股，我就不提供更先进的技术。"

此时，老厂长王自忠突然因意外事故去世，谈判的天平发生了倾斜。1997年5月，双方在合资合同上签字。

2004年约翰·迪尔佳联1078、1076大型联合收割机占中国市场份额的95%，也就是在这一年，该公司按照约定成了外商独资企业。而背负3亿元银行债务的老佳联2005年10月8日被改制为具有独立法人性质的民营股份公司——佳木斯兴联机械制造有限公司。老佳联旗下的三个集体厂为约翰·迪尔佳联搞配套，成立了佳联收割机公司。2016年的时候，该公司已处于吊销（未注销）的状态。

佳联的命运就是那一代国有农机企业的缩影。开封联合收割机厂已经注销；北京联合收割机厂在工商登记中已经销声匿迹；吉林四平收割机厂后来几经收购变身为民营公司；注册于1981年8月的新疆收割机厂于2004年6月被吊销（未注销）。

研发痛点

笔者在查阅有关农机产业的资料时，发现了一个词经常被提及——关键核心零部件，甚至被写入了中央一号文件和《中国制造2025》。也许有的读者会很奇怪，那些不起眼的零部件有那么重要吗？经过了解，笔者发现，这些零部件恰恰就是中国农机的研发痛点。

据有关专家介绍，农机制造业的关键核心零部件主要包括高端的液压件、密封件、传动件、发动机等。作为一个文科生，仅仅把以上这几个部件的定义和区别搞清楚，就有些头晕，就更谈不上深入了解了。不过，笔者在消化这些工科资料时发现，一台农机通过这些零部件连接着许多纵向和横向的产业，比如，作为金属部件，与钢铁业相关，再比如，密封件与化工业相连。

这意味着，你要造出好的零部件，就必须有好的钢铁和化学塑料作为基础，因为你不可能既做机械又做钢铁和化工，这就是机械制造业作为基础产业的体系特征——横向的离散型+纵向的流程型+设备组装。组装容易明白，那么什么是离散型和流程型呢？离散型是指以一个个单独的零部件组成最终产成品的方式。而流程型是指通过对于一些原材料的加工，使其形状或化学属性发生变化最终形成新形状或新材料的生产方式。

一位名叫钟庆的作者在他的《刷盘子还是读书——反思中日强国之路》中以他自己的方式写道：

"首先要设计，要掌握很多知识。比如，设计发动机，要有燃烧理论，如何进气排气，如何涡轮增压，还要流体力学的知识；悬挂系统操纵系统的设计需要自动控制理论；外观设计还要有美学、空气动力、材料等方面的知识……当然这些知识可以从国外的教科书上抄来，但问题是教科书的内容其实只是最基本、最简单的知识，具体到工程上如何应用就要复杂得多。因此必须培训人才，建立各种实验室，做模型，试生产，不行就从头再来，总结经验教训，不断摸索提高……

设计只是第一步，接下来需要把图纸落实为实物。汽车需要各种钢材，为了达到设计性能，得确定钢材的合金成分如何，如何冶炼，如何热处理，这又需要大量的材料知识和建立材料实验室。还需要各种树脂及非金属材料，这又需要对化学进行研究，建立各种化学实验室。有了这些基本素材还不够，还要想办法加工成各种形状，于是开始各种成型工艺的研究，如模具如何设计，工艺流程如何安排，这又需要建立大量的实验室。汽车的电子和控制系统，需要半导体，于是需要建立半导体的各种研究机构。建立这些实验室又要浪费大量的资源。

这些基础材料准备好后，要加工成具体的部件，如生产车身、底盘、支架等。加工这些部件，不能靠锤子扳手蛮干，必须靠机床。这又需要建立机床工业。零件的初成型需要动辄几千吨的大型锻压机械，精加工则需要各种金切机床。这些机床的设计制造，都需要大量的知识、实验和时间。有了通用机床后，还需要根据行业特点设计制造组合机床和专业生产线。为了保证质量的一致性，生产的自动化还需要数字控制，这又涉及电子工业……

有了上面这些上游产业后，建立车身、底盘、支架等下游产业就很容易。把设计、机床、材料、工艺一组合，产品就出来了，然后最终拼装成整车。尽管造第一辆汽车的过程无比艰难，但只要能独立造出第一辆汽车，造一万辆也不是什么难事情，即便换个型号，从头设计，也会比第一次容易得多，随着生产经验的增加，汽车的性能、成本、安全都会不断地改善。

现代工业生产的各种最终产品，如汽车（日文为'自勤率'）、电器电子用品等，需要用各种基本配件（日文为'部品'）进行组装。生产各种基本配件所需要的原材料，则依赖于以材料科学、化学为中心的现代冶金工业和现代化学工业，还要有物理学知识做整个产业的基础。进一步，为冶金工业和化学工业提供原料的上游产业是矿业。矿物的探查、采掘，需要利用高技术和高技术机器设备，所以需要高技术的机械工业提供产业机器。高技术机械工业还为基本配件制造业和组装业提供各种产业机械、工作机械和模具（日文为'金型'）。在这个现代工业化社会中，最终产品是由整个现代工业体系提供的，各个部门、工序缺一不可。"

看完这一段话，相信大家不会再小看零部件了吧？零部件虽小，却连着整个工业体系，工业体系中任何一个环节的落后都会制约最终农机产品的质量。这也许就是农机研发令人生畏的关键所在，也是支持佳联被约翰·迪尔合资的人感到最难的一点。

中联重科出手

外行大佬扎堆儿农业机械行业成为2013年以来的一道风景线。奇瑞、福田提前进入，三一、徐工、柳工跃跃欲试，吉利、北汽频频调研，中联重科厚积薄发。其中，中联重科的进入尤为引人注目。

在2015年工程机械行业14家上市公司中，中联重科以207.54亿元的营业收入位居第二，排在三一重工之后。但是，中联重科有一样是其他企业所不及的，那就是国际影响力。公司是国际标准化组织ISO/TC96起重机技术委员会秘书处承担单位，流动式起重机、塔式起重机分技术委员会的国内归口单位，代表中国参与国际标准的制修订，制修订国家/行业标准300余项，推动行业的技术进步。2016年TC96年会由中联重科承办，再次证明了中国制造的国际话语权地位。

1992年，38岁的詹纯新率领7个科技人员借款50万元创办了中联重科。这7名科技人员都是原建设部长沙建设机械研究院（以下简称"建机院"）的工作人员，詹纯新是他们主管科研的副院长。

这里不讲中联重科的创业史，简短地说，詹纯新并不是一个纯书生，他的经历很有点像联想集团的创始人柳传志。2000年中联重科在深交所A股上市，建机院占49.83%股份。有了钱干什么呢？也就是在同一年，建机院作为建设部部属134个科研机构转制单位之一，转制为企业。2004年，詹纯新玩了一个"乾坤大挪移"，并购重组了建机院和建机院下属的全资子公司浦沅集团以及浦沅集团的全资子公司湖南浦沅工程机械有限公司。2009年已经改名为长沙建设机械研究院有限责任公司的建机院被清算注销。这样一来，中联重科如虎添翼。

为什么？在业内人士眼中，建机院的技术实力非同小可。它成立于1956年，是建筑工程部机械施工总局设计室，同年与金属结构部合并。1978年划归建委，迁址长沙。该院拥有50余年的技术积淀，是中国工程机械技术发源地，是国内唯一集建设机械科研开发和行业技术归口于一体的应用型研究院，被誉为中国工程机械产业的"母体"。北京饭店施工用的国内第一台大型塔式起重机、青藏公路冻土施工机械、北京地铁施工用的桩工机械都是该院的研究成果。

湖南省浦沅集团有限公司，则是集工程机械科研开发、制造、贸易于一体的大型国有企业，是国家工程机械行业的骨干企业，也是湖南省、长沙市政府推进工业化进程的十大标志性工程所重点支持的企业之一。

2004年詹纯新的重组并购，等于把中国机械工程界的核心人才和优质资产握在了手中。从并购中获得了这么大的益处，中联重科开始频频使用这一手段。这一点又很像中国版的"爱科"。从2004年到2015年一共并购了11家企业，年均一个。这其中，与农业机械有关的就是2014年8月以20.88亿元收购奇瑞重工60%股份。

据詹纯新介绍，中联重科的战略转型是想在大马力农机市场有所作为，农机市场被外资垄断高端市场，与20年前的工程机械市场十分相似。并购奇瑞重工，则是强强联合。

奇瑞重工是一家成立于2011年的安徽企业，与奇瑞汽车同出于奇瑞控股公司门下。成立之初就从北汽福田挖来了机械行业的牛人王金富。王金富曾经创造了福田雷沃的辉煌，开发的谷神收割机连续10年居行业之首，市场占有率近70%。奇瑞重工的业务涵盖海洋装备、工程机械、专用车辆、农业装备四大产业。按照奇瑞重工的战略规划，该公司将利用十年时间，销售收入突破千亿元大关。

没想到，王金富的动作更快，不到3年，就闯入了行业前三，成为国内农机的领军企业。2013年，主营业务收入达到38.6亿元。正是这种超常规的发展速度，引起了詹纯新的关注。为了使得奇瑞重工在农机领域取得更大的发展，他表示，中联重科将整合奇瑞重工旗下的工程机械和叉车业务，以便奇瑞重工有更多的人力和财力投入农业机械开发领域，通过技术升级和资源整合，把农业机械板块培养成为具有全球知名度的农机企业。

在詹纯新眼中，进入农机行业有两条路可走：一条是通过自我研发，不断升级产品，占领中高端市场；另一条是通过并购实现对新技术的占有。

期待国家创新体系

农机领域的科技创新能力低下其实只是我国经济领域的冰山一角。经过40多年的改革开放，我们的技术水平依然停留在低端水平上。

2012年9月，中共中央、国务院提出了《关于深化科技体制改革加快国家创新体系建设的意见》（以下简称《意见》），明确地提出了"国家创新体系"的概念，告别了纯粹由市场主导科技创新的时代。应该说，这是十分可喜的一步。

国家创新体系是1987年之后才出现的一个专用词汇，它与日本有关。这是英国学者弗里曼在考察了快速崛起的日本经济之后提出的一个概念。我们知道，日本也曾经像中国一样，相对于欧美国家而言，是一个后发国家。中国也是一个后发国家，记住，这一点十分重要，这一定位既是一个事实，也是发展的出发点。

2015年年初，一位著名的经济学家在《经济日报》上发表署名文章，反对政府主导建设科技创新体系，提出要使市场在资源配置中起决定性作用。政府需要做的，除了创造一个统一、开放、竞争、有序的市场体系之外，就是在产业刚发展起来的时候，进行补贴，使它快速达到最低的经济规模。

　　岂不知，日本的经验恰恰证明，作为后发国家，技术创新之路必须由国家主导。为什么不能由市场主导呢？就是因为你是后发国家。什么是后发国家？简单地说就是科学技术上落后于发达国家的国家。后发国家面对的第一个问题就是如何应对技术强势的先发国家对它的市场压制力。这是先发国家所没有的问题。由于先发国家技术的领先和成本的低廉，先发国家可以用更为低廉的价格向后发国家的国民销售它的产品，如果市场起主导作用，那么，资金就会从后发国家的企业腰包里流向先发国家的企业，资金在后发国家的企业那里形不成闭环，只有投入，没有产出，不可持续。

　　日本从明治维新时代就明确提出了"欧化"的政策导向，从聘用欧美工程师开始，一点一点地将欧美的先发优势转化为自己的后发优势。这一过程完全由政府主导，民间跟随。政府兴办官营的兵器、造币、铁道、电信、冶金、矿山、造船、纺织等产业，作为引进工程师的载体，据中冈哲郎等人著的《近代日本的技术与技术政策》记载，1873年至1885年的12年间，政府出面聘用的外国技师一共574人，职工76人。

　　除了运营和维护机器，政府聘用的工程师一项重要的工作是培训日本的技术人才，日本成立的文部省，建设了大中小学及专科教育体制，特别是工部省于1873年出于培养工部所需工业士官的目的而创办了工学寮（3年后改称工部大学校），其特点是学生在学习的最后两年必须到工部省所属的作业现场接受实地教育，以便在毕业后马上能够成为负责现场指挥的技术负责人。1873年后的10年间，共培养出500余人的技术团队，在当时，这是十分可观的规模。这一过程也完全是由政府主导的。如果任由市场主导，由于教育投资周期过长，没有私人机构愿意投资，难以培养出自己的人才队伍。

　　《意见》虽然也提到了科技人才的培养，但是着眼点是"世界水平的科学家、科技领军人才、卓越工程师和高水平创新团队"，对于一线的技师关注不够，而这正是零部件设计者的主要人才群体。

　　日本的国家科技创新体系还有一点特别值得借鉴，即技术引进与自主创新相结合，产业界喊出了"一号机引进，二号机国产"的口号，形成引进、改良、模仿、吸收、自主开发这一循序渐进的过程。

　　新技术源于旧技术，必须基于现有的产业和技术去创造更高性能的新机器、新技术，既不可绕行，又不能跳跃。日本从1868年的明治维新开始，到1980年，经过了一百年，结束模仿欧美技术的时代，进入了真正意义上技术创新阶段。

　　应该说，中国的《意见》在具体路径方面表述得还不够清晰，应用研究和基础研究同步提出，发展的先后次序不明。从教育的角度来说，一般是先基础后应用，但是从企业角度来说，会考虑先应用后基础，因为基础研究投资周期长、风险大，而应用研究可以很快得到回报。但是，作为政府主导的国家科技创新体系，笔者认为，应将基础研究放在首位，由民间主导应用研究。

　　进入20世纪80年代，日本意识到基础领域的研究已经滞后于欧美，影响了日本独创技术的进一步发展，日本政府开始对其技术创新政策进行重大调整，即强调基础研究对于日本未来经济发展的极端重要性。1980年日本产业结构审议会发表了《80年代的通商产业政策》，把提高创造性的自主技术开发能力作为今后的基本政策。这是日本第一次在官方文件上明确提出了"技术立国"政策。

　　为此，日本政府大规模投入科技研发，1980年，研发投入占GDP的2.11%，1990年为2.9%，1999年达到3.12%。

第十二章

饲料：另一种玩法

美国"炒家"的手法是强悍的，在大豆出口中国的过程中，通过娴熟的期货操作大赚一笔，导致中国压榨行业一夜亏损。贸易商则眼睛紧盯中国油脂企业：想逃债吗？不行，得坐下来谈，谈不拢，就收购！日本企业不同，他们尽管作风死硬，但做事低调。作为年营业收入达80102亿日元（合人民币4870亿元，2021年3月三井物产株式会社网站数据）的大型综合贸易公司，三井物产走的就是一个出其不意的路数。

三井物产有7个运营部门，16个总部业务单元，从名称上看与农业相关的有两个——营养与农业事业部、粮食事业部，这两个事业部的运作和其他事业部一样，都是以"商权"为核心。它不像美国公司那样强求控股权，但是一样能够控制合作者。

外资在中国的布局，通常会走两种路径：一是实业投资。20世纪80年代初期到90年代中期，无论是进军农业上游的种业、肥料业，还是种植、养殖业，以及下游的食品加工业，外资多数采取这种方式，建工厂，打品牌，占市场；二是资本控制。进入21世纪之后，最为接近消费终端的食品加工业中，中国本土企业通过价格战迅速占领市场，跨国公司开始逐步放弃实业投资，直接参股甚至控股本土企业，达到资本获利的目的。这一点在乳业市场表现得尤为明显。经过近30年的博弈和磨炼，中国本土企业已经逐步掌握了应对这两种竞争的方法。

不过，三井哪条路都没有走。它的布局思路完全是独特的。也许正因为这种独特，许多人并不了解，甚至无从了解三井。

然而，不可回避的是，它已经来了。

切入"咽喉"

2007年10月8日，六和集团与三井物产的股权转让，引起了媒体的关注。因为一个世界500强企业与一个中国500强企业（新希望集团控股山东六和集团50%的股份）的握手，总是值得报道的一件事。新希望集团的一位知情人士透露："这是它们在中国的一个战略布局。"不过，这在中国农业企业当中却没有引起足够的重视。

在一份截至2007年3月31日的年报中，包含着三井食品零售部本部部长藤田的一篇文章。藤田十分简明地说道：随着中国和其他新兴国家对食品需求的增长，同时生物燃料对原料的需求给食品行业所带来的压力，三井将把控制食品工业的上游作为战略中心。

这段话与藤田在签约仪式上所说的话遥相呼应："我们今年内将在世界范围内投资10个食品项目，与六和的合作是第7个。"北京办事处的大西表示，这第7个项目，也是在中国的第1个项目。由此可见，"战略布局"的说法并非空穴来风。

2009年9月15日，三井物产株式会社与新希望集团达成了战略性业务合作协议。其中包括商讨成立合资公司。2011年1月20日，新井物产贸易有限公司在成都成立。注册资金6000万元，初期投资1.5亿元。2012年2月18日，原刘永好的秘书、新井物产贸易有限公司总经理陈小军发布新年贺词：2011年，新井物产销售增长200%，销售额超过6亿元。

生物能源在世界范围内的兴起，自然包括在三井所谓的经济发展及社会发展趋势之中。2007年4月，巴西石油公司宣布的和三井谈判收购巴西40家乙醇工厂的行动，也正是三井创造商业新机会的表现。

但是，在中国生物燃料的发展因与粮食安全产生了矛盾，受到了国家政策的限制。三井敏锐地把握到了由此带来的中国饲料业中蕴藏的商机。饲料的主要成分是玉米，中国饲用玉米用量已超过1.1亿吨，占国内玉米年产量的64%，但随着用于工业的玉米深加工项目的发展，玉米供应日趋紧张。中国政府必然力保玉米用于饲料业，以保证猪禽蛋奶的供应。饲料业势必成为控制和平衡上游玉米种植、进口和下游养殖业的"咽喉"，即三井的"战略中心"。

再来看上面提到的三井与六和的合作。六和向三井出售的，是由六和集团控股的辽宁阜新六和农牧有限公司的股份。这个公司的前身为阜新大江食品有限公司，成立于2002年5月，是上海大江（集团）股份有限公司、辽宁省阜新市第三粮库、阜新惠民房地产开发公司共同投资组建的股份制企业，从事饲料生产、种鸡繁育、肉鸡饲养和鸡肉深加工一条龙生产。此外，地方政府投资了2000万元帮助近千户农民建立起总计出栏量1000万只肉鸡的养殖小区，与公司进行配套。

谁知，2004年的禽流感使阜新大江陷入绝境，2005年亏损2386万元。最终不得不以一元钱的价格将所有资产卖给地方政府。等到六和集团接手的时候，阜新大江留下的"遗产"只有一个年宰杀毛鸡2000万只的冷藏库、一个年产18万吨的全价配合饲料厂、一个年产商品代苗鸡2000万只的成套种鸡场。

三井最感兴趣的，其实不是冷藏库和种鸡场，而是饲料厂。只不过，18万吨的生产量，在目前中国的饲料业实在是不值一提，还比不上山东六和1998年的水平（20万吨）。三井为什么要为此花费数千万元？甚至，为了阜新六和的股权问题，三井与六和还发生了一场不为人知的"争夺战"。

据新希望一位知情人士透露，从一开始，投资阜新大江是三井和六和的联手行动。2006年，阜新政府开始在全国范围内招商，经过和不同企业的接触，最终选定了三井与六和的组合。具体的合作条件是：地方政府以零价格将阜新大江无偿送给三井和六和，两家公司必须注入资金盘活阜新大江，三井与六和各注入50%的资金，同时分别拥有50%的股权。

三井物产由于企业比较庞大，层层上报，许久没有下文。而山东六和则很快与阜新市达成了合作意向。12天后，在阜新市政府的主持下，六和受让了阜新大江56.47%的股权，六和集团共投入3000多万元。等三井总部指令下来的时候，阜新六和的鸡肉已经上市了。但三井坚持要参与投资。于是六和亮出了条件：三井如果还要投资，就必须溢价参股。

这样，三井就由一个共同出资者变成了股权受让者，受让的比例由50%降至30%。从3月投资到10月出让部分股份，六和集团7个月就赚了上千万元。而三井呢？新希望集团内部人士说："吃了个哑巴亏。"但是，"吃了哑巴亏"的三井并没有显露出丝毫郁闷。在合作双方一同审阅过的新闻通稿中，三井仍然将这次合作称作一个"良好开端"。

问题又回来了：为什么三井甘愿为阜新六和这个饲料界的"小萝卜头儿"受这种气？

目标锁定六和

很显然，日本人不是在"修身养性"。那么，这次"打碎了牙往肚里吞"的合作，对三井究竟意味着什么呢？难道18万吨的饲料厂就等同于所谓的"战略中心"吗？

此次活动的新闻稿中有一句话值得玩味：未来三井物产将和六和集团展开全面的合作。显然，三井的意图还在于与六和展开"全面合作"。

六和集团是一家发展速度非常快的企业。1991年刚成立的时候只是一个饲料营业部，1995年组成六和集团。其拳头产品饲料的销售量连续三年翻番：1997年10万吨，1998年20万吨，1999年40多万吨，2000年75万吨。从2001年开始，通过收购兼并方法，六和以每年新增10—15家企业的速度快速扩张，到2005年的时候，六和的饲料销量已经达到340万吨。

这就难怪三井会对六和感兴趣了。对比另一家以饲料为主业的上市公司，就会清楚六和的市场地位了。通威股份有限公司2003年共生产销售各类饲料90.99万吨；2004年共销售各类饲料产品118.92万吨；2005年销售各类饲料产品173.19万吨。

有关资料显示，新希望集团董事长刘永好关注山东六和，是从2004年开始的。当年新希望的饲料销售增长率只有不足5%。但六和增长了60%。经过调查，刘永好发现了两家公司做法上的差别。新希望的做法是不停地自建工厂扩大规模，但是这种做法对于资金投入的要求很高，同时从投资到产出还有一个周期。但是六和则是以区域为核心，密集地采取兼并的方法，迅速扩大规模。当时六和仅在山东一地就有50多家企业，而新希望在全国才有60多家企业。

2008年的时候，笔者曾以《大生》杂志总编辑的身份赴青岛采访这家企业的副董事长黄炳亮，了解到这家公司高速成长的秘密。六和除了采取片区内密集发展、半径50千米之外不提供服务的策略之外，还有很重要的一点是轻资产扩张，具体而言就是合作双方均以现金注资，合作方提供六和要求的现成的厂房、设备，并将之租赁给合资公司，合资公司的产品由六和全包销售。所有收入必须当天全部回到总部财务，财务再以第二天的预算下拨片区。鲁中片区的负责人告诉笔者，2007年该片区年销售额超过60多亿元。这样的企业，有眼光的投资家怎能不流口水呢？

很快，刘永好出手了，采用的竟是六和的惯用手法，2005年5月直接收购了六和50%的股份。当时媒体对此的说法是，合并之后，两家2006年的饲料销量将会突破600万吨，成为全国第一、亚洲第二、世界第七。

很明显，山东六和早已经是中国饲料业的老大，对于将饲料确定为中国"战略中心"的三井来说，自然是必须合作的对象。

采访时黄炳亮对笔者说，2009年六和的饲料销量将超过1000万吨。果然，六和2009年的饲料销量达到了1010万吨，占到全国总产量的9%以上。2010年饲料销量1300万吨，在中国排名榜首。根据六和股份有限公司年报，2020年饲料销量为2392万吨，实现饲料收入516.46亿元。

三井战略VS刘永好战略

虽然阜新六和有诸多优势，但是正如前面所说，三井的战略重心毕竟是饲料，而中国的饲料中心又是六和。而且，三井又决心未来与六和展开全面合作，既然如此，为什么不直接参股六和呢？

对于这个问题，有业内人士说，这不是三井一厢情愿的事。如果三井希望通过资本的力量控制六和，那岂不是没把刘永好放在眼里吗？刘永好当年并购六和的目的，就是把产业链做长，以此降低市场传导的风险。三井的介入很有可能会影响到刘永好纵向打造产业链的战略实施。

另一位市场人士表示了不同意见。他说，刘永好是否愿意出让六和的股份，要看他的资金链是否紧张。他继续分析道，刘永好整合产业链的战略思路，是用资本控股的方式去实现的。因此，他必须不断融资。

2005年并购六和，是刘永好"三链一网"中的"禽链"的开端，之后又由六和并购陕西石羊，再由六和与石羊继续并购陕西大象。2006年，新希望通过并购千喜鹤60%的股份，开始打造"猪链"，据千喜鹤高层人士透露，为了彻底打通"猪链"，千喜鹤正在尝试从上端打通养殖环节。

在与三井签约仪式的现场，一位从天津赶来的内蒙古某乳业公司经理表示，该公司正在与新希望谈收购问题。不言而喻，这应该归入刘永好的"乳链"。以上为"三链"，而一网指的是中国农村电子商务网。

据刘永好本人说，单纯一个"猪链"的打造，投资应该在30亿—50亿元。依此类推，"三链一网"的打造成功，投入应该在200亿元左右。但是，在资金问题上，"希望系"是民生银行的大股东，但是从未从该银行贷过一分钱，而且上市公司四川新希望也已经很久没有增发和配股的举措，它的资金另有来源。

新希望集团北京办事处的陈晓军说，公司主业——农业曾经受到过"非典""禽流感"的严重打击，自然风险和市场风险都很大。为了保住主业，新希望横向发展了金融投资业务和房地产业务。这两项业务长年以来一直是公司的现金流提供者。

从四川新希望的年报上可知，该公司的金融投资每年为公司创造的利润均在1.5亿元左右。但是，许多评论人士认为，仅凭金融投资和房地产的盈利作为打造产业链的主要资金来源未必可行。实际上，为了打造产业链，四川新希望已经出让过盈利能力不错的化工业的股份。

笔者曾当面向刘永好询问融资渠道问题。他回答说："我们可以采取合作的办法，比如，这次和三井的合作，我们出让一些股份，人家几千万元就进来了嘛！此外，我们还有房地产，国家还会给我们金融政策支持。"但无论如何，以资本控制的方法不停地整合产业链，资金必然始终处于饥渴状态。而资金，对于三井来说，恰恰不是个问题。

三井方法

但，参股从来不是三井的风格。

本文开头已经指出，三井从不采取欧美跨国公司通常采用的实业投资与资本控制的方法去布局。那么，当明确经济发展趋势、锁定战略中心之后，三井又将采取何种方法展开布局呢？原三井物产高级经理白益民用"中外铁矿石谈判"的案例，对此做出了解读。

三井中国总代表副岛利宏认为，三井是在培育中国的产业。一份来自三井物产的内部资料显示，三井对于它所准备"培育"的企业，拥有满足该企业所有需求的方案和手段。白益民用三点总结了三井围绕战略中心布局的方法：一、控制原材料；二、提供所有可能的服务；三、将你的产品销售出去。他认为，三井布局完成后，合作企业在享受三井360度服务的同时，也存在较大的风险。因为，首先原材料受制于人，无法控制价格风险。其次，加入三井布局将使合作者逐渐变成其产业链中的"加工厂"。因为三井在提供服务的同时，既垄断了上游，又垄断了下游。

在未来，六和会成为其中的一员吗？对此疑问，六和集团的员工首先表示了反对。这位员工说：六和与钢铁制造企业不同，很多钢铁制造企业本身并不生产铁矿石，但是，六和正好占据了食品行业的原材料——饲料的顶端。

但业内诸多专业人士对六和员工的说法表示了不同意见。他们说，饲料也有原材料，那就是玉米。玉米目前已经面临着粮食安全的问题，如果三井在玉米供应上进行控制，六和不能说完全没有危险。而玉米，正是三井的经营内容之一。在经营玉米现货的同时，三井还进行玉米期货的套期保值，在国际现货市场、期货市场有着长期的经验。在1994年中国玉米紧张、2002年中国玉米库存过剩时，三井都曾抓住过商机，从中套取了巨额利润。相比之下，六和，乃至新希望，在大宗粮食经营及期货交易方面均没有优势。

一美元亏损与垄断"商权"

六和虽然已经具备了强大的生产能力，但是它在禽肉制成品市场的势力还基本上局限在中国境内，正像刘永好所说，与三井的合作是六和跨出海外的第一步。藤田也表示，他们首先要将六和的鸡、鸭、蛋产品卖到日本。打开国际市场的大门，几乎是中国每一个企业的梦想，所以当藤田表达这个态度的时候，六和方面的兴奋是可想而知的。

这也必然进一步加剧六和对三井的依赖。而这也正是三井进一步的战略意图。白益民明确指出，在三井眼中，中国的企业就是日本的加工厂。除了控制原材料之外，三井还会配套地掌握"商权"。他说，三井可以给合作企业提供无微不至的服务，但是最终目的是换取产品销售的代理权。

日本学者小岛清认为，三井具备情报搜集处理、正式生产和市场开发能力，并能连锁运作，同时利用中介力在整体上保证联合全体的优势发挥，提高承受和吸纳风险的能力，并克服体系自身的缺陷，形成规模效益，达成良性循环。

陕西省社会科学院经济研究室副研究员梁仲勋说，小岛清的这一概括是最为精确而深刻的，三井参与生产企业和科技开发，其目的在于获取生产企业的贸易代理权。为中小企业提供金融融资服务，主要是出于贸易流通业务的需要，而非为了取代银行成为金融机构。

控制了资源，垄断了商权，就等于掌握了定价权。

为了获得"商权"，三井有时可以做亏本买卖。比如，以100美元/吨的价格从美国粮商手中买进玉米，再以99美元/吨的价格卖给韩国用户。

对此，白益民解释说，表面看三井亏损1美元/吨，但通过期货市场、现货市场、船运市场等综合运作，还能获得可观的盈利。

三井由于掌握了众多稳定的客户资源、流畅的物流通道，凭借内部培养起来的"商品专家团队"，能够准确发现市场的变化方向，从而事先成交期货和贴水的合约。这样的合约实际上是虚拟成交，要想能够长期持续地兑现盈利，就必须不断地将现货交货客户。当三井在虚拟交易中有3美元的盈利时，它可以找机会转手合约给其他人，实现3美元盈利。但是，这样无法实现长期盈利，只是短期的投机。所以，三井的做法是通过将虚拟盈利的一部分让给客户，通过价格竞争和综合服务获得稳定客户群，也就获得了稳定的市场和稳定而长期的收益。

美国粮商只要价格卖得好，并不在意是韩国客户还是日本商社与他们成交。相反，与日本商社成交可以省去他们的交货风险和烦琐程序。此外，三井由于有众多稳定客户群，可以做到用大船运输、多港卸货方式节省航运成本，从而获得额外的收益，甚至超过1美元/吨。同时，因为有大量的客户群，可以获得广泛的市场需求情报，为其虚拟交易的决策提供保证。

对此，研究人士认为，其实，三井完全可以实现在期货市场上的投机，根本就不用让1美元/吨的利给客户。而它之所以这么做，根本的目的是要稳定客户资源，因为它从事的不是投机，而是贸易，是牢牢掌握住的"商权"。

复制不来的综合商社

三井的经营模式被称之为"综合商社"。那其他国家有综合商社这种企业组织形态吗？三井北京办事处的大西说："全世界都没有。只有日本有。"单纯就贸易而言，中国最大的粮油进出口商中粮集团与综合商社类似，是否也可以说是"综合商社"？"中粮不是综合商社。""中化曾经学过，但没有成功。"三井北京办事处的许小薇表示。

据了解，日本综合商社的成功曾经一度引起了中国政府的关注，也在部分国企身上做过类似的尝试。1994年12月，国务院批准中化公司首家试点综合商社，并把中国对外贸易信托投资公司划归中化，以加强其金融功能。中化按照日本财团的模式，实业、贸易、研发、海外同时扩张，混业经营，一时间，进出口业务之外的其他业务在营业额中的比重达到了52%，这种趋势很像20世纪六七十年代在日本崛起的三井。

当时的总裁郑敦训制订了雄心勃勃的十年计划：1995—1996年形成综合商社基本框架；1997—2000年，初步建成贸易、金融等产业功能健全的具有国际竞争力的综合商社；2001—2005年，建立以贸易为龙头，贸易、金融、产业紧密结合的综合商社型跨国公司。

但是，中化这个由贸易政策扶持起来的世界500强企业，在综合商社的扩张思路指导下，各路诸侯各自为政，在投资决策和资金管理上的独立性过于强大，公司财务处于失控状态。1997年亚洲金融危机爆发，中化几乎遭遇灭顶之灾。

1998年3月，刚刚从中欧国际工商学院获得EMBA学位的刘书德，从中国机械进出口公司总经理的职位上空降中化，开始"铁血削藩"，两年多内，289家机构被关闭或出售，明确了主业，建立了集权管理模式；1999年年初，麦肯锡咨询公司被引入为中化设计管理流程和发展战略。最终确立了"一二三"战略——培养一种面向市场的核心竞争力，向上、下游两端延伸，兼顾国内外两个市场，积极进入与主业相关的高科技投资和金融服务领域。至此，综合商社思路完全被替代。

有关学者分析认为，综合商社并不神秘，之所以不容易学习，是因为经过100多年的积累，综合商社已经具备了很难逾越的四大能力。第一个能力，是综合运作能力；第二个能力，是物流仓储能力；第三个能力，是情报信息网络；第四个能力，是金融运筹能力。

而这四大能力，正是三井实施完全不同于欧美的战略布局思路和独特的实现方法的基石。

刚刚开始的布局

三井与六和"全面"的合作开始了，三井将与六和展开怎样"全面"的合作呢？为了更好地理解这个问题，我们首先要了解一个看似不是问题的问题：三井是什么？白益民说，也许因为日本人性格低调，也许因为战略布局的隐蔽需要，三井常常会淡化自己的行为，不留痕迹。

中国人向来以世界500强来衡量企业的综合实力。实际上，早在1993年，三井物产在世界500强中的排名就是第一，在其后的十年内也都基本排在前10位。在2006年降至第155位，2011年排名是148位。

排名之所以降低，是因为它的经营和管理相对于过去分散开来，更多的营业收入被计入当地公司的账目中，而没有被显示出来，这是三井有意弱化人们对其巨大形象的认知。2004年，三井还将经营额最大的能源和矿产部门分立出去，进一步掩盖住它的巨大实力。

有人把三井比作"隐形帝国"，这就使得没有多少人了解三井。在日本，三井被称为"从鸡蛋到卫星"生产所有产品的企业。三井物产在中国的副总代表魏林这样介绍三井："问我们做什么，不如问我们不做什么。我们不做毒品，不做武器弹药。"魏林的说法可以理解为三井能为合作者提供360度的服务，让我们看一下在三井物产的网站上，三井是怎样描述与新希望的合作的：

同新希望集团旗下的六和集团就小型肉用鸡的合作事宜，以对"阜新六和"的出资参与策划（2007）为契机，双方开始对话，从2009年开始正式展开合作。2009年9月就战略合作达成一致。创立合作公司"新井物产贸易有限公司"，就以下主要事业领域进行协议商讨/实行：①饲料原料的调配—贩卖（进口原料、国产原料）；②复合饲料技术改善、提升（引进日本的技术知识）；③饲料原料、复合饲料的流通改善、效率化；④运输手段、港湾仓库等饲料原料基础设施的完备；⑤零售、乳业、畜产领域等的协作、合作；⑥在其他事业领域的合作（化学品、资源等）。

从以上的合作内容可知，三井物产准备给六和提供的服务，包括从国外进口饲料原料，在国内进行采购、销售，及帮助构筑采购、销售和物流体系等。

2011年1月20日，三井物产贸易有限公司在四川成都家园国际酒店举办了开业酒会。作为六和集团董事长，刘永好的脸上充满了微笑，他希望借此契机可以学习三井物产丰富的海外经验，扩展出一条完整的海外农产品产业链。不过，当时就有媒体对此表示质疑。

其实，三井在中国农业的布局才刚刚开始，就像一个棋手，在棋盘面前凝神端坐了许久，才慢慢拈起一枚棋子，但迟迟未见落子。但是有对弈经验的人很清楚，三井的全盘布局已经在大脑中酝酿成型。当然，棋局的结果，只有经过中盘厮杀，到收官的时候才见分晓。

六和能否得偿所愿，还需要时间的检验。

第十三章

肉业惊魂

按照产业链的顺序，说完饲料就应该说"猪牛羊鸡鸭鹅"了，但是，以"猪"为代表的中国养殖业十分特殊，它是千家万户养，一般企业轻易不敢碰，所以，企业都是从上游的饲料，或者从下游的屠宰入手，发展壮大后大着胆子摸索进入养殖行业。前一章讲了刘永好的饲料，这一章呢，就讲讲肉类的代表——猪肉。在中国，吃猪肉不能忘记两个人，一个叫万隆，一个叫祝义材。两个人分别被西方人称为"中国屠夫长"和"杀猪状元"。如果你对这两个人不太熟悉的话，那么请你到家门口的小卖部里找找看，里面的"双汇"牌火腿肠和"雨润"牌冷鲜肉就是他们各自的品牌产品。

　　2011年，两个公司营业收入分别达到376.15亿元和323.15亿港元（合270.48亿元）。双汇的年报说，这一年共生产高低温肉制品76.66万吨；雨润的年报上说下游深加工肉制品业务产能达30.4万吨；双汇的年报又说，这一年一共杀了248.05万头猪，雨润年报则说它的屠宰能力已经达到4605万头。

　　据国家统计局的数据，2011年，中国猪肉产量为5053万吨。双汇在这个数字当中占1.52%，雨润占0.6%，两家企业加起来才2.12%。这与美国泰森、史密斯菲尔德等几家企业占全美猪肉总量50%的情况差距甚大。不过，这恰恰反映出这两家企业巨大的发展空间。这不正是投资者所希望看到的吗？

　　的确，美国的投资者不仅早就看到了这一点，而且已经下手了。

对赌雨润输亦赢

民营企业融资难早就不是什么新鲜事了，那些发展起来的民营企业在融资渠道方面常常另辟蹊径。因为银行贷款难、上市审批难，许多投资银行迅速发展起来。2005年，雨润在寻找资金时与高盛相遇了。

创建于1993年的雨润，到了1995年产能成为"瓶颈"。南京雨润的生产车间开足马力、24小时超负荷运转也无法满足销售的需求。于是祝义材想到了收购的办法，他在全国一口气收购了30多家国有企业。当然这需要很多钱。为了在资本市场上融资，祝义材先后收购了东成控股和南京中商。这就需要更多的钱。

祝义材当然没有那么多钱，怎么办？只有借，谁能一下子借给他那么多钱？只有外国的那些大投行。

于是，高盛出现了。这是高盛的特点，总是能够在赚到大钱的地方准时出现。毕竟是国际级的大公司，出手就是阔，一下子就拿出了3000万美元，还拉上了长期合作的伙伴鼎晖投资（出资2200万美元）、新加坡投资公司PVP基金（出资1800万美元），一共凑成了7000万美元。钱自然不能白借，高盛要求占雨润上市后总股本的7.09%，鼎晖投资占3.5%。不仅如此，风险必须降至零。于是，双方签订了一个"对赌协议"。

"对赌"一词听起来就刺激，一般是原股东和出资人约定一个年度利润，达到此利润出资人将出让一定股份给予对方作为奖励，反之，原股东必须出让股份，使对方获得控股权。雨润和高盛等公司对赌的条件是：

若上市后的雨润食品公司2005年净利润在2.63亿～3.25亿元区间，雨润食品公司便需按特定系数将至多2.81%的已发行股份，转给高盛及其他投资者。如果雨润食品2005年盈利未能达到2.592亿元，战略投资者有权要求大股东以溢价20%的价格赎回所持股份。而如果利润超过3.25亿元，鼎晖、摩根士丹利、GIC在上市满1年后才可退出。

对赌是一柄双刃剑。

2004年，摩根士丹利、鼎晖投资、英联投资三家外资股东与蒙牛管理层签订了一份对赌协议，约定2004年—2006年蒙牛的业绩复合增长率每年不低于50%，结果，牛根生第一年赢了，2004年蒙牛乳业净利润增长率达到了68.77%。但是既是赌，有赢就有输，2005年1月，摩根士丹利、鼎晖投资与永乐电器签订对赌协议，结果永乐未能达到预期增长目标，管理层被迫割让股份，永乐被已经掌握控股权的外资股东卖给国美。

对于雨润来说，对赌同样存在变数。雨润食品2002年净利润为5517.8万元，2003年为9540.1万元，2004年为1.69亿元，增长率依次为72.90%、77.15%。雨润如果想赢，2005年的增长率最起码应该达到92.31%以上。这比前两年的增长率高出将近20个百分点。要知道，祝义材在雨润食品所持的股份为51.53%，一旦净利润在2.63亿—3.25亿元区间的话，就要转让2.81%的股份给高盛及其他投资者，这意味着绝对控股权将从祝义材手中转移至高盛和鼎晖手中。

祝义材敢赌，自然有他的道理。2003年全国粮食总产量由上一年的4.57亿吨下降至4.31亿吨，减少了2600万吨！2004年，食品价格上涨9.9%，其中粮食价格上涨26.4%，猪肉价格也出现了自1992年以来的第一轮上涨，涨幅达17.6%。这给了对农业数据十分敏感的祝义材以充分的信心。

利用上市募集的资金，雨润又连续完成了15宗收购，领域进一步扩张至湖北、湖南、江西、山东、河南、吉林等地。而且，十分幸运的是，当年发生的猪链球菌和禽流感没有感染雨润的工厂和产品，使其屠宰计划得以正常实施。

最终，雨润2005年以3.59亿元的净利润赢得了对赌。不仅没有失去控股权，而且根据协议，高盛、鼎晖一年内不得出售股票。

"斩首"双汇为哪般

投资雨润，似乎只是个序曲，不久之后，高盛、鼎晖又和另一家中国肉业巨头——双汇上演了一出好戏。这一出戏的跌宕曲折，简直让人叹为观止。

2006年3月，河南省漯河市吸引了中外媒体的视线，这固然因为世界级的金融大鳄如JP摩根、摩根士丹利、美国国际集团、新加坡淡马锡、高盛、鼎晖投资、英联等齐聚北京市产权交易所，等待竞拍漯河市双汇集团的股权。更引人注目的，则是双汇集团的东家——漯河市国资委挂牌起拍的价格——10亿元！

为什么说"注目"？2005年，双汇集团的销售收入超过200亿元，净利润就达1.07亿元，正处于高产时期。根据双汇集团挂牌的资料显示，截至2005年年底，其净资产为6.78亿元，市值达34亿元；双汇集团拥有上市公司双汇发展35.72%的股份，双汇发展当时市值为95亿元；双汇的品牌价值达106.36亿元。10亿元的起拍价岂不是很令人心生疑虑吗？

尽管最后以高于起拍价一倍的价格——20.1亿元成交，此次拍卖仍遭到了舆论的非议。国家发改委体改所国有资产研究中心主任高粱表示，在地方政府的鼓励下，跨国公司可以廉价收购中国骨干企业并控制经营权，最终在中国消除潜在竞争对手，垄断中国市场。原国家统计局局长李德水在2006年的全国政协会议上强烈呼吁，对于外资的跨国并购，一定要谨慎对待。甚至有人直接将这次并购称为"斩首"中国肉业。

而据2006年5月的《三联生活周刊》报道，对于外资并购双汇，漯河市政府新闻办主任袁国亮表示："双汇正处于发展的最好时期，此时转让国有产权，有利于国有资产收益最大化。政府一次性收回双汇集团公司国有产权的变现资金，投资地方经济建设就更加游刃有余。"

原商务部条法司副司长郭京毅也力挺高盛。他表示："不是每个行业都涉及经济安全，一家火腿肠生产企业的并购，与经济安全的关系不大。"

郭京毅因受贿于2010年5月被判死缓。

不管怎样，由高盛和鼎晖在这场盛宴中取得完胜的收购战一开始就充满了疑点。

4月29日，北京产权交易所发出公告：漯河市人民政府国有资产监督管理委员会将所持有的河南省漯河市双汇实业集团有限公司100%国有股权以20.1亿元转让给由高盛和鼎晖在境外成立的香港罗特克斯公司（高盛持股51%，鼎晖49%），罗特克斯因此间接持有上市公司双汇发展35.72%的股份。

仅仅10天之后的5月10日，双汇发展便发布公告称，其第二大股东漯河海宇投资有限公司所持有的25%的双汇发展股权，已作价5.62亿元出售给美国高盛集团的控股子公司罗特克斯。至此，高盛绝对控股罗特克斯，罗特克斯再以60.72%的比例绝对控股双汇发展的格局已经形成。

时至今日，谜底已经解开，我们回溯往事，可以看出这是一场高盛、鼎晖与双汇早就密谋好的并购大案。整个事件的驱动力主要来自两方面所形成的合力：一方面，双汇管理层借助更换大股东避开政策障碍实施MBO（管理层收购），实现产权转移；另一方面，高盛等提供MBO的通道以及资金支持，最后获得暴利。根据计算，高盛、鼎晖通过分红已经获利7亿元。

据公开资料显示，从2007年10月到2009年11月5日，高盛持续减少双汇集团的股权到15%，间接持有的双汇发展的股权，从30.97%降低到7.71%。2009年11月初，国外媒体突然爆出，高盛集团已经同意以1.5亿美元的价格，出售所持有的双汇50%的股权。2010年11月28日，双汇公布重组预案，根据该预案，高盛间接持有双汇集团的股权，已经由2006年的51%降至5.18%，间接持有双汇发展的股份已经降至1.1%。

当大幕拉开，高盛、鼎晖赚得盆满钵满，以万隆占14.4%股份、263名双汇员工持股的兴泰集团浮出水面成为双汇发展的大股东之时，我们才知道自己阅读了一部由"作者"早就设计好情节的现实主义"小说"。它是那么疑窦丛生而又引人入胜。

图六：猪肉产业链示意图

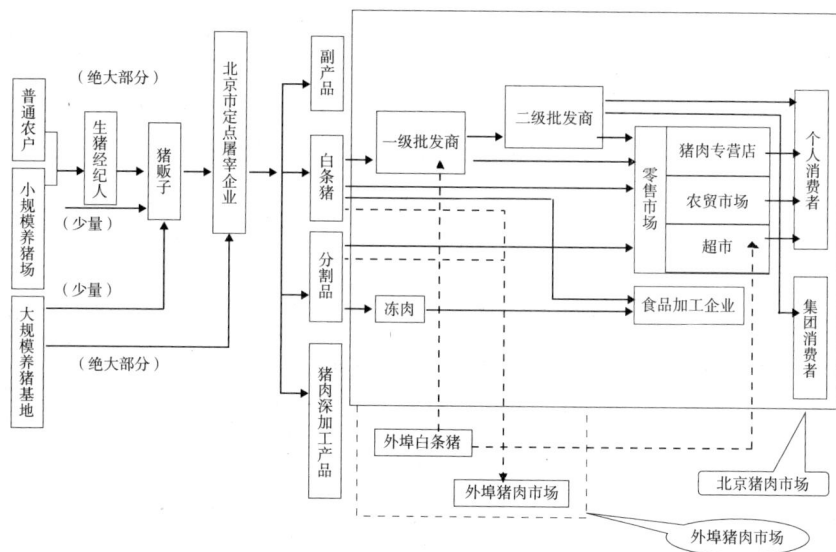

资料来源：中国畜牧业信息网

高盛是谁

高盛的英文名字叫Goldman Sachs，这是由两个人的名字组成的，即Marcus Goldman和Samuel Sachs，中文译名为马库斯·戈德门和山姆·萨克斯。前者是高盛的创始人，是一个犹太移民，在1869年创办了马库斯·戈德门公司，主要业务是收购珠宝店里的商业票据然后卖给附近的银行，赚取微薄的利润。开始的时候公司只有一个专职人员和一个兼职的记账员。1882年，马库斯的小女婿山姆·萨克斯加入公司，又过了3年，公司从翁婿两个人的名字中各取了一个字组成了今天的名字——Goldman Sachs。

从创始人的出身来看，早期的高盛并不煊赫。后来马库斯的儿子亨利接管了高盛。他和雷曼兄弟公司的创始人是好朋友，他们合伙做起了股票包销的买卖。不过他们的成功没有一直保持下去。亨利认为是自己带来了客户，而菲利普·雷曼只是提供了资金，因此自己理应获得更高的声誉和超过一半的利润。1936年两家公司分道扬镳。从亨利开始，高盛已经烙上了"贪婪"的印记。

1929年，高盛迎来了自己的第一次噩运。随着大萧条的到来，高盛交易公司因违法导致股票一路狂泻，声誉受到灾难性打击。之后5年，高盛再没了做主承销商的机会。1929年的高盛几乎处于破产的边缘。

1930年，3年前刚刚成为合伙人的悉尼·温伯格被选为高盛的新领袖，是他带领高盛走出了困境，他的一项伟业是使高盛成为福特公司IPO的主承销商。悉尼·温伯格在1947年就结识了亨利·福特二世，这使他有幸成为这个美国当时最大的公司继承人的顾问。在之后长达10年的时间里，他始终为亨利·福特二世提供财务顾问服务，却从来不提服务费用问题。1956年1月，亨利·福特二世接受他的建议，发行价值7亿美元的股票。主承销商当然非高盛莫属，而且从此福特公司只接受高盛的服务。

福特股票发行当天，温伯格的大照片登上了《纽约时报》的头版。温伯格在高盛树立了出身卑微也能获得巨大成功的信念。他于1907年就进入了高盛，但很长时间里一直做杂务员，工作包括给高盛的合伙人擦皮鞋，每周领取3美元的薪水。他通过长时间"烧冷灶"赢得了福特二世的信赖，其坚韧的程度可见一斑。可以说，温伯格重塑了高盛"客户至上"的文化理念。

温伯格之后，格斯·利维成为对高盛贡献最大的一位合伙人。他在温伯格领导的投资银行业务之外开辟了证券交易的业务方向，风险意识从此进入高盛。高盛有一句名言——"长远的贪婪"。这是利维留下的。这句话的意思是只要长远上能够盈利，短期交易的损失不用担心。其实，利维带给高盛的绝不只是风险意识。他的经历告诉后来的高盛人，无论是谁，只要能够带来客户和利润，都能获得相应的收入和地位。这也成为高盛文化中的基因之一。

高盛的业绩不断创新纪录，但是也一再挑战商业道德的底线。1970年，美国历史上最大的破产案暴露了高盛文化中的道德缺失。宾州铁路案涉及70亿美元，后经官方证实，在明知宾州中央铁路正处于财务恶化，甚至走向破产的情况下，出于贪婪，高盛依然为其承销股票。这成为高盛发展中一再重复的现象。

进入20世纪90年代后，高盛发展势头强劲，1993年的税前利润达到27亿美元，富可敌国。英国《卫报》撰文指出，当时坦桑尼亚的GDP只有22亿美元，而坦桑尼亚人有2500万；而高盛年利润达27亿美元，在161个合伙人之间进行分配，平均每个合伙人可分配1677万美元。

截至2012年3月31日，高盛2012年第一季度净收入为99.5亿美元，净盈利21.1亿美元。第一季度薪酬福利支出（含工资、酌情发放的薪酬、股票奖励摊销以及福利等其他项目）为43.8亿美元。

在美国，高盛不仅是一个业绩突出的金融公司，而且是一个"权势集团"。它的权势有多大？《纽约时报》一位评论员在2008年写道：在过去的几年中，高盛接管了大部分联邦政府；在未来的数年中，它可能会接管整个美国。甚至有媒体直接称呼高盛为"高盛政府"，而不是"高盛公司"。这主要指高盛出身的人遍布美国政界。下面是国信证券发展研究总部收集的一份不完全统计的高盛人出任的官员名录：

乔舒亚·博尔顿　布什政府白宫办公室主任

史蒂芬·弗里德曼　布什政府外国情报委员会主席

约翰·塞恩　曾任纽约证券交易所首席执行官

鲁本·杰弗瑞　美国国务院原副国务卿

马里奥·德拉吉　意大利央行原行长、欧洲央行行长

罗伯特·鲁宾　克林顿政府财政部部长

亨利·保尔森　布什政府财政部部长

悉尼·韦恩伯格　美国战时生产委员会原副主席

约翰·怀特海德　美国国务院原副国务卿

罗伯特·佐利克　美国国务院原副国务卿

此外，高盛还是掌管美元发行权的美联储的最大股东之一[1]。在世界范围内，高盛对于各国精英阶层也有着巨大的影响力。

说服中国不如"操纵"中国

2012年3月14日，一封来自高盛执行董事的辞职信刊登在《纽约时报》上，引起了大众对高盛的新一轮关注。这位名叫格雷格·史密斯的执行董事在信中批评高盛道德败坏，把顾客称为"傻瓜"，通过"斧子"和

1.2008年，高盛集团在纽约州设立高盛银行Bank Holding Company，成为纽约联储的会员银行，亦即股东。

"猎象"等手法以损害客户利益为代价赚取利润。

尽管高盛高层出面对史密斯的文章进行了极力反驳，但该公司一些高管和雇员说，史密斯的话虽然极端，但也反映了他们对高盛的担忧。更加令高盛难堪的是，高盛创始人马库斯的曾孙亨利·戈德门三世力挺史密斯。他认为辞职信切中已经蜕变了的高盛文化的要害。他认为格雷格·史密斯的文章反映了华尔街的普遍现象，需要"让买家意识到这一点"。

在中国，高盛的情况似乎还没有在美国那么糟糕。在美国，高盛已经遭到官方机构的调查和监管，但是在中国，还只是停留在一些媒体的报道和个别民间人士的批评之中。

著名的财经作家叶檀在2010年6月发表于《新民周刊》上的一篇名为《高盛与权贵交易一拍即合》的文章中说："高盛在中国投资市场上的角色并不是纯洁的天使，它们带来市场理念的同时，也带来了贪婪、泡沫时代的疯狂与美国的灰色游戏。基本来说，高盛在中国投资市场身兼教父与大鳄之职，同时获取高级教练、主要选手之利，充分利用了自身在金融标准、企业估值方面的影响力，在中国资本市场或通过各怀心思的中国公司大获其利。"

该文尽管题目点出了"权贵"二字，但是内容却基本没有涉及这方面的信息。但是在同年11月的另外一篇文章中，叶檀直接将矛头指向了某些掌握政府机密信息的官员。该文的标题就极具冲击力——"谁向高盛、大摩泄的密？"叶檀说，政策的出其不意是中国政府的强项，但是"每逢中国有重大政策出台或调整之际，国际投行都能押准"。她举了一个例子，2008年8月，还是货币政策从紧的时期，但是摩根大通某经济学家在发给客户的报告中却说，中国的政策制定者正在考虑一项2000亿—4000亿元的经济刺激方案，并可能于年底前放松银根。叶檀评论道："此言实在精准，中国的政府机构那些泄密者，那些与国际投行过从甚密者能不汗颜？说轻了这叫泄密，说重了这叫出卖同胞。"

虽然叶檀并没有举出任何一个泄密者的姓名，但是她的分析却为高盛参与的很多事件提供了一个可以解释的视角。

英国外交政策研究中心曾经发表过高盛公司高级顾问乔舒亚·库珀·雷默撰写的一份研究报告《北京共识》，其中写道：中国的长处可以自己照料，它的弱点才是需要人们帮助的地方，而正是在这些弱点上，中国仍然可以被操纵。试图说服中国做某些事情是非常困难的，而操纵它去做就容易得多了。

延伸阅读：格雷格·史密斯的辞职信

我为什么离开高盛

今天是我在高盛的最后一天。我在高盛工作了12年，最初在斯坦福读书时夏季来做实习生，然后在纽约工作了十年，现在在伦敦。我想我在这里工作了足够长时间，能够理解其文化发展的轨迹，理解其员工和身份。说实话，现在的环境是我见过的最有毒和最有破坏性的。

简单一点来讲就是，高盛的运行模式和赚钱理念把客户的利益放在次要位置，但高盛是世界规模最大、最有影响力的投行之一，它与全球金融的相关性太高，不能够这样做。

从我大学毕业入职高盛至今，这家投行已经发生了转变，现在我不能够问心无愧地说我同意这家投行的立场。

文化曾经是高盛取得成功的重要原因，这一点对公众来说似乎有点出乎意料。过去高盛的文化一直围绕着团队协作、正直、谦逊，以及永远为客户的利益考虑。文化是高盛之所以能成为一个伟大公司的秘诀，帮助我们在过去的143年里一直赢得客户的信任。过去高盛的文化不仅仅围绕赚钱，因为这一点不足以使一个公司在这么长的时期里屹立不倒。高盛的人一直为公司感到骄傲，对自己所从事的事业充满信仰。

然而，在过去很多年，我环顾四周，发觉曾经使我热爱这份工作的文化已不复存在，我不再为它感到骄傲，我不再对自己从事的事业充满信仰。但情况并不总是这样。十几年来，我面试并招募了一批批新人，悉心指导他们。我和另外9名同事被拍进一段招聘视频短片，在全球各大高校播放。2006年，我从数千名应聘者中挑选出80名学生参加夏季实习计划，训练他们买卖和交易。我知道，当我认识到自己不再能看着学生们的眼睛，告诉他们在这个地方工作有多棒的时候，就该离开了。

历史书描述高盛时可能会显示，高盛在首席执行官劳埃德·布兰克费恩和总裁盖瑞·柯恩的管理下，失去了对公司文化的掌控。我却认为公司道德品行沦落是对高盛长期生存最大的威胁。

在我的职业生涯中，我有幸为全球两大对冲基金、美国五大资产经理以及中东和亚洲的3个最具影响力的主权财富基金担任过咨询顾问。我的客户拥有的总资产超过了1万亿美元。我一直以来都以为客户提供对他们有利的建议为荣，即使有时候这意味着高盛能从中得到的利润相对较少。然而我的这一观点在高盛越来越缺少拥护，这也是现在对我来讲是时候离开的另一个原因。

高盛是如何走到今天这个地步的？高盛对领导这个概念的定义已经改变。曾几何时，领导意味着理念、树立榜样以及做正确的事，而现在，如果你能为高盛赚到足够的钱，你就能够得到升职，拥有更大的影响力。

哪三个方法能迅速在高盛当上领导？（1）挥动公司的"斧子"，这是高盛内部的说法，指的是劝说自己的客户投资股票或者其他我们自己急于出手的产品，因为它们看起来不可能有很高的利润。（2）"猎象"，即让你的客户——他们之中有些人颇有城府，有些没有——进行一切能给高盛带来最高利润的交易。算我老派吧，我就不喜欢给自己的客户推销一款不适合他们的产品。（3）为自己找到一个职位。坐在这个位子上，你的工作就是交易所有流动性差的含糊产品。

如今，很多高盛领导人的做法让人觉得，高盛原来的文化已经不复存在。我出席衍生品销售会议，会上没有花哪怕一分钟时间来讨论如何帮助客户，而仅仅讨论我们如何能够从客户身上赚取最多的利润。如果您是一位来自火星的外星人并且参与到其中的一个会议，你会感觉到，客户的成功和进步完全不是会议的议题。高盛的人在讨论如何剥削客户时麻木不仁，这让我感到恶心。在过去的12个月里，我耳闻了5名董事总经理将他们的客户称作"提线木偶"，有时也会在内部邮件中这么说。不谦虚？得了吧！诚信？早就腐烂了！我不敢说那些行为是非法的，但有谁会明知投资不可靠或不符合客户需求，却依然将它推荐给客户呢？让我惊讶的是，高盛的高层领导竟忽略了最基本的一点：如果客户不信任你，他们最终不会选择跟你做生意，无论你有多聪明。

如今，初级分析师最经常向我提出的问题是：过去我们从这个客户身上赚了多少钱？每次我听到这个问题就感到厌烦，因为这事实上反映了他们从领导身上学到的做事方式。让我们想象一下10年后的高盛：这些整天被教导如何把客户当"提线木偶"、如何抓取眼球、如何赚取报酬的初级分析师，不可能成为对社会有用的公民。

我做分析师的第一年时，不知道浴室在哪里，也不知道怎么系鞋带。我所接受的指导就是要努力学习，搞清楚什么是衍生品、学着理解金融、了解客户和他们投资的动因、了解他们如何定义成功以及我们如何能够让他们获得那种成功。

我人生中最骄傲的时刻——从南非到斯坦福大学求学获得全额奖学金、被选为罗氏奖学金在美国的终选角逐得奖者、在号称犹太人奥运会的以色列马卡比运动会上赢得一枚乒乓球比赛的铜牌——都经过了努力奋斗，没有走捷径。今天的高盛已经变得太注重捷径，不够重视成就。这让我再也没有好感。

我希望我的离开能够唤醒现在高盛的董事会领导。再把客户重新摆在你们生意的重点上吧！如果没有客户，你们一分钱也赚不到。事实上，没有客户，高盛根本不会存在。把那些道德败坏的人清理出高盛的大门。不管他们能为这家投行赚多少钱。把高盛的企业文化重新摆正，让真正的人才有足够的理由在这里工作下去，让那些只关心赚钱的人在这个投行无法立足，让客户对这家投行的信任一直坚定下去。

（原信为英文，张澄、若离、米小兜、潘凌飞、吴晓鹏翻译）

高盛式危险

高盛在中国通过巨大的政界影响力，先后获得了其他投行无法获得的优惠，比如，1994年成为第一家获准在上海证券交易所交易中国B股股票的外国投资银行；再比如，2003年成为第一批获得中国政府发放的合格境外机构投资者执照的金融机构；还有2004年，高盛高华的成立让高盛间接拥有了综合经营牌照，远超其他6家合资券商；2005年，入股工商银行。

高盛凭借这些无可比拟的优势，分三路进军中国的实力产业：第一类是金融产业；第二类是实业类企业；第三类是中小资本。

在近距离的观察之下，高盛完整的操作手法逐渐被媒体揭露出来。据媒体报道，2010年11月11日，高盛分别向中国境内媒体和境外客户提供了内容截然相反的"阴阳报告"，一边通过媒体向国内公众唱多中国股市，一边向其客户下达卖出指令。第二天恒生指数开盘大跌，恒生国企指数跌幅高达3.02%。A股收盘沪指跌5.16%，深成指更下跌7%，两市创下2009年8月31日以来单日最大跌幅。而就在10月，高盛减持了部分工行H股。

这一阴险招法遭到媒体广泛谴责，人民日报（海外版）甚至以《要警惕和打击操纵市场的国际资本大鳄》为题，不点名地指出这种翻手为云覆手为雨有操纵股指牟利之嫌。然而这似乎不影响高盛的运作，一年过去之后，高盛故技重施。据美国布隆博格报道，2011年11月30日，高盛向主要客户发送电子邮件建议停止对在香港上市的中国内地公司的股票继续投资，理由是，"中国经济前景正面临巨大挑战""我们已经不再建议投资者买进或长期持有中国公司股票"。而就在一个月之前高盛还连发报告表示看好中国概念股，特别是工行H股。但是不足4周，它很快卖出了17.52亿股工行H股。11月30日当日上证指数和深圳成指分别暴跌3.27%和3.34%，个股大面积跌停。

笔者对高盛的介绍似乎已经超出了农业，特别是中国农业与外资关系这个主题，但是笔者认为这是有必要的。高盛对于中国企业的控制，并不体现在对实业资源的控制上，它的办法是控制和操纵信息，而要控制和操纵信息，首先得有准确的信息来源，而要占据这个来源则必然对信息掌握者实施控制。因此，高盛控制的是人，通过对关键的精英人物的控制，从而拥有了对所有产业的控制权。从这个角度说，中国农业也在这种潜在的危险之中。

"潜鲸"在行动

当然，在关注高盛的同时，我们也不能忽视那些从实业入手进行渗透的肉业巨头们。这里笔者主要介绍一下美国泰森食品股份有限公司。这家名字与某位著名拳王一样的企业在《财富》杂志2011年度世界500强中列名食品公司中的第11位，仅次于益海嘉里的股东——新加坡丰益国际。从它2019年的财报中可以看出，其当年的营业收入为424亿美元，净利润20.35亿美元，资产总额330.97亿美元，员工人数14.1万。

泰森瞄准的是中国鸡肉市场。与发达国家相比，我国的鸡肉消费量偏低——发达国家的人均肉鸡年消费量超过50公斤，中国却不足10公斤；但这个差距正在不断缩短。和猪肉行业一样，中国的鸡肉行业中，行业前三名的企业加起来占据的市场份额还不足4%，投资前景广阔。

2001年5月，泰森与山东诸城外贸有限公司共同创立了山东泰森大龙食品有限公司，以鸡肉半成品为主营业务，开启了泰森的中国之旅。泰森为新合资公司引进了先进技术和管理方法，只用了3年，泰森大龙公司的销售收入就达到了1.4亿元，产品行销中国、俄罗斯、日本、墨西哥、中东、韩国、新加坡等国家和地区。

此后，泰森通过合资的方式，开始不断拓展在中国的业务。2008年，与江苏省规模最大的肉种鸡生产基地——京海禽业集团合资，建立了江苏泰森食品公司，主营业务是商品鸡的养殖和生产分割禽产品。同一年，泰森又与中国领先的禽类企业——山东新昌集团签署合作框架协议，组建合资公司。

在选择合资公司时，泰森有自己严格的原则，一个是必须控股60%以上，另一个是只选择年产值4亿元以上的企业。除了在生产环节发力，泰森在销售上也有自己独特的优势，那就是与百胜集团（旗下品牌有肯德基、必胜客等）、沃尔玛等都有较为密切的联系，这都是让国内企业眼红的销售渠道。

但或许是不想太过招摇，泰森进入中国10年，低调至极，下属4家合资公司均无网站。在搜索引擎中，点击这些公司，打开的全部是泰森美国总部的英文网站，而在网站中，根本看不到中国企业的资料。在其年报中，倒是有些零散的记录，但是语焉不详。

不过，低调不代表不重视这个市场。江苏泰森成立时，轻易不露面的泰森全球CEO理查德·邦德破例亲自到场签约。在签约现场，他表示，以前泰森把自己绝大部分的精力都放在了美国国内，最近已经对业务有了新的定位，中国对优质新鲜鸡肉的需求逐渐增长，泰森的目标就是满足这种增长的需求。

满足需求不过是种冠冕堂皇的说法，用更实在的话说，是吞噬市场。如果说高盛像是盘旋空中的巨鹰，随时准备以迅雷之势捕获猎物，那泰森更像是一头"潜鲸"，深藏水底，躲在暗中，不动声色地吞噬着一切。中国庞大而分散的农业市场，正是它们最美味而又志在必得的猎物。

但是泰森如此大力度又如此神秘地投资中国，毕竟引起了官方的注意。新昌公司合资之前遭遇商务部反垄断局的反垄断调查，似乎就是一个信号。

另据有关报道，泰森的这几家中国合资公司现在均100%属于泰森了。因何如此，人们不得而知。

第十四章

猪魔咒

2008年—2009年，人们发现了一个奇特的现象，相干的不相干的企业，纷纷养猪了。这其中有中国的企业，有外国的企业，有银行，还有网站，可以说是五花八门，好不热闹。

2008年1月，重庆南方金山谷农牧有限公司宣布正式进入生猪养殖产业；

3月，中粮集团在湖北武汉投资的第一个生猪养殖项目启动；

8月，德意志银行注资6000万美元，获取上海宏博集团养猪场30%的股份。同时注资6000万美元参与宝迪农业产业集团；

9月，媒体报道高盛在福建收购养猪场；

9月16日，泰国正大畜禽有限公司与湖南宁乡县政府签约，投资6000万元建设禽畜养殖核心示范场项目；

10月，新希望集团总裁刘永好宣布，总投资30亿—50亿元谋划打通包括生猪、禽蛋、牛奶食品在内的三条完整大养殖产业链；

2009年2月，网易CEO丁磊在广东省两会上透露，网易将投资创办生猪养殖场；

6月16日，复星集团宣布进入养猪业，江西国鸿借此引入战略投资1.6亿元；

同年，福州富强畜牧发展有限公司（好希普公司）发布公告："力争成为中国养猪业海外上市第一股。"

以上这些消息中，有两条十分引人注目：

一、高盛养猪。正如上一章所写，此前高盛分别投资中国两大肉业巨头——双汇、雨润，引起超级轰动。而此次在福建养猪的消息，更容易被外界理解为向猪肉加工业的上游延伸控制力。外资控制中国生猪养殖、加工、销售全产业链的想象空间急剧放大。经济学者郎咸平通过媒体发布的观点更是冲击人的耳目：生猪养殖极为分散，高盛只要控制5%，就可能取得定价权。

二、中粮养猪。作为中国粮油界的大佬之一，中粮的一举一动常常会被媒体解读为平抑猪肉价格的政策动向。而中粮养猪后来被证实确实是获得了政府的批示。

中外两巨头似乎无意之中形成了抗衡的格局。

高盛养猪，原来虚惊一场

高盛养猪的消息最早来自《中国经营报》，报道发布之后，舆论大哗。

高盛很快通过媒体表达了气愤之情："高盛养猪之事，纯属子虚乌有，都是某经营报捏造出来的。"

针对高盛的说法，业内人士进行了驳斥：高盛在玩文字游戏。的确，高盛没有自己建猪场，也没有一个员工改行当猪倌，但不能说明高盛没有投资养殖行业。为了弄清真相，媒体顺藤摸瓜，终于搞清楚了高盛是如何"养猪"的：

首先，出面收购养猪场的是三家企业：南昌百世腾牧业有限公司、广西汇杰科技饲料有限公司、海南禾杰饲料科技有限公司，它们都是饲料企业，被收购的养猪场70%是三家公司的饲料业务的客户，对这些猪场的经营状况和人员构成等比较了解。这降低了并购的难度。另外，三家企业的收购，只是取得养猪场里生猪的经营权，不包括厂房、设备等固定资产。除了收购，它们还计划在此基础上再建共计60万头以上的规模化养猪场，使自身可控猪群在100万头以上。作为合作条件，被收购的养猪场必须购买三家饲料企业的饲料。

那么，这三家企业又是什么关系呢？其实，它们都是美国纳斯达克上市公司艾格菲的子公司。2006年10月31日，百世腾牧业公司下属的南昌百世腾和上海百世腾与壳公司Wallace Mountain Resources Corp签订换股收购协议，壳公司改名为艾格菲，百世腾牧业持有80%股份。12月，公司收购广州汇杰。2007年8月借壳上市纳斯达克主板。至2010年3月，公司直接或间接控制43家子公司。查阅公司股东资料可以发现，2008年的时候，高盛持有约5.2万股艾格菲的股票，占艾格菲总股本的0.16%。艾格菲称，艾格菲从没有向高盛融资，也未向其配售过股票，高盛所持股票应该都是其通过二级市场购买的。

包括高盛在内，共有53家国际投资机构持有艾格菲的股票，如老虎基金、巴克莱银行、瑞士信贷、花旗银行、摩根士丹利、美林等，占艾格菲总股本的19.5%。其中，持股最多的是德意志银行，占4.4%，其市值超过1亿元。这样看来，"高盛养猪"之说并非空穴来风，只是郎咸平的观点有些捕风捉影。且不说艾格菲的40多万头猪在每年6亿多头的全国总产量中占比只有约0.06%，如大海中的一滴水，单说高盛所占的0.16%股份，同样是微乎其微，即使所有外资加起来总比例也不过19.5%。大股东仍然是创业者。

到中国养猪去吧，利润90%

艾格菲的创始人是4个大学生，带头人是熊俊宏，他们的专业是畜牧兽医，最初创办的是以预混猪饲料为主营业务的公司。尽管公司采取了直销的办法，净利可以达到10%，但是由于行业增长缓慢，公司一直是一个不起眼的小公司。

"我们一直在寻求突破，包括改进营销和技术，但是感觉远远不够。"创始人熊俊宏说道。诱导他们改变商业模式的，是1992年以来继2004年之后的第二轮猪肉价格的上涨。商务部统计数据显示，2007年下半年到2008年年初，猪肉价格一路上涨，最高达到22.88元/公斤，涨幅同比超过40%。

中国生猪产量占全球一半！仅这一个概念就够美国的投资者睁大眼睛了：这一定是一个Big Business！艾格菲致信投资者：到中国来养猪吧，利润90%！于是这家饲料企业以养猪的名义融资一举成功。

应该说，艾格菲并没有给股东们纸上画饼，而是很快让他们尝到了甜头。年报显示，艾格菲2008年实现营业收入1.43亿美元，较2007年增长了295.46%！其中饲料收入为5175万美元，占总营收的比例为36.19%，该项收入比2007年增长了43.48%。收入中最醒目的就是生猪。2007年这项收入仅有不足100万美元，2008年产能扩大到65万头，实际销售生猪41万头，收入达8979万美元，占总收入的62.79%。

这一下股东们激动了。2009年6月11日，伴随着大教堂钟声的敲响，艾格菲2009年股东大会在美国著名的费城胜利召开。

尽管2008年下半年中国养殖业开始低迷，但是美国人已经被养猪概念摩擦得难以消停。9月，艾格菲入选衡量全球农业的30只股票之一，12月，被《福布斯亚洲》杂志评为2009年亚太地区最佳中小型上市公司200强。国际畜牧业巨头海波尔、M2P2先后与艾格菲建立战略性合作关系，海波尔提供世界最优质的品种，M2P2则是美国的养猪龙头企业，有着丰富的经验，简直是三剑合璧，天下无敌！

在一切振奋人心的消息中，艾格菲把目标定在了年产生猪250万头！

艾格菲没能成为"猪坚强"

艾格菲的蹿红，可以说是正当其时。

在中国，猪肉价格上涨是一个长期趋势，其原因包括通货膨胀、饲料成本推升，也包括疫情不定期的暴发。但在长期的趋势中，又会有周期性的波动，出现价格的暴涨暴跌，周而复始。

关于这种现象，西方经济学家提出了一个"蛛网理论"，用专业一点的话说就是"某些商品的价格与产量变动互相影响，引起规律性的循环变动理论"。1930年，美国的舒尔茨、荷兰的J.丁伯根和意大利的里奇各自独立提出了这个理论，由于用图形来表示连续变动的价格和产量，就好像一张蜘蛛网，后来就被英国的卡尔多命名为"蛛网理论"。

2004年，猪肉价格上涨，养殖户开始增加产量，以致2006年年初出现供大于求。价格下跌，养殖户补栏不积极，年中暴发的高热病，使得养殖户更加不愿补栏。这样，价格重新进入上升通道。蛛网效应启动了。

2007年下半年，为了提高养殖户的积极性，国家连发了七道"金牌"，通过保险、免税、补贴等形式保障养殖户的利益。但是，2008年1月，南方雪灾突然袭来，冻死了几百万头仔猪，大大削弱了政策的效应。猪肉价格再创新高，而仔猪（又称小猪、猪苗，指刚出生的小猪，30公斤以内的都可以算是仔猪）出现了天价，广东、湖南、浙江、福建、湖北等地的仔猪居然卖到了1000元一头！2006年上半年什么价格呢？100元三头甚至五头。许多业外资本也是在这个时期看到了生猪养殖利润的高企，以及政策对规模养殖的支持趋势，开始一哄而入，也顺带成就了艾格菲。

但是，其中潜藏着的巨大后市风险被人们的热情所掩盖了。4月之后，活猪大批出栏，价格迅速下降，连锁引起仔猪价格下跌。6月底，母猪从最高点的2300元/头跌破2000元/头。到了2009年年初，仔猪的价格跌到了20.23元/公斤，年底继续跌至17.63元/公斤。比2008年4月的38.2元/公斤下降了53.85%。

随着周期性的价格回落，艾格菲金光闪闪的业绩也开始蒙上了灰尘。2009年，艾格菲出售了68.1万头生猪，比上一年增加了66.1%。但是每头价格由2008年的219美元跌至161美元，下降了26.48%。销售收入从8979万美元增长至10964万美元，增长率为22.11%。

2010年，收入扩大、利润下降的反向交叉线在艾格菲的财报中继续延伸。一季报显示，该公司收入5286万美元，同比增加1943万美元，但是营业利润为162万美元，比上年同期的318万美元减少49.1%，净利润更是从上年的302万美元大幅减少至107万美元，降幅达64.6%。

艾格菲最终没有做成"猪坚强"，2010年主营收入2.436亿美元，净亏损4270万美元。2011年2月从纳斯达克退市。

图七：2003—2020年中国生猪出栏量（单位：万头）

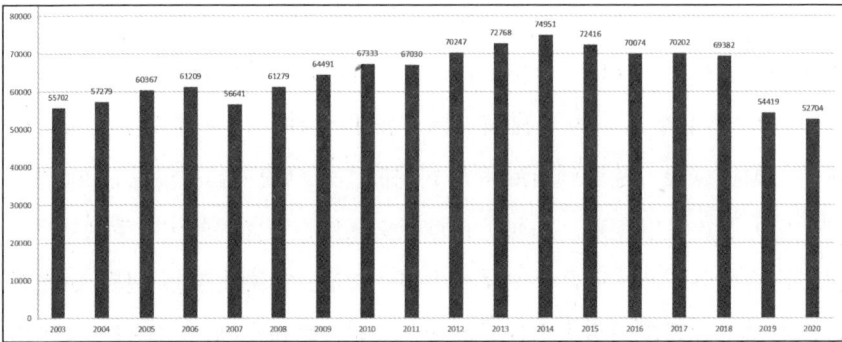

资料来源：国家统计局

表二十三：2004—2021年全国鲜猪肉批发价格变化（单位：元/公斤）

时间	价格
2004年1月2日	10.74
2005年1月7日	13.18
2006年1月6日	11.65
2007年1月5日	13.70
2008年1月4日	21.49
2009年1月2日	18.63
2010年1月1日	17.08
2011年1月7日	18.90
2012年1月6日	23.86
2013年1月4日	22.36
2014年1月3日	21.77

续表

2015年1月2日	19.67
2016年1月1日	22.62
2017年1月6日	24.29
2018年1月5日	21.89
2019年1月4日	20.66
2020年1月3日	45.39
2021年1月1日	45.58

资料来源：商务部

散养户的"生意经"

从蛛网现象可以看出，在中国，还没有哪一个或哪几个企业可以控制猪肉价格，即使像郎咸平所说掌握了5%的猪源，也无法抗拒广大养殖户根据当期盈亏进行的选择。除非像美国那样，前三家龙头企业的市场占有率达到65%。而这个目标，即使如双汇、雨润这样的排头兵，仅靠现在的模式也是无法达到的。作为屠宰巨头，如果不能实现规模化养殖，就难以继续扩大甚至维持现有的屠宰规模。

2011年的"瘦肉精"事件，不仅使万隆下了"头头检"的铁手，而且促使双汇开始向上游生猪养殖行业发展。根据双汇官网资料显示，其生猪年屠宰能力已达到3000万头，但是根据其2011年年报显示，当年屠宰生猪只有248.05万头，产能利用率仅有8.27%。而又据双汇集团官网介绍，双汇集团下属的农牧事业部自有的生猪养殖场只有两个：双汇九鑫牧业有限公司和双汇万东牧业，前者以生产种猪为主，而种猪并不是屠宰的对象；后者年出栏种猪、商品猪12万头，这个数字仅占248.05万头的实际屠宰量的4.84%。也就是说，双汇的猪源自给率只有不足5%，超过95%的猪源需要向猪贩子收购。截至2019年，河南双汇投资发展股份有限公司下属负责养殖的农牧事业部共有四个项目公司，八个生产单位，年出栏生猪也才32万头。

雨润的情况与双汇相仿。其年报说，2011年其屠宰产能达到4605万头，当年实际屠宰数量年报中没有披露，不过根据产出的肉制品数量推算，应该在100多万头。产能利用率应该不足3%。2008年笔者曾与雨润驻京办事处的负责人接触，对方透露，经过猪蓝耳病之后，许多养殖场倒闭，祝老板开始大规模低价收购，目标是年内达到1000家。到2019年，雨润食品集团有限公司屠宰量达624万头。

规模化养殖的商机究竟多大？散养户们又是如何看待未来的养殖业呢？中国的养殖业会因为"蛛网效应"而彻底转变吗？为了解答这些疑问，笔者在2008年7月派记者到北京市房山区做了调查。下面是记者和养殖户彭淑华的一段对话。

记者：你是什么时候开始养猪的？

彭：2004年。2004年之前因为猪市不景气，养了一段时间不养了。

记者：最近几年每年都养多少头猪？

彭：2004年8头；2005年4头；2006年16头；2007年16头；今年14头。

记者：你养一头猪的成本是多少？

彭：一头40斤的小仔猪需要400块钱，养到200斤的话，需要饲料500斤左右，要花去500元—600元。

记者：包括防疫的成本吗？

彭：防疫在我们这边基本上不花钱，都是免费的。

记者：猪出栏的价格是多少？

彭：每市斤7块钱。

记者：按照现在的行情，一头猪的成本1000块钱左右，以200斤生猪计算，7块钱的市价，一头猪只能赚400块钱左右。

彭：差不多是这个样子。

记者：仔猪呢？

彭：仔猪价格浮动较大，去年10块钱一斤，今年开春20块钱一斤，现在降了一点，18块钱一斤。

记者：你养的一直是母猪吗？

彭：不是，以前我养的是肉猪，从今年开始我养的有母猪。

记者：养了几头母猪？

彭：我今年养的14头猪，有6头是母猪，这6头母猪是我今年3月8日买来的。

记者：以什么价格买的？

彭：我是从良乡那边的养猪场买来的进口猪，其中，两头大白母猪一共花了3400块钱，4头长白小猪用了5200块钱。

记者：我记得这里以前都是养本地土猪的，为什么改从养猪场买进口种猪了呢？

彭：主要是考虑以后的发展，养土猪没有前途。

记者：考虑过继续补栏吗？

彭：这要看我这回的仔猪能不能卖个好价格，如果行情好，我打算扩大养猪规模。我丈夫说了，如果行情好，就去外边搞养猪场，家里地方太小。

记者：养猪这么多年，你感受最深的是什么？

彭：盈亏不定。虽然我一直在养猪，但是好几次卖价高潮我都没赶上。今年春天生猪的价格是每斤8元，结果我没赶上，我去年6.4元卖的。

记者：以你养猪的经验来看，今后的猪市怎样？

彭：我不知道养猪场的情况如何，但是我知道在农村养猪的人已经不如以前多了。村里到外面打工的妇女，每个月收入900块钱，而我养猪要赶上她的收入就必须3个月出三四头猪，这很难的。不过我看好养猪，还是因为农村养猪的人少了。以前人们追着买猪的人卖猪，现在买猪的人追着养猪的人买猪。这说明时代变了。

记者：现在养猪能获得的补贴有多少呢？

彭：能繁母猪每头补贴100元。

记者：既然你之前没有养母猪，今年为啥养呢？

彭：我是看好猪市，就觉得养猪能赚钱，再加上国家的政策也好，有补贴，能够减少一部分养猪成本。

刘永好的"万言书"

彭淑华的语言是质朴的，但是处于养殖行业前沿的她感觉却是敏锐的，她虽然只养了十几头猪，却意识到"时代变了"这个大命题。

拥有同样感觉的当然不只彭淑华这个小养殖户。在众多进入上游养猪行业的企业中，笔者最为关注的还是刘永好的新希望集团。在采访期间，笔者得到了一封刘永好上书给中央的"万言书"。在这封信里，刘永好说，经过长期的调研，他发现随着城市化进程的发展，大批农村人口进入了城市，这就为现代规模化农业打开了巨大的想象空间。

根据中国社会科学院发布的城市蓝皮书报告，2008年城镇人口突破6亿，达到6.07亿，城市化率为45.7%。刘永好在信中说："当农村'身强力壮去打工，精兵能人去创业'之时，'老弱幼小留家园'改变了农村人口的结构。在这种格局下，小规模的农业养殖继续弱小，而现代的规模化养殖企业没有跟上，这就造成了养殖规模与需求之差，使得农产品价格特别是肉蛋类产品价格上涨。"

进城的人口大约有多少？根据刘永好的估算大约是2.5亿。这其中包括出省和在当地城市就业，以及在当地城市创业，和一起离开乡土的约5000万人的家属。

刘永好后来向媒体说，温总理认可了他估算的人口转移数量。刘永好告诉笔者：市场的需求、政策的力量、农民的意愿、企业的方向，这四股力量凝聚在一起，必然会开辟中国农业的伟大变革，这个变革的方向就是现代规模化农业。也是从这时起，新希望集团就开始用"世界级农牧业企业"来替换"中国最大饲料企业"的名头，并且通过并购迅速发展养猪产业链。

为此，新希望集团在河北宽城的100万头养猪基地正式启动建设；在绵阳三台县，滚动投资2.5亿元建设30万头优质商品猪养殖基地；在河北徐水县建设30万头可追溯生猪繁育示范基地；在乐山打造四川首条现代规模完整生猪产业链。

新希望六和股份公司2020年年报显示，截至2020年年底，已在全国实现与储备了超过7000万头的产能布局，全年生猪出栏数达到829万头，保持在全国上市公司的前列。

规模化养殖与粮食安全

那么未来是不是农民全部进城，中国的猪业全部改为大规模养殖，留守农民就地变成养殖场工人了呢？恐怕也不是。首先农民不可能全部进城，起码笔者有生之年不作如是想。其次，散养也未必全是缺点，消灭散养论既不可取也不可能。其实散养有着许多天然的优势：一、充分利用农作物副产品等非常规饲料，减少饲料用粮；二、大量使用农家肥，改善土壤团粒结构；三、与大型养殖场相比，机动性强，较易规避市场风险。

而规模化养殖面临的一个重要的问题，就是饲料。与家庭散养不同，目前我国生猪养殖推广的是"玉米—豆粕"型饲料配方，就是说饲料中有60%是玉米。

那么养一头猪需要消耗多少饲料呢？前边彭淑华已经回答我们了，大约500斤。但是，那只是仔猪生长所需要的饲料量。专家介绍，母猪在妊娠期每天的食量大约是2.5公斤，妊娠期为114天，按一年产子两次计算，所需饲料=2.5公斤×114天×2=570公斤；泌乳期28天，每天食量5公斤，所需饲料=5公斤×28天×2=280公斤；空怀期81天，每天食量2.5公斤，所需饲料=2.5公斤×81天=202.5公斤。母猪一年共计食用饲料1052.5公斤。根据农业部统计，2010年1月，中国能繁母猪存栏量为4870万头，按玉米在饲料中占比60%计算，那么假设所有的猪都食用"玉米—豆粕"配方饲料，当年仅能繁母猪消耗玉米即为3075.4万吨。

另外，仔猪每年消耗500斤饲料即300斤玉米，由中国畜牧业协会编制的中国养猪业年度报告称，2010年，全国出栏生猪66700万头，那么共消耗玉米10005万吨。把能繁母猪和出栏生猪消耗的玉米数量加起来就是1.308亿吨。

而实际上，据农业部全国饲料办公室统计，2010年饲料用玉米消费量为7470万吨。换句话说，如果全部采取规模化配方养殖，那么将在现有的基础上，增加玉米消费5610万吨，需要增加两个多吉林省的产量（吉林2010年玉米产量为2150万吨）。如果加上牛、羊、禽的饲料，恐怕把全国玉米全部用于饲料也不够（2010年中国玉米总产量为1.77亿吨）。

延伸阅读：我国生猪生产者类型

冯永辉曾经是《大生》杂志的生猪产业研究员，他根据自己的调研对养殖模式的变迁有过深入的研究。他把目前的生猪生产者分为五种：

第一种是专业育肥养殖户。就是专门负责把仔猪养大出栏上市，养育过程4个月左右。投入成本小，周期短，风险较小。

第二种是专业母猪养殖户。有"中国生猪生产发动机"之称。他们基本上完全依据当下的价格决定是补栏母猪还是宰杀母猪。由于生猪生产周期较长，母猪养殖户的决定所发挥的影响起码要延续一年。生猪供应会因母猪养殖户的决定长期受到限制，行情也将因此大幅跳动。他们对育肥专业户的依赖性较强，应对市场风险的能力较弱。

第三种是小规模自繁自养养殖户。圈养母猪在10头以下、年出栏量在200头左右，这个级别的自繁自养户基本是从专业母猪养殖户过渡来的。通常的情况下，猪肉行情下跌，仔猪价格不好，专业母猪养殖户舍不得低价卖仔猪，就留着自己养，直至养到出栏上市，但往往在出栏时，仔猪行情就会好起来。最后就由养母猪卖仔猪变成自繁自养。这部分是中国养殖户的中坚力量。

第四种是中大规模的自繁自养养殖户。母猪存栏量在50头以上，生猪出栏量在1000头以上。这种养殖户已经转变为企业，因为这个级别需要超过100万元的资金和一定的管理技术。

第五种是一条龙养殖企业。严格来讲，这不能仅仅称之为养殖企业，也许用"食品集团"的名字更能概括它的特征。这种企业上连种植业、饲料加工业，下连屠宰加工、零售业，从产业链开端至末端，实现了大幅增值。它们有的是从饲料行业向下延伸至养殖，比如，艾格菲；有的是从饲料延伸至养殖再至屠宰，比如，新希望；也有的是从屠宰向上游伸展至养殖，比如，双汇、雨润。

良种补贴补的都是洋猪

不过，当我们仔细审视猪产业链上的各个环节的时候，发现了一个值得玩味的细节，那就是外资表面上避开了中国企业风头正盛的屠宰和养殖环节，却掌控了另一个环节——育种行业。

前面的章节中，笔者以玉米种子为例介绍了植物种子行业的竞争情况，虽然玉米种子面临外资种子"先玉335"的咄咄逼人之势，但是国产种子并不逊色，前有登海系列种子，后有"郑单958"；水稻种子则有袁隆平的杂交水稻一统天下；小麦方面"济南一号"也拉开了中国强筋小麦的新篇章。相比之下，畜牧种子几乎成了外资的天下。

一位名叫"guozhonghong"的网友在猪E网论坛上发了一个题为"我们为什么要养洋猪"的帖子，指出了目前洋种猪走红中国的问题：

中国生猪生产的整个基础已经沦落。

中国有世界最为丰富的种猪资源，自己不好好研究，却跑到国外去大量引进种猪，使中国成了世界最大的各国种猪母猪扩繁场。因为检疫把关不严，许多国外的猪病也被引进来了。

外国引进中国种猪是为了培育改良种猪，中国引进外国种猪是为了扩繁。中国把外国种猪定义为良种，本地的定义为土猪，养良种猪可以享受补贴。在此等政策的多年打压下，许多国内的优良地方品种处于濒临绝种的危险，有的已经绝种。国外品种的猪到了中国水土不服，容易生病，增加了防疫成本，尤其是用药物保健，药物残留影响到了食品安全。

其实，最主要的还是利益在作怪。你卖国内改良品种的母猪不值钱，你要是说卖进口的种猪，动辄就是数千或上万的，其间的利润是多么可观。

帖子的语言十分情绪化，不过中国的养殖企业不断引进国外的品种并以此为荣也确属实，越陌生甚至越拗口的洋猪名似乎越尊贵，花费重金也在所不惜。华南农业大学动物科学学院教授、农业部"948"重大专项之"猪遗传评估技术的引进与中国优秀种猪核心群繁育体系的持续发展"项目的首席专家陈瑶生提供的数据显示，在中央政府项目支持下，从美国、加拿大、英国、丹麦等养猪先进国家每年引进大约克猪7208头、长白猪3779头、杜洛克猪2198头，引种耗费外汇超过1亿美元。国外的种猪售价奇贵，一般都在每头2万元以上。

2008年9月10日的《长沙晚报》，以"世界顶级种猪最贵4万元1头，猪舍堪比五星级宾馆"为题，报道了唐人神集团从美国芝加哥引进600头"金猪"的新闻。这批金猪贵的高达4万元，最便宜的也要2万元。

同样是这家唐人神集团，时隔4年之后又与美国华特希尔育种集团投资合资公司，将在美国印第安纳州购地600亩，建设1200头母猪规模的原种猪场。谈起到美国建立种猪场的起因，该集团说，由于种猪血统核心数据由外方控制，我国通常只能通过种猪外形、基本性能等经验来判断优劣，使得中国的育种出现退化。

而"美神国际"投产后，可共享美国排名第一的华特希尔种猪基因资源，能直接对中国种猪进行改良，并拥有自主知识产权，从根本上使中国种猪走出"引种—退化—再引种—再退化"的怪圈，打破国际市场对种猪的长期垄断。

这种出发点固然是好的，但是究竟能否如其所愿，许多人士并不乐观。

陈瑶生从专业角度对我国引进的所谓"先进品种"的相关指标做过统计：中国的商品猪出栏率一般在130%左右，而发达国家在160%以上；我国每头母猪产出的仔猪数量为15头，发达国家却达到了22头；每头生猪提供的猪肉平均重量，欧盟、美国都在144公斤以上，日本、韩国分别为130公斤和140公斤，而中国只有99公斤；我国商品猪的瘦肉率平均为50%，而发达国家一般在60%以上。

这样一看，问题就出来了，既然引进的猪种和国外的良种是一样的，为什么会出现这些差距呢？广东建邦农业股份公司的曾毅在一篇论文中写道：大部分种猪场从国外引进原种，无可避免地慢慢退化，具体原因何在？我们引进的原种猪可能就是"二级品"，是国外育种公司自己选留后的剩余品。我们常常会发现同一批引进的原种在体形外貌和生产性能上都存在较大差距。

保护中国种猪，外资竟比国人热情高

畜牧遗传专家指出，中国畜牧种子的弊端在于"重引进，轻选育"。只看到外国种子的优点，忽视本土种子的优点，这正是猪种循环性退化的原因所在。

晚清著名的大学者，也是中国农业的开拓者罗振玉就提倡中国农业改良，改良的途径就是"种子移植"，他说日本通过改良已经取得了明显的成效，中国应该追赶上去促进农业进步。

进入民国，引进之声日盛。特别是畜牧界的一些对中国和国外畜禽品种特性有深刻认识的人，纷纷指责中国畜种性能的缺点，为引进欧洲品种造舆论：英国纯血种马跑1英里用1分零2秒，而中国马则需5分钟—6分钟；英国挽用马，1马可挽重500余公斤，而中国马只能挽300公斤—350公斤；荷兰牛每日产乳15公斤—20公斤，而中国牛仅产3.5公斤—6公斤；牛肉产量，英国短角牛每头可产750公斤—800公斤，中国牛则不过250公斤—300公斤；中国绵羊产毛量，每头不过1公斤—1.5公斤，而美利奴羊可产5公斤以上。至于鸡蛋产量，来航鸡（意大利蛋用型鸡品种）年产蛋可达300枚，而中国鸡只产七八十枚。

洋猪真的比土猪强吗？其实，洋猪和土猪各有特点，洋猪生长速度快、瘦肉率高、饲料转化能力强，但肉质较差，土猪具有繁殖力高、肉质好、抗逆能力强的优点，但脂肪含量大。正是互有优缺点，猪种选育才成为一件重要的事情。但中国却在"重引进，轻选育"的道路上走了太远。

2000年8月，农业部发布150号公告，公布了国家级畜禽资源保护品种目录，其中包括19个地方猪种，使地方猪种的保护工作再次提到议事日程。但是实际保护工作却举步维艰。重庆畜牧站研究院范首君2002年曾考察过我国一些著名猪种的保护情况，不少著名地方猪种场内保种群体缩减、血统数下降，某地方猪种20世纪90年代初兴旺时，单品种场内保存群体规模达500头以上，血统数22个，但2002年保存的群体规模不足100头，血统数仅5个。

与国人热衷引进洋猪种相反，外资种业巨头进入中国后，利用当地猪种资源培育优良品种。美国PIC公司、美国沃尔多（华多）公司、荷兰托佩克种猪公司、加拿大海波尔种猪公司等世界知名农牧企业在中国建立的合资公司、研究所和种猪场遍布中国各地。读者朋友可能不知道，现在引进的各种洋猪都是西方猪种和中国猪杂交的后代呢！这在《大不列颠百科全书》中是有明文记载的："现在欧洲的猪种，是当地的猪种和中国猪种杂交而成。"英国生物学家达尔文也说："中国猪在改进欧洲品种中具有高度的价值。"

18世纪中期，具有广东猪血统的良种就取代了英国纯土种猪，成了英国人的最爱；1816年，美国的华莱士从英国引进了两头母猪和一头公猪，最后杂交改良成为著名的"波中猪"，而引进的三头猪都是中国猪的后裔；1818年，英国的约克夏猪曾叫作"大中国猪"，以示不忘其根本。大型约克夏猪就是现在"洋三元"（杂交必备品种，即杜洛克、大白、长白）中的"大白"；1887年丹麦从英国引进大型约克夏猪与土种白猪进行杂交改良，培育出了世界上著名的腌肉型品种——丹麦长白猪，也就是我国农民俗称的"长白"。

为了避免这条产业链从源头便被外资抓在手里，"提高种猪生产性能，逐步缩小与发达国家差距，改变我国优良种猪长期依赖国外的格局"，农业部制定和实施了《全国生猪遗传改良计划（2009—2020年）》，已经有37家企业入围了国家核心育种场的种猪企业名单。该计划的专家组组长就是陈瑶生，他的内心对于瘦肉型种猪供种的本土化充满希望。作为一名科学家，他的观点也许最能代表大众的心声：核心群种猪自给，有计划地少量引种。他能成为养猪界的"袁隆平"吗？让我们拭目以待吧！

宏观调控之"猪魔咒"

政府对于猪产业链的宏观调控自然也像粮食品种一样，既要调控市场供应、平抑猪肉价格，又要兼顾产业安全。不过，相对于其他农产品来讲，猪的市场规模庞大及其动物性特征，致使调控难度增大。发改委每出重拳，市场就有"猪魔咒"来应对。

其实，从2007年的猪价疯狂上涨，就应该能够总结出一些调控方式上的经验教训。经过前面的分析大家明白了，2007年上半年的价格飞涨，实际上是2006年下半年由于疫病造成的供应量减少所致，但是农业部门直到2007年7月才出面公开疫情及生猪死亡数量，而且对2006年的疫情及生猪死亡情况只字不提，这种做法直接误导了广大养殖户对市场供求关系的判断。加上中央随后的一连串补贴、保险等措施发布和实施的时间过长的原因，直到2008年1月，全国养有能繁母猪的养殖场和养殖户才拿到补贴的钱，900万头能繁母猪人工授精补贴才"有序展开"。这相当于和市场趋势背道而驰，在补栏泛滥的时候"鼓励"继续补栏。2008年4月，猪肉价格掉头向下。

从疫情发布到政策出台的时间长度可以看出，中国生猪市场缺乏一个高效的信息采集、处理分析系统，不能及时准确反映存栏数量的变化趋势。这不仅不能为市场提供重要信息和提示，也无法为政策的及时出台提供依据。因此建议在国务院直接领导下建立生猪市场数据信息中心，并根据真实的数据建立预警系统，向广大散户提出补栏和停止补栏的重要建议。

其次，好政策落实速度缓慢，2007年的补贴和保险政策均在7月发布，但是补贴的钱落袋为安要在6个月之后，这对于瞬息万变的市场来说，不仅难以起到积极的作用，相反可能会对下一轮周期起到推波助澜的负面作用。为什么不可以像粮食直补一样直接打到养殖户的账号里呢？如果说这是因为在发放补贴前还要花大量的时间去核实养殖户圈里的母猪数量，那就说明信息系统是有问题的。

2012年5月14日发改委宣布，开展冻猪肉收储工作，原因是猪粮比价已经跌破盈亏平衡点，养殖户开始亏损了。逢低买入，逢高抛售，这种常平仓的做法是近两年才在猪肉市场上被重视起来的。

实际上，中国在20世纪70年代就建立了储备肉制度，90年代储备规模基本保持在15万吨左右，2001年减少至6万吨，而且基本是活体储备。2007年肉价高涨，动用储备肉的呼声此起彼伏，有关部门也屡次提出将动用储备库但始终不见踪影，于是有人就怀疑储备肉实际上已经没有猪源了。直到南方雪灾来临，才不得不紧急进口12万吨冻猪肉投放市场。2007年7月，国务院断然决定将储备量提高至12万吨，活体、冻肉各6万吨，常年储备，定期轮换。2008年3月雪灾之痛使温家宝总理作出批示，增加储备至25万吨，其中猪肉20万吨，8万吨活体储备，12万吨冻肉储备，同时改变以往租用社会冷库、调度调控难的局面，建立中央直属储备库、储备肉冷库共计11座万吨冷库，包括第一批的蒲江、周口、太仓、大兴和汕尾5个冷库，和第二批的德州、合肥、大连、长春、长沙、武汉6个冷库。可以说，中央储备肉制度的建立和完善，是第二轮亦即2007年疯狂的猪肉阻击战的一大胜利果实。

除了价格的调控，产业安全也是宏观调控的一大难题。一方面，类似高盛"斩首"双汇的股权投资必须禁止，漯河市政府"转让国有产权有利于国有资产收益最大化"的逻辑大有疑问，以放弃控制权为代价换取现金是否是国资部门的职责？如果这样的理由大行其道，岂不是所有发展势头良好的国企国有资本都可以退出了吗？另一方面，在国外实业资本进入中国关键领域，比如，种猪养殖环节进行投资时，也必须界定股权比例应为中方控股，《种子法》如此，活畜种子为何不行？重新定位国有企业职能尤为重要。以中粮集团为例，该公司历史上多次"奉命养猪"，但都没有成为中国的养殖巨头。2011年6月，国内生猪价格屡创新高，中粮再爆热点新闻：将与日本三菱商事株式会社成立合资公司。与外资一样，中粮也准备在猪业大干一场了吗？笔者没办法回答这个问题。在国企体制定位不清、考核仅以资产保值增值为标准的体系内，寄希望于类似中粮的国企达到对市场和产业有效控制，恐怕也有点一厢情愿的意思吧！

非洲猪瘟来了

非洲猪瘟，顾名思义，发源于非洲。怎么来到中国的呢？2018年8月下旬非洲猪瘟在中国蔓延之初，农业农村部称"污染源仍需调查"，但至今尚未向社会公布结果。公众对污染源的关注度逐步降低乃至不再关心，因为高企的猪肉价格更令人心焦。

非洲猪瘟虽然是一种烈性传染病，但是对消费者影响不大，主要的危害是导致得病的猪大面积感染和死亡，因此对于生猪和猪肉的供需平衡有较大危害。

从发病区域来看，非洲猪瘟之所以被称为"烈性传染病"并非虚言。至2019年7月，将近一年时间基本蔓延到了全国各省、自治区、直辖市。从农业农村部的官方网站上可以了解到，到本书再次修订之时，仍有地区刚刚解除封锁。这就难怪"非洲猪瘟"一词被国家语言资源监测与研究中心等机构评选为2018年十大生活类流行语了。

非洲猪瘟造成的供求失衡可以用"尖锐"二字来概括。据国家统计局公布的2020年第四季度数据显示，猪肉产量4113万吨（同比减少142万吨），连续第九个季度减少；生猪出栏量52704万头（同比减少1715万头），连续第九个季度减少；第二季度生猪存栏量33996万头（同比减少804万头），连续12个季度减少。2020年年初，官方的说法是，生猪生产恢复到正常水平可能要到年底，但是，部分研究者从目前供求紧张形势判断，生猪出栏量和猪肉产量恢复供求平衡，有可能延迟至2021年。

在严重失衡的供求关系的刺激下，全国16省平均猪肉出厂价格从2018年7月31日的17.71元/公斤，一路攀升到了2019年1月23日的53.79元/公斤。涨幅达203.73%！

为了平抑猪肉价格，国家开始抛储。华商储备商品交易所的数据显示，2019年共8次投放国储猪肉17.96万吨，到2020年4月23日止共26次投放国储猪肉48.8万吨。尽管国储猪肉的投放量不及全年猪肉产量的10%，但是从投放数量和价格下降趋势来看，二者具有明显负相关性。

我们同步也注意到，进口猪肉来势凶猛。海关总署数据显示，2020年1—12月，我国共进口猪肉439万吨，同比增加63.1万吨，增幅达108.1%。其中共进口"其他冻猪肉"329.23万吨，同比增加177.65万吨，增速117.20%。最为迅猛的是美国，同比增加了28.66万吨，增幅高达161.36%，其次为西班牙（增加43.48万吨，增幅149.87%），第三名为德国（增加12.36万吨，增幅52.95%）。共进口"冻带骨猪前腿、猪后腿及其肉块"116.83万吨，同比增加69.11万吨，增幅达144.79%。最猛的是加拿大（增加19.19万吨，增幅达271.33%）；其次是美国，同比增加了16.43万吨，增幅达243.91%；第三名是西班牙（增加11.69万吨，增幅达128.93%）。

进口猪肉的猛增，固然有助于在特殊时期平抑猪肉价格，在某种程度上也有利于完成中美第一阶段经贸协议，不过，值得强调的是，生猪供求关系的长期平衡以及猪肉价格的长期稳定，仍然有赖于国内生猪产业的发展。

第十五章

痛苦的"最后一千米"

"锄禾日当午，汗滴禾下土。谁知盘中餐，粒粒皆辛苦。"这首唐朝李绅的《悯农》在中国妇孺皆知。对经历过漫长的农业社会的中国而言，这不仅仅是一首诗歌，还传递着一种启蒙的意义，告知人们农事艰辛，不要浪费。

　　不过，这首诗中所讲的农民与耕种，已经不能代表现代农业的面貌了。通过前面的章节，想必大家都已对农业的产业链有了大概的了解：

　　育种→化肥农药（饲料）制造→种植（养殖）→贸易或进出口→加工→食品制造

　　不过，到此还没有结束，因为大家不可能直接到食品加工厂里排队买食品，农贸市场或超市是农产品和终端消费者见面的"最后一千米"，这"最后一千米"恰恰是外资的天下，由于中国零售业向几大商超集中的趋势越来越明显，商超与上游供货商之间的话语权严重不对等，成了中国农业的锁喉之痛。

　　当然，想进入各大超市，生产者还必须先通过一个环节：农产品批发市场。对于那些蔬菜、生鲜肉类等，这是一个不可越过的坎儿。批发商又是一个什么概念呢？一般人只知道批发价比零售价便宜，但是很少有人知道批发商掌握着全国资源配置的生杀大权，控制了批发业，就等于控制了

300

中国农产品加工业的命脉。

至于早年间农产品批发市场什么面貌，很多人都有直观的印象：湿漉漉的，污水横流，垃圾遍地，各种腐败变质的食物的味道，加上动物、海鲜的臭味令人作呕，这里的人也是鱼龙混杂，治安问题突出……这就是早期农产品批发市场的缩影。

不过，随着黑石等外资的介入，这些批发市场或许很快就会改头换面了。事实上，我国很多地区的农产品批发市场，都已经有了外资的身影。

这自然是一个值得警惕的发展趋势。

黑石闪电来去寿光批发市场

黑石高调投资的是山东省的寿光蔬菜批发市场。

黑石是谁呢？全世界最大的独立另类资产管理机构之一，也是一家金融咨询服务机构，总部位于纽约。由于它面对的客户主要是投资机构，因此中国的老百姓对它并不熟悉，但看一看这个数据就知道黑石的厉害了：2006年，黑石的盈利超过了22亿美元，人均创造利润295万美元，这个水平是高盛的8倍。2019年10月23日，黑石集团公布三季度财报，管理资产总额达5540亿美元。有人甚至说，黑石才是华尔街真正的私募基金老大。

当然，寿光蔬菜批发市场也不是泛泛之辈，这是中国最大的蔬菜集散中心，有近30年历史，每年蔬菜成交量达40亿公斤，交易额约56亿元。在外资入主寿光蔬菜批发市场前，深圳农产品股份有限公司是这里的大老板。深圳农产品股份有限公司是国内农产品流通行业的首家上市公司，于2003年与寿光蔬菜集团共同组建了山东寿光蔬菜批发市场有限公司。在新公司中，深圳农产品股份有限公司出资6000万元，占股54.41%，寿光市国资局出资5028万元，占45.59%。

经过一系列整改后，该市场利润增长率达100%。但深圳农产品股份有限公司认为，寿光蔬菜批发市场要想在竞争中立于不败之地，规模还是小了点。因此，深圳农产品股份有限公司以公告的形式表示，拟在寿光地区购买土地，用于寿光蔬菜批发市场二期工程的建设。但是仅仅一年多的时间里，深圳农产品股份有限公司就撒手不干了，并决定转让其拥有的全部股权。发布的公告中解释的理由为：难以保证山东省寿光蔬菜批发市场的正常持续经营，继续持有的系统性风险较大。

在深圳农产品股份有限公司从2003年进入，到2009年退出的6年间，寿光蔬菜批发市场可谓蒸蒸日上，到了2008年，深圳农产品股份有限公司从中获利达3000多万元。但公告中却表示"难以持续经营"。这其中到底有什么变故？原来，是碰上了更加强大的竞争对手。

这个强大的对手叫香港旺益集团，该集团准备投资20亿元，计划建成占地3000亩的寿光农产品物流园。在旺益的计划中，物流园建成后这里的蔬菜水果等农产品的年交易量可达100亿公斤，净利润达8亿元。

随后，黑石集团出现了，由黑石牵头的国际私募资本注资6亿美元与旺益集团等组建了地利控股集团有限公司，旺益集团控股54%，黑石主导的私募资本持股30%，地方政府约为16%。地利控股拟以寿光物流园等批发市场为依托在香港上市，并打造一个遍布全中国的农产品批发物流网络。就在人们满怀期待的时候，寿光物流园又出现了变化。2011年5月，黑石再次高调发声，只不过这次宣布的内容是"撤股"。

分析人士认为，黑石的退出可能有以下几个原因：一是寿光物流园原本计划与中国农业银行合作开发"交易卡"业务，持卡者不仅可以直接划账交易，还可借其实现交易账户和银行账户的资金互转，但这项业务最终未获批准；二是原有的股东之一——中商集团拒绝转让股份；三是目前中国国内对外资并购农产品批发市场的议论颇多，使黑石承受了很大的社会舆论压力。

黑石突然进入，给业内带来的是震惊；其突然离去，给业内带来的还是震惊。黑石的离去，让很多爱国人士松了口气，他们以为，此后应该不用再为了外资并购寿光蔬菜批发市场的问题担忧了。但结果，接手的还是外资。

就在黑石退出手续还未办妥之际，作为寿光物流园的投资方之一的美国华平投资就表示打算增持寿光物流园的股份。华平投资似乎并不十分在意物流园存在的问题，准备联手泰国正大和中信国际组成竞购团队，以达到增持的目的。

2020年，地利集团年报显示，寿光农产品物流园年交易量约90万吨，营业收入1.45亿元。唯一股东保至公司为港澳台法人独资企业。

中国批发业大门洞开

或许有人会问，批发环节既然如此重要，国家难道对于外资并购没有做过什么限制吗？

事实上，1992年，中国政府在零售业对外资开放的时候明确宣布：批发业属于禁区。1999年，国务院发布了《外商投资商业企业试点办法》，规定北京、上海、天津和重庆分别试点成立一家中外合资批发企业，但必须由中方控股。加入世贸组织之时，中国政府承诺，在加入WTO后的一年内，外资可设立合资企业从事除盐和烟草外的批发及佣金代理业务。在股份方面，中国政府承诺加入WTO后两年内允许外资拥有合资批发企业的多数股权，取消地域或数量限制。三年内取消对外资的限制，外资可成立独资批发企业，但经营化肥、成品油和原油除外。

2004年6月，商务部颁布了《外商投资商业领域管理办法》，中国的批发业正式对外开放。农产品批发作为批发业中的一个行业，属于上述范围。2004年，商务部就批准设立了11个外资批发企业。

除了新闯入的企业，目前外资大型连锁超市在中国的发展已经相当成熟，外资巨头在农产品零售领域已占据了较大的份额。掌控了零售终端，使得几大零售巨头杀入批发领域具备了极大的优势。

随着对中国批发业熟悉度的加强，外资进入农产品批发领域的速度也逐步加快，尤其自2008年以来，这种趋势更是明显。目前，东北的哈尔滨、齐齐哈尔、长春、沈阳，四川的成都，湖北的武汉等地的农产品批发市场已经被外资占领了相当一部分。以上述地利集团为例，在齐齐哈尔、哈尔滨、沈阳、贵阳、寿光、杭州等7个城市经营着10个农产品批发市场。

当然，也并非所有批发市场都欢迎外资。北京的新发地就是一个例外。

2008年，新发地开始筹划上市，上市就需要融资。外资普遍认为机会出现了。就在新发地谋求上市的消息刚刚发布后，就有外资投资机构表达入股的意愿。此后多家外资先后与新发地接洽，但都被董事长张玉玺拒绝了。他坚决表示，反对外资进入中国的农产品流通领域。

但究竟有多少批发商可以抵挡得了外资的诱惑，就很难预料了。

2020年新发地交易量1298万吨，交易额1006亿元。在全国4600多家农产品批发市场中，交易量、交易额已连续17年双居全国第一。

水渡河批发市场里的对话

2021年5月21日，在工作人员的陪同下，我走进了湖南省长沙水渡河批发市场。市场被分割为水产交易区、肉类零售区、蔬菜交易区、综合配送区、冷藏区、电子商务区。市场的卫生不错，尽管生鲜品铺面还有一些腥味儿，但感觉还可以接受。

据陪同人员介绍，市场还在扩建当中，项目总规划用地210亩，建筑面积33万平方米。站在地势较高的办公区，看着拥挤的车辆在水产区缓缓蠕动，我的咽喉不自觉地滚动了一下：这就是农业产业链的咽喉吧？

老板汤建华是个中年人。他不紧不慢地为我们煮茶、斟茶、劝饮，有秩序的动作和中等速度的言谈，把一个词儿抛进了我的大脑：胸有丘壑。汤老板的普通话和办公室里其他客人的"湘普"有着明显的区别。一般的

"湘普""湖""福"不分、"国""够"不分、"军""棍"不分、"云""温"不分……如果不常常打断对方核对发音就难以听明白对方的意思。但是，老汤显然很注意这些细节，使人感觉他见过世面。

我对批发市场历来有着自己的看法。我认为日本农业的全产业链上有一条"龙骨"，即日本农协，日本农协以全日本的农民会员为资本，占据了批发市场的主动权，对超市等零售商实行拍卖式销售。由此对日本农产品价格形成的保护是日本农业获得社会全行业平均利润率、日本农民获得非农工资的基础。汤老板是否了解呢？

"您去过日本的批发市场吗？"

"我只在纸面上做过一些了解。"

"那您觉得您的批发市场和日本的批发市场有何异同呢？"

"日本的批发市场是有序的适度竞争，中国的批发市场是过度竞争。"

"为什么？"

"中国的批发市场是买卖双方的自由交易。你看我的批发市场，我只收取商铺的租金和车辆费用，至于谁和谁交易了多少，都和我没关系。"

"我明白了。"我接口道，"自由交易之下就容易产生劣币驱逐良币的事情。"

"没错！"汤老板应道。他举了一个例子：某大学老师投资千万，种白萝卜，号称有机萝卜，不用化肥、农药，营养多么丰富，售价必须每斤12元以上才有利润。拿到批发市场卖，一个都卖不出去，"因为批发市场上白萝卜才一块钱一斤！"

"那怎么解决呢？"

"日本人不是卖家和买家交易，而是通过日本农协。由农协对农产品进行分类、甄别、定价，它是第三方，具有可信度。这就避免了劣币驱逐良币。"

在汤建华看来，信用问题是中国农业的病根，必须解决。

他的头因为没有头发而在阳光中格外耀眼。我有意引导他去做日本农协在批发市场中所做的事情："您有考虑以第三方身份加入批发交易过程吗？"

"不。"

家乐福成了"周扒皮"

说完批发，我们再来看看零售。

2007年的时候，全国工商联农业产业商会培训部找到笔者，就举办"农产品进超市"研讨会征求意见。我很不乐观地说出了自己的看法：研讨会是否能成功举办不取决于农产品企业的热情，而是取决于超市的老总能来几位。果不其然，研讨会当天，只有一两家国内超市派了代表前来参会，家乐福、沃尔玛这样的巨型零超连一个普通的采购员都未见到踪影，整个会议主题由"农超对接"演变成了一场"声讨超市"的批判大会。

几年过去之后，零供矛盾不仅没有缓解，反有加剧之势。九三粮油工业集团一位高管调侃与家乐福合作时的尴尬处境说："厂商被盘剥，几乎是穿着衣服进去，光着身子出来。"

早在2010年上半年，九三油脂与哈尔滨家乐福的矛盾就开始升级，大约到了2011年年初，九三停止了供货。原因是九三油脂对于家乐福的收费到了忍无可忍的地步。那位高管这样形容两家的合作关系："一年下来等于白忙活。不止是尽责任、义务的问题，而是在'献血'。"

吐苦水的不只是九三油脂，中粮集团旗下的福临门已经是消费者耳熟能详的名牌，但家乐福照样不给面子，在与中粮签订年度采购合同时态度非常强硬。中粮是谁？航母级别的中国企业，自然不肯在家乐福面前低头，双方之间也摩擦不断。但是像九三油脂和中粮这样，敢于站出来与家乐福对抗的企业少之又少，虽然受到的盘剥比这两家企业更加严重，但他们只能忍气吞声，否则可能失去更多。

农产品最大的销售渠道一直以来都是农贸市场。农贸市场的销售规模巨大，但在那里销售的农产品质量却良莠不齐，很多地区的农贸市场被假冒伪劣产品充斥，因此，在大城市，很多市民都会选择到超市购买农产品。

2003年，中国农业科学院农业经济研究所对此进行了专门的调查，结果显示，当时商超的销售总额约为4400亿元，食品类约占2880亿元。而在食品中，蔬菜类、肉类、蛋禽类等生鲜农产品约占1/3。由此可知，农产品已经成为商超销售量最多的品类。

农产品通过商超途径销售，是未来发展的必然趋势。早在20世纪40年代，美国超市就开始销售农产品，到了20世纪末，美国85%的农产品都是通过超市销售的。在美国，用了60年时间，农产品就占据了超市的主导地位；在欧洲，65%的农产品通过超市销售，这个过程只用了40年时间；在拉丁美洲，60%的农产品通过超市销售，这个过程仅仅用了短短的20年时间。有专家认为，在中国，这一过程会更短。

其实，供应商并非必定要接受超市的盘剥。当某个行业主要由几家大企业占据大部分市场份额的时候，供应商说话就"有分量"了，可以掌握更多的主动权。例如，宝洁就可以给各大超市开罚单，还可以直接进入沃尔玛的内部体系查阅产品的销售记录。

但这种情况在中国的农产品领域却很难实现。中国的猪肉加工业在农产品中已经算是发展最快的行业了，但前三大肉类加工企业的市场份额不足全国的3%。其他发达国家也和美国一样，具有很强的行业集中度。这就是在中国地位显赫的家乐福却在很多国家经常吃闭门羹的原因。例如，家乐福曾先后进入韩国和瑞士开拓市场，但最终都被迫退出了。在这些国家，家乐福变成了供应商的打工仔。中国的情况正好相反，以家乐福为首的外资零售企业掐住了中国农产品加工企业的脖子，而且，越紧越掐。

中国农产品加工企业的出路在何方？有种悲观的论调认为，面对零售终端的盘剥，他们最后很可能将自己卖给外资。

家乐福是怎样"堕落"的

随着家乐福、沃尔玛、麦德龙等外资零售商超在华开店速度的加快，其势能已经足以凌驾于所有的供应商之上，"不进超市是等死，进超市是找死"就是对这一势能的深刻描绘。当手中的权力成为霸权之后，超市就可以改变规则，另立标准，不管这标准是否合乎公平之意，反正没有法律管着就没关系。

零售超市应该是以进销差价作为主要利润来源，但是家乐福却对传统的盈利模式进行了改造，变成了以"收费"模式作为主要利润来源。

这一模式深得中国零售超市欢心，迅速被复制到整个行业。收费的名目也一项项被发明出来，直接写进采购合同，同意吗？不同意，你的货品就下架。

2003年，一家农产品加工企业与家乐福爆发了冲突，供应商停止向家乐福供货，并公布了家乐福门店盘剥自己的清单：

法国节日店庆，10万元/年；中国节庆，30万元/年；新店开张，1万—2万元；老店翻新，1万—2万元；海报，2000元；新产品，1000元；人员管理，每月2000元/人；产品放在货架前端，2000元；产品堆放在走道前端，3万—10万元。

出厂价让利，占销售额的8%；咨询费，占2%；排面管理费，占2.5%；送货不及时扣款，每天3%；无条件退货，占3%—5%；税差，占5%—6%。补差价，同样的产品，只要发现有任何一家商店的价格低于家乐福，企业必须向家乐福缴纳相当数额的罚金。

按照这个标准计算，家乐福收取的费用最多占到企业销售额的23.5%，而农产品加工行业的最高利润为15%，算下来，产品进超市，不仅不会赚钱，还会亏损8.5%。

据《新京报》报道，家乐福中国区CEO罗国伟曾表示，家乐福的目标是在4年—5年内，将其在中国的门店数发展到300家。看来中国的农产品加工企业得准备足够的资金，供家乐福盘剥了。

其实，家乐福最初也并非这么贪婪。一位在北京家乐福采购部门工作过的梅女士说，曾有一位中小供应商为了把商品打进家乐福，天天来找她，"他每天8点半准时来我办公室上班"。为了打动梅女士，他说："我有7种商品，每种我给你5万元，算是进店费好了，怎么样？"梅女士头一次碰到这种事情，不知如何应对，只好找到了法国老板，法国人惊讶地看着她："为什么？这是为什么？"梅女士摇摇头。法国老板问梅女士那七种产品怎么样？她回答说："我想，那不是我们需要的产品。"法国老板想了半天，最后几乎是咬着牙说道："答应他。"

讲这个故事的目的其实是想说明，家乐福后来的"堕落"，有一部分原因是受了供应商的诱惑。

而另一家外资商超沃尔玛1996年进入中国时，也是不收取任何费用的，并且与供应商建立了良好的合作关系。但是，随着劣币驱逐良币的效应逐步放大，超市的利润越来越低，沃尔玛也不得不面对生存问题，无奈之下，也采用了家乐福的模式。

不同的是，沃尔玛不会在合同里规定供应商到底应该向超市提供哪些费用，而只是在采购员与供应商沟通的时候，以口头传达的方式告知供应商应该交多少钱。相对来说，沃尔玛收取的费用还算是比较低的。

其实，超市也算是被逼上了这条路，因为从所售商品中获得的利润并不高，平均也才2%—3%。有些超市为了吸引顾客，100元钱进的货物，就100元钱卖，或只卖101元，更有甚者，以低于货款的进货价格卖出。为了降低运营成本，只能损失供应商的利润了。

但没想到，收费也像吸毒一样，让人上瘾，欲罢不能。

错综复杂的商超利益链

家乐福强势，在家乐福工作的个别员工也很嚣张，掌握了某种权力的个别员工都拥有很大的索贿受贿的空间。

在家乐福，一些员工居然直接向供应商伸手要钱。2007年8月，北京家乐福马连道店7名在生鲜部门担任管理职务的员工，接受了同一家企业的贿赂，结果被告上了法庭。

在审判过程中，一名员工公开宣称，这是业内的惯例。这折射出在超市强势的背后，已经形成了各种错综复杂的利益链。

企业交给超市的各种费用，只是摆在桌面上的，在桌面下，企业还要出钱，才能保证产品在超市中顺利销售。一种产品从工厂到货架上，至少要经过6个人：3个前期人员，包括采购助理、采购员、采购总监，这3个人的作用在于考察和决定是否购买一家企业的产品；3个后期人员，店长、部门课长、店员，这3个人决定是否把货摆在货架上和放在什么位置。这几个人一个不打点都不行。

大家都知道，这是个无底洞，但是，想进超市的企业那么多，你不掏钱，自然有人掏钱，即使出了钱，还要看掏多少。比如，饮料行业，为了垄断华南市场，可口可乐给华润万家每个城市门店的"冰柜费"就达200万元。

别的企业又如何能落后呢？超市中还有一个潜规则：扣点。扣点，就是按销售额的百分比给超市返利，一个点即为1%。而扣点也有学问，分公开扣点和私人扣点，前者为超市利润，后者则进入相关负责人的腰包。到了2008年，虽然家乐福不再要求肉类和蔬菜类的供应商扣点，但私人扣点依然存在。

如果某个供应商不尽快结算扣点，那么麻烦很快会接踵而至。比如，超市对自己商品的需求莫名其妙减少了，或者最后根本就没有需求了，又或者，虽然部门负责人不得不订购此前超市早就敲定好的产品，但是，如果这个负责人不高兴，那么他可以一天只向企业下一点点订单，而等到缺货的时候，再马上让企业补货，这样的话，企业就要经常往这个超市送货，包括运输、人工等成本立刻上升。即使供应商投诉也没用，因为为了降低超市的库存指标，部门负责人有权这么做。为了省点钱，供应商必须接受这些潜规则，并乖乖地按每天的进货额给部门负责人一到两个扣点，一般不超三个。

更加令供应商头疼的招数是串货。如果在月初超市不进货，企业的销售人员就急了，担心完不成任务，只有找到相关人员，并表示给更高的扣点，超市才会马上大量进货。由于扣点高了，该次进货的价格也低了，但在超市进完这批货后，超市的人可以马上再以原来的价格向其他超市卖出这批货物，从中赚取差价。

一般来说，在供应商与企业签订协议时，都会涉及这样的内容，企业会给供应商留下大约20%的利润空间。但这对于供应商来说只是一个可望而不可即的数字，经过了超市的层层"扒皮"后，其中的15%，供应商最终还是要送给超市，再加上打点超市相关人员的费用，供应商顶多得个4%就算不错了。

自建终端的困局

话说到这里，农业领域的朋友可能会问了：不是有"农超对接"吗？难道一点帮助没有吗？

所谓"农超对接"，就是把农民生产出来的产品，直接送入超市，这样就可以减少流通成本，让农产品的价格降下来。与超市打交道的主角变成了农民专业合作社中的农民。严格来说，这是一项以政府部门红头文件推进的经营模式。应该说，一般政府大力提倡的，开始总是能够得到企业，特别是带头企业的响应。家乐福就是最早推广"农超对接"的企业之一，并且对"农超对接"的产品，免收进场费。但事实上卖菜的农民也没有得着什么实惠。

拿广东一家农民专业合作社的理事长王先生来说，自己的产品能够进入家乐福，确实是值得高兴的事。不过，他认为，自己的菜要在家乐福卖出钱来是不可能的，进入家乐福更多的意义在于体现了自己产品的品牌价值，等于就是家乐福给自己做做广告，以后卖自己的产品好卖了，价格也能卖得高点。

对于不赚钱的原因，王先生解释说，虽然是他在卖蔬菜，但自己却决定不了蔬菜的价格，价格完全由家乐福说了算。而且，家乐福对蔬菜的要求也高，一句话，就是产品要最好的，价格却要是最低的。此外，一到晚上，未卖出的菜就得降价处理，而蔬菜的损耗都得自己承担。还有，一般价格是通过合同来约定，但赶上市场上的菜价下跌时，家乐福就想压低收购价，但又不便违约，这时相关负责人员就会以种种理由拒绝收货，比如，产品不好卖，或质量有问题等。当然，要是农民自己主动要求减价出售，就可以解决问题了。

经过这一轮下来，指望从家乐福赚到钱，太难了。就像世界著名的品牌营销专家拉里·莱特所说的："拥有市场比拥有工厂更重要，控制了零售市场才是真正意义上的拥有市场。"市场在人家手里，只依靠别人的施舍度日的滋味自然不好受。

既然超市的环境如此恶劣，农产品加工企业何不自建终端，自己开直营门店呢？其实，家电行业已经有了成功的先例，可供农产品加工企业学习。

关于这条路，农产品加工企业不是没想过。早在2002年，饮料行业的一些企业，比如，汇源果汁，就开始自建专卖店。此后，蒙牛、雨润都相继开设了自己的专卖店。不过，经过了一段时期的探索之后，企业逐渐发现了自建终端并非易事。

现代人的消费方式已经发生了改变，尤其是白领阶层，整天忙于工作没有太多的闲暇时间。因此，一般人都是到超市一次性购回几天的日常用品，而不会专门跑几个地方购买。因此，如果生产企业开的超市只卖自己生产的一种或有限的几种产品，很难吸引大量顾客，多数情况下门可罗雀。

此外，房租也是一个问题。超市之所以销量大，是因为占据了较好的地理位置。而在这些地区，房租都较高，此外，再加上人力成本等，又是一笔不小的开销。连双汇这样的行业巨头，都出现过专卖店的销售额不抵房租的情况，对于小企业来说，更是如此。

闷着头开设了一些专卖店后，农产品加工企业逐渐发现，这些散落在全国各地的专卖店管理难度相当大，很多都处于亏损的边缘。赶上专卖店附近有家超市，就注定了这家专卖店无法生存。

相关立法时不我待

对于上游企业来说，直营店前途叵测，超市还是不得不倚赖的渠道。那么，难道只能任由这个行业向畸形发展吗？

其实美国在20世纪30年代中期，零供矛盾也非常尖锐，零售连锁企业店大欺客，向供应商收取各种费用，包括进场费、提高折扣比例等，使供应商不堪重负，情况与当下的中国相仿。最终全美的中小供应商联合起来向美国联邦法院起诉。这次起诉改变了美国零售业的历史，诞生了1936年的《罗宾逊——帕特曼法案》。法案规定不许收取进场费，禁止特殊折扣，和对供应商因大小有别而采取歧视政策。美国目前已经形成了比较完善的反垄断法律体系，在规范低价倾销方面，各州有《最低价格法》；规范压榨和合谋的法律则有《谢尔曼反托拉斯法》等。

我国政府也意识到了问题的严重性，2011年12月26日商务部等五部门联合印发了关于《清理整顿大型零售企业向供应商违规收费工作方案》，迫使家乐福在2012年五一节过后宣布将取消针对供应商的"无条件返利"。"无条件返利"是一直纠结着供应商的"肉中刺",按照惯例,零售商与供应商谈全年总合同时,双方会制定一个"目标销售额",零售商都将按照"目标销售额"乘以费率来收取返利(促销服务费),不管在这一年中实际销售数量是否真正达到了目标销售额。这就是所谓的"无条件返利"。

但是,商务部等部门的行政执法手段究竟能够取得多少效果令人担忧。

2006年11月15日,政府曾公布实施过《零售商供应商公平交易管理办法》(以下简称《办法》),但成效不大。原因是当供货商以零售商违反该《办法》向有关部门投诉或诉诸法律时,有关部门和法院不以该法作为执法依据,理由是《合同法》规定,只有全国人大和国务院颁布的法律和法规才能作为认定合同内容无效的法律依据,而这个《办法》只是部门规章,不能作为依据。

可见,要想进一步规范零售行业,同时促进相关产业的健康发展,我们在立法上还需要更进一步。

第十六章

路在脚下

本书2013年版出版之后，赠送一本给时任农业部农广校常务副校长的王守聪先生，王校长看后作出了肯定的评价，又要了5本，分别送给部长、副部长。

王守聪在电话中说，《中国农业真相》这本书指出了中国农业存在的问题，希望我们俩共同合写一本书，提出解决问题的办法。

王守聪所谓和我共同"写"一本书，指的并不是一起动笔分章来写，而是由我将他在工作中针对中国农业问题进行的思考、实践作为素材进行写作。当时他正在推进"职业农民"计划，"职业农民"由他而起，后来被写入中央一号文件，成为国策。

和王守聪的"约定"一直到他领导全国农垦改革时才付诸实施。不过，王守聪的建议对我颇有触动，网上一些评论也提出了相似的意见，不仅希望了解"真相"，更想知道解决方案。

于是，在本书出版修订版时，我加入了本章。

大国崛起的启示

回顾大国崛起的历史，可以从痛苦的历史经验中，更深刻地领会到这一历史规律：对于后发国家来说，贸易保护是抵御市场强权、发展民族工业的盾牌。当一国从弱变强时，它就会开始赞同自由贸易；反之，当一国由强变弱时，它又会回到贸易保护主义线路上去。自由贸易和保护主义都是发展经济的手段，而不是固定的信条。

18世纪，英国取代西班牙成为欧洲霸主，贸易保护功不可没。1700年英国国会通过了一项禁止销售印度棉布的法令。又通过对印度的殖民，将印度从英国进口棉丝织品关税降低至3.5%，同时将英国出口关税提高至70%—80%。在1814年至1844年的30年时间里，印度棉织品输入英国的数量从125万匹跌到63000匹，而英国棉织品输入印度的数量从不到100万码增加到超过5300万码。从西班牙获得的白银和对印度的殖民，催生了英国的工业革命。

美国也不例外，美国的历史就是根据本国在国际市场竞争中的力量强弱，交替运用贸易保护和自由贸易两种主张的历史，而美国也正是因此才从一个殖民地国家变为世界第一流的强国。看看美国前总统特朗普曾经推行的"美国优先"理念和贸易保护政策，你就会感到此话所言不虚。

美国独立战争结束后，英国利用自身强大的制造业和商业优势，一方面对美国的出口实施严厉的商业限制,包括禁止美国货进入西印度群岛;另一方面则向美国大量倾销英国货。

据统计,从1784年到1786年,美国从英国进口的货物总值约为7591935英镑,而同期美国向英国出口则仅为2486058英镑,逆差高达5105877英镑。危机带来了"美国向何处去"的讨论,自由贸易和贸易保护形成两大阵营。主张自由贸易的主要是南方种植园主和北方的大商人,因为英国强大的纺织业主要从这些种植园采购棉花,种植园主和商人均可得利。主张贸易保护的主要是东部制造业集团,英国的进口封锁和对美国货出口的限制,都使他们经营困难。美国当时的财政部部长汉密尔顿认为政府应该保护制造业。他的观点是,英国的主要力量来自制造业,强国必先强大制造业。另外,"刚刚建立制造业的国家与制造业已成熟的国家在平等条件下进行竞争,在多数情况下是不可行的"。

1807年12月,美国国会通过《禁运法案》,禁止一切船只离开美国前往外国港口,意在中断对英国供应农产品,对英国进行报复。不料,该政策对美国自身的影响比对英国的作用还大,充分暴露了美国经济的殖民性和依附性。1807年—1808年,美国出口从1.834亿美元下降到2243万美元,下降幅度达88%,进口从1.385亿美元降至5699万美元,下降59%。在强大的国内压力下,《禁运法案》不得不在1809年年初取消。

1812年,美英正式交战。战争结束后,英国商人不惜以低于成本的价格向北美倾销商品。1816年美国颁布了第一个保护关税法案,制造业产品的平均税率骤升至25%。可以毫不夸张地说,如果美国始终采取自由贸易,自然符合种植园主和商人的利益,使他们获得局部利益,但是美国就不会产生强大的制造业,而会变成第二个巴西、阿根廷,徒有广袤的土地、丰富的资源,却要受发达工业国的控制和掠夺,依然贫穷落后。

英美两个大国崛起的历史经验说明,治国者须务实面对国际竞争,不受偏执理论和部分商人的影响,以增强国力为目标,通过政府力量引导市场向有利于本国利益的方向发展。

这是一个基本观念。偏离了这个观念，则会将整个经济发展带向市场经济为后发国家准备的"陷阱"中去。

中国农业的命门

一些去过美国的朋友经常十分奇怪地问我：为什么美国的食品比中国的还便宜？一些网友还分别考察了北京中关村和美国硅谷的超市，之后把两国的食品价格进行了对比，公布在网上。

水：中关村24瓶矿泉水31元；硅谷24瓶矿泉水2.48美元，折合人民币17元。
鸡蛋：中关村24个31元；硅谷24个3.19美元，折合人民币22元。
食用油：中关村5升50元；硅谷5升6.69美元，折合人民币46元。
牛奶：中关村9升158元；硅谷9升5.39美元，折合人民币37元。

其实，美国农产品价格低廉的首要原因，在于美国的成本低下。在本书第三章《大豆沦陷祭》中，笔者曾经公布了一张中美大豆的成本、价格、收益对比表。在这张对比表上大家可以看到，2010年之后，中国大豆的成本骤增，一举超过美国。这是因为，2010年国家发改委将全年劳动天数从365天改为250天，导致劳动日单价上升所致。如果按照这种方法重新修订2010年之前的成本，那么中国农业成本将全部高于美国。

在农业成本中，哪些成本高于美国呢？让我们以玉米成本为例来看看中美明细成本对比。

以2018年数据为例。中国玉米种植成本为1044.82元/亩，美国是740.95元/亩。成本共分为10项：种子、肥料、农药农膜、机械作业（包括作业费、折旧、油料、电费）、排水灌溉、劳动（无偿劳动和雇工）、地租、税金保险、利息、一般性分摊。

表二十四：2018年中美玉米种植成本对比表（单位：元/亩）

成本	美国	中国
种子	104.88	55.72
肥料	124	150.59
农药农膜	37.67	21.63
机械作业、油料	93.44	126.27
排水灌溉	0.29	17.41
劳动（无偿劳动、雇工）	35.97	433.52
地租	175.12	227.54
税金保险	12.85	7.73
利息	3.76	0.01
一般性分摊	152.97	4.4

资料来源：美国农业部、国家发改委

为了更好地对比每一项成本在两个国家的排序，我将此表格按照成本由高到低重新进行了排列。

表二十五：2018年中美玉米种植成本自高至低分项对比表（单位：元/亩）

排序	中国		美国	
1	劳动	433.52	地租	175.12
2	地租	227.54	一般性分摊	152.97
3	肥料	150.59	肥料	150.59
4	机械	126.27	种子	104.88
5	种子	55.72	机械	93.44
6	农药农膜	21.63	农药农膜	37.67
7	排水灌溉	17.41	劳动	35.97
8	税金保险	7.73	税金保险	12.85
9	一般性分摊	4.4	利息	3.76
10	利息	0.01	排水灌溉	0.29

资料来源：美国农业部、中国发改委

可以看出，中国成本中排名第一的是劳动成本，高达433.52元/亩，占总成本的41.49%。而美国仅有35.97元/亩，占总成本的4.85%。如果中国的劳动成本降至与美国相同的水平，那么，中国的玉米种植成本将降至647.27元/亩，比美国总成本低93.68元/亩。

由此可见，中国在每亩玉米中投入的劳动成本太高，换句话说，中国农民拥有和耕作土地的规模太小。

有读者经常会说，中国农民是给自己干活，不计算劳动成本。的确，农民是不给自己开工资，但是，不计算不等于没有。农民计算的是投资收益，即农民习惯称之为"纯收入"的概念。农民习惯对比，如果种地的纯收入不如邻居进城打工的工资，那他就会认为不值。因此，他的劳动实际上还是计入成本的。

据美国农业部数据，2018年美国农场共有土地为54.6亿亩，农场工人为70.2万人，人均7777.78亩。而据国家统计局数据，2018年，耕地面积为20.23亿亩，国家统计局第一产业就业人数为20258万人，人均9.99亩。

可以说，人地矛盾是中国农业的命门。在这一条件不发生根本性变化的前提下，中国农产品成本高于国际农产品成本的劣势就会难以消失。中国农产品就永远需要贸易保护。

当然，改革开放以来，第一产业人口在不断向二、三产业转移，国家统计局数据显示，改革开放之初的1978年，中国有79014万乡村常住人口，2020年，乡村常住人口为50979万人，2.8亿的人口从农民转移到城镇花了42年时间。

但是所谓的刘易斯第二拐点[1]何时能够到来呢？根据美国的经验，这可能需要上百年。1862年美国农业部前身美国联邦农业司成立时，美国人

1.美国经济学家、诺贝尔经济学奖获得者威廉·阿瑟·刘易斯认为，当现代工业部门劳动力短缺，工资开始上升，农村剩余劳动力即开始向工业部门转移，这个转折点即"第一拐点"。随着农业劳动生产率的提高，传统农业部门不断提高工资直至与工业部门持平，劳动力市场形成统一市场，即进入"第二拐点"。

口总数为3289万人，其中90%是农民，到2015年，美国人口总数为32136万人，其中农业人口不足100万人。转移3100万人花了153年。

应该说，人地矛盾既是中国农业改革的起点，也应该是中国农业改革不可偏离的核心点。

打开政策性内需大门

那么，现在的问题是，中国有没有能力在人地矛盾短期不能解决的前提下强大自己的农业呢？为了回答这个问题，笔者曾经专门写过一篇《泄库，打开政策性内需大门》的文章，发表在笔者的公众号"非官芳解读"中，现摘抄于下，可以算作我对读者的答复。

泄库，打开政策性内需大门

2015年年末召开的全国农村工作会议提出了当前农业工作的重大任务之一——去库存，加快消化过大的农产品库存量。这被视为"供给侧改革"的重要内容。有学者认为，应放弃顺价销售，采取非常规手段尽快泄库。但是究竟如何去库存，需求在哪里，会议和学者均没有给出明确的答案。笔者认为，"供给侧改革"的同时不应忽视"需求侧改革"，而当前解决库存量过大问题，更应该供给侧和需求侧两端同时发力，只有这样才有可能加速经济复苏。特别是需求侧的改革有巨大的挖掘空间，其中，政策性内需的能量有待加速释放。

所谓政策性内需，指的是改变国家财政支持资金以现金支付的方式，代之以国家储备实物支付的方式，大幅度提高内需动力，促进供需循环，加速经济发展的经济推动方式。

据本人对国家粮食局、国家粮油信息中心数据整理所得，2006年至2015年，中国新增粮食库存2.6亿吨。以世界粮农组织提出的18%安全库销比来看，这些库存已是多余库存。由于进口粮食的成本优势和中国粮食补贴对价格的抬升作用的影响，这些库存实现顺价销售已无可能。如继续采取国储竞拍比例与进口配额比例挂钩的方式进行强迫性交易，不仅会继续扭曲国内粮食价格体系，而且将使加工企业难以为继。亚洲最大的玉米加工企业吉林大成生化科技集团公司因玉米价格高企而不得不停产，2015年上半年该公司亏损9.71亿港元。

笔者认为，政策性内需是一条快速泄库渠道。据国家民政部数据，中国每年以现金方式支付低保人群、优抚对象、五保户的资金高达2400多亿元。另据国家统计局数据，城市低保人群的恩格尔系数为35%，农村低保人群恩格尔系数为40%。即2400多亿元中至少有840亿元至960亿元被用来购买食品。如果将二者的平均数900亿元的财政资金由现金支付改为食品券支付，由产品质量过硬的企业负责加工，那么，3年之内，就可以消化掉2.6亿吨的粮食库存。

其他重要农产品剩余储备实物的消化，可以采取以储备实物的优惠价格支付制成品企业出口退税的办法，供退税企业选择。据海关总署数据，2014年，中国纺织品出口总金额为2984亿美元，按16%的出口退税率计算，国家应退税477亿美元，合人民币2931亿元，而2014年棉花目标价格为1.98万元/吨。纺织企业可以选择国家以现金方式支付16%的出口退税，也可以选择以低于市场价格10%的实物原料棉花支付退税。即使按一半企业选择后者的情况计算，也足以消化棉花剩余库存了。10%的缺口由国家财政承担。

天然橡胶也是同样，据中国橡胶工业协会数据，2014年中国出口轮胎金额为165亿美元，按13%出口退税率计算，国家应退税21.45亿美元，合人民币131亿元。2014年国内天然橡胶价格为1.2万元/吨，轮胎企业可以选择国家以现金方式支付13%的出口退税，也可以选择以低于市场价格10%

的实物原料橡胶支付退税。即使按一半企业选择实物退税，也足以消化剩余橡胶储备了，10%的缺口由国家财政承担。

以工立农

我们应该思考一个问题：用什么方式引导劳动力向"城市"转移？这个问题，我思考了很久，直到遇到了中捷农场的吕振华才若有所悟。

中捷农场是1956年由中国和捷克斯洛伐克共同设立的国营农场，地处河北沧州。该农场是全国1780多个国营农场综合经济效益排名第一的农场。有人问：年销售额多少？答：500多亿元。再问：这么多？那得多大面积耕地啊？再答：这个农场主要以工业为主。农业占GDP不到2%。

2016年12月底，我乘车到了中捷农场，正赶上大雾霾，未能领略现代农业园区的壮观场面。据时任中捷产业园书记的吕振华介绍，农场目前有耕地15万亩，农工170多人。

"人均880多亩？怎么会这样？河北省人均耕地也就2亩。"我吃惊地问。

"我们把农场职工以及代管的15个行政村的地全部收上来了！"吕振华的回答让我更加迷惑不解。

"收地？怎么可能？"我知道，在全国各地农场，把土地从农场职工手里收回来基本没有可能。许多农场采取了自然规律的办法，即等待老一批国有农场职工自然死亡，土地自然会回到农场手中。

"我们收地，但是不收利。"

"怎么讲？"

"就是说，土地虽然交给农场统一耕种，但是土地上产生的利润还归职工和农民，"吕振华左手伸出食指，右手张开五指补充道，"一亩地一年1500元。人均4亩地，一个职工或农民每年什么都不用干就可以净得6000元。"

"那他干什么呢？"

"干什么都行。在农场的企业干活另开工资。"吕振华是在研究了东欧国家的土改和日韩土改经验之后有所启发。"东欧国家土改的办法是'还地'，日韩采取的办法是'赎买'。"吕振华思路很快，直接就切入了土地制度的话题，"'还地'怎么还？就是原来你家多少地，现在全部还给你。但是土地并不分割开耕作，还是集体规模化耕作，只是利益分开了，大家都成了股东。"

据吕振华介绍，日韩的赎买方式大同小异，都是在保证产权明晰的前提下，保持规模化耕作。

"耕作15万亩地的那170人是农场的职工？他们和土地的关系是什么？"

"和其他人一样。他们另拿一份工资。"

"他们不是承包？"

"不是。"

我感觉到问题来了："我们都知道，你们种的小麦、玉米每亩地的产出也不过是1000多块钱，净利润绝对到不了1500元。那么，"我强调了一下语气，"给他们的1500元从哪里来呢？"

"工业。"吕振华毫不含糊地答道。

吕振华所说的工业是他当上农场副场长之后就大力发展的事。听着他讲述中捷的发展历程，我感觉到，劳动力转移不一定非得把农民赶到城市里去，也可以就地变身成为市民。在中捷，无论老幼，吕振华一律给他们上了全省统筹的社保，修建道路交通，大力招商引资，就地把农村改造为城市。2003年，河北农垦改制，中捷农场改名为沧州临港经济技术开发区，2007年更名为沧州渤海新区中捷产业园区。

"您这才是新农村建设！"看着像长安街一样宽的马路，我对吕振华举起了大拇哥，"工业化、城镇化、农业现代化原来可以这么搞！"

离开中捷农场之后，我感觉受到了很大的启发。"新农村建设"是2005年党的十六届五中全会通过的《十一五规划纲要建议》提出来的，总结起来是20个字：生产发展、生活宽裕、乡风文明、村容整洁、管理民主。打头的是"生产发展"，什么生产？因为成本劣势，单纯搞农业长远看没有出路，无工不富，应该是工业先行。但是，许多地区错误领会中央精神，把精力主要放在盖房子上了。

"城镇化"也是在党的十六届五中全会通过的《十一五规划纲要建议》中提出来的。有学者认为，城镇化有三方面的特征：一是农村人口在空间上的转换；二是非农产业向城镇聚集；三是农业劳动力向非农业劳动力转移。

不过，中捷农场的实践表明，农村劳动力未必非从空间上实现向城市的转移，把农村变为城市更为可行。在这一点上，新农村建设和城镇化一脉相通。

城市最主要的特征是非农产业聚居，而农村最有资本发展非农产业。为什么这么说？因为农村有工业革命时期最重要的原始积累资本——土地。工农业平均每亩收益相差巨大。即使让市场进行选择，土地也会优先被用于工业。

"我们未来会搞高效农业，"吕振华似乎洞悉了我内心所想，说道，"比如，我们和蒙牛的前高管团队搞奶牛场，500亩地，预期收益是30个亿。还有我们和日本搞桑葚深加工，和捷克搞玫瑰精油产业。"

吕振华说的其实是一二产业的联动，农业收益会逐渐向工业看齐。"那不就是刘易斯第二拐点吗？"我心里想着。

国企改革再出发

国有企业改革是一个远未讲完的故事。

2016年12月5日，中央深改组通过了多个文件，其中包括《国务院国资委以管资本为主推进职能转变方案》，媒体立即打出了令人深思的标题："国企改革探索以管资本为主道路"。

笔者认为，始于1979年的国企改革已经跨越了30多年的探索，历经多个阶段，也做了多种尝试，目前仍然处于"探索"阶段，岂不令人费解？

笔者认为，国企改革过程中，顶层设计的理念在不同的阶段发生了不同的变化，导致改革无形中发生变化。

笔者认为，国企改革应该首先确立价值观，即国有企业的使命是什么？在这个定位问题上，国有企业现有的定位其实是自相矛盾的。只要我们打开国有大型企业的职能表述，都可以看到"对立统一"的两种功能：一种是担负国家宏观调控的职能；另一种是国有资产保值增值。对应的，在政策上因承担国家职能而常常获得优惠，又因为是企业而必须自主经营、自负盈亏。再看国资委对于大型企业领导人的考核，则更加"市场化"，考核财务指标。这与资本对管理层的考核并无二致。

"但是，国家要你付出的时候，二话不能说，亏本也得干。"中粮集团前任董事长周明臣2008年在接受笔者采访时说。

不过，这也是中粮左右为难的事。作为企业要对股东利益负责，又要对国家利益负责，二者发生矛盾的时候怎么办呢？这也是中粮集团中最为敏感而神秘的"中粮贸易"业务无法单独上市、中粮集团无法整体上市的原因所在。

在"钾肥争夺战"一章中，8家企业虽然指责中化、中农资只顾企业利益不顾国家利益，但是作为国有企业，既然老东家国资委考核它们的标准是国有资产的保值增值，那么它们为利益而竞争有什么错误呢？其实这8家企业无一不是国有企业，它们争夺进口权不也是利益之争吗？它们的出发点与中化、中农资又有什么分别呢？更进一步说，假设把中化、中农资的权力给8家企业中的某两家，这两家可否保证先顾国家利益，后顾企业利益，乃至在国家需要的时候不顾企业利益呢？

"挑战国家储备"一章中，负责收储的中储粮总公司，以及被批准收储托市的中粮集团、中纺集团、中国华粮物流集团公司，口头上都批评对方不顾国家利益，但实际上各有各的"小九九"。这个"小九九"就是各自的企业利益，中储粮揭发外资高价收粮，中粮等又谴责中储粮垄断。造成这一现状的原因，其实不在企业而在体制。

这种进退维谷的体制结构，可以使负责任的领导者感到左右为难、前后掣肘，也可以使不负责任的领导者政策好处拿干吃尽、政策责任推诿干净。

在"棉花配额之战"一章，笔者曾提到"中储棉事件"，最后的结果就是，雷香菊说进口棉花的亏损应该由国家承担，因为国家没有给中储棉定经营指标，这批棉花是按国家储备棉进口的，而且经过了发改委的批准。发改委则反驳说，中储棉的进口完全是按商品棉进口的，作为政府部门不能干涉企业的正常经营行为，中储棉应该为自己的经营亏损埋单。

笔者认为，国有企业的使命应该是为国家的利益服务，而不是为自身的企业利益服务。那么就要问：什么是国家利益？一般的读者听起来可能会感觉很虚，或者常常把国家利益和政府利益混为一谈。其实，国家利益的概念早在欧洲民族国家形成之后就出现了。法国黎塞留主教提出了国家至上理论，认为国家利益源于国家主权。

而笔者认为，国有企业的使命首先在于保障国家主权中的经济主权不受侵犯。对于经济主权的保障一般体现在战略布局方面。这与有些官员经常提的"关系国民经济命脉的重要行业"并不是一个概念。战略布局最终会体现在行业中，但是，它并不是以短期盈利为目的，而是谋求长期利益和全局利益，而这两个利益又常常为一般的私人企业所抛弃，其原因在于战略利益短期没有利益，不符合私人企业追求利益最大化的原则。

2020年是国企改革3年行动计划的第一年，按照相关部署要求，多家央企下一步改革"路线图"浮出水面，深化混改将是重要发力点之一。笔者呼吁，"混合所有制改革"已成为改革焦点，但是在国有企业使命尚未完全厘清之前，改革的效果如何令人担忧，国企改革应该在重新确立改革价值观的基础上再出发。

出口强国计划

中国粮食库存高涨已经不再是一个秘密。2016年有关官员已经公开了2.5亿吨的玉米库存量。而据美国农业部2015年的数据，2015年—2016年度中国粮食的库存高达3.65亿吨，是美国的2.7倍，是全球总量的45%，在全球排名第一。

由于生产能力的不断提高，这些库存还存在不断增加的趋势。国家发改委产业经济与技术经济研究所副所长姜长云撰文透露，目前小麦已由产不足需转为产需基本平衡，产略大于需；稻谷，特别是玉米产大于需逐年扩大。2014年，稻谷、小麦、玉米分别产大于需1523万吨、371万吨和3366.6万吨，占其当年产量的7.4%、0.3%和15.6%，共5260.6万吨。2015年粮食较上年增产2.4%。其中稻谷、小麦和玉米分别增产0.8%、3.2%和4.1%，但需求量均较上年减少，产大于需规模继续扩大。

这些产大于需的部分，都会进而叠加到库存数字上去。而维护这些库存，每年国家要拿出630亿的资金。

问题来了：为什么不出口？中央文件里不是经常提"统筹利用国际国内两个市场、两种资源，提升我国农业竞争力，赢得参与国际市场竞争的主动权"吗？出口多余的小麦和稻谷不是利用国际市场的一种有效方式吗？

2016年启动的玉米去库存改革目前取得了显著的效果，据估计，通过五年的国储拍卖，玉米库存已基本上下降为零。但是小麦、稻谷库存仍处于历史高位，并随着年度供大于求的速度递增。

据海关数据，2014年进口粮食1亿吨，出口仅有211万吨，净出口 - 9831万吨。2015年进口粮食1.25亿吨，出口164万吨，净出口 - 12283万吨。2016年进口粮食1.15亿吨，出口190万吨，净出口 - 11278万吨；2017年进口粮食1.31亿吨，出口280万吨，净出口 - 12820万吨；2018年进口粮食1.16亿吨，出口366万吨，净出口 - 11234万吨；2019年进口粮食1.11亿吨，出口434万吨，净出口－10666万吨；2020年进口粮食1.43亿吨，出口354万吨，净出口－13908万吨。

为什么会是这样？

笔者分析认为有两方面原因。

首先是收储企业的"顺价销售"问题。所谓顺价销售，是指国有粮站、粮库（包括目前尚未实行独立核算的粮站、粮库所属粮食加工厂）等粮食收储企业出售的原粮及其加工的成品粮，必须以粮食收购价格为基础，加上合理费用和最低利润形成的价格进行销售，不允许以任何形式向任何粮食加工、批发和零售企业亏本销售。

但是，由于2004年开始陆续实行了小麦、稻谷的最低收购保护价和大豆、棉花、油菜、玉米的临时收储的政策，粮食收购时的价格就高于市场价格，入库之后再加上合理费用和最低利润后价格太高，根本没人买。因此只好存着。

2016年，中国社科院一位专家曾提出不再固守顺价销售的底线，尽快对接市场价格，解决库存。但是，这是一个十分敏感的问题。尽管储存粮食每年需要投入数百亿元，但那是财政的钱。而一旦亏损销售，则可能和国有资产流失挂上钩。所以宁可烂在库里，也不会拿出去低价出口。该年4月出台的《小麦和稻谷最低收购价执行预案》明确提出，最低收购价粮食由国家有关部门"合理制定销售底价"，不再实行托市粮"顺价销售"。

粮食不出口的另外一个原因是受比较优势理论的影响。

2008年，国际粮价上涨，出现天价大米的现象，国务院发展研究中心农村部经过调研之后向总理上书，建议出口大米。但是没有回音。当时十分不解。猜测可能是"手中有粮、心中不慌"的既有观念在起作用。

通过查阅有关文件，笔者发现，这与我国对农产品出口受到比较优势理论影响有关。2006年8月，商务部外贸司发布了《农产品出口"十一五"发展规划》，该规划依据比较优势理论规划了我国农产品出口的品种选择："我国在今后相当长的时期内，水产品、畜产品、园艺产品和加工品等劳动密集型农产品，在国际市场分工和竞争中具有较强的比较优势"，相反"小麦、棉花、大豆等土地密集型产品在国际农产品贸易竞争中处于劣势。'十一五'期间，劳动力密集型农产品出口仍将保持较大的竞争优势"。

什么是比较优势理论？提出这个理论的人是英国经济学家大卫·李嘉图，他认为，国际贸易的基础是生产技术的相对差别（而非绝对差别），以及由此产生的相对成本的差别。每个国家都应根据"两利相权取其重，两弊相权取其轻"的原则，集中生产并出口其具有"比较优势"的产品，进口其具有"比较劣势"的产品。这一理论对于国际贸易的确具有一定的指导意义。但是这并不代表在实践中可以照搬理论。

一方面，如何看待"比较优势"和"比较劣势"？我国的确人多地少、劳动力廉价，但是由于科技的进步，即使是水产品、畜产品和园艺产品，劳动力的比较优势也会逐渐丧失，而同样由于科技的进步，由于亩产量的提高，粮食产量也会增加，土地的比较劣势也会被科技的比较优势所替代。

另一方面，比较优势理论并没有考虑到一个国家的战略利益。如果一味按照比较优势理论去制定政策，那么，我国的种植业必然会逐步萎缩，逐渐被进口产品替代。中国将在农业上失去战略根基。

笔者认为，中国应该充分利用库存充沛的有利条件，制定积极的出口政策，低价向一些贫困地区进行援助，尽管会在国际贸易中损失一些利润，但一方面可以节省仓储费用，另一方面可以扩大国际影响力。

"一带一路"倡议

《跨太平洋伙伴关系协定》（TPP）被美国第四十五任总统抛弃，而联合国71届大会2016年11月17日通过一项决议，呼吁国际社会为中国提出的"一带一路"倡议建设提供安全保障环境，充分说明东西方文化影响力的此消彼长。

笔者认为，农业问题不仅是"一带一路"倡议中的一部分，而且是其中十分重要的问题。

其实，TPP以及TTIP（跨大西洋贸易与投资伙伴关系协定）都是美国抛弃WTO全球贸易框架，在亚洲和欧洲的局部区域推行自由贸易的作品。

如果大家还记得本书第一章最后一节"世贸乱局"的内容，当知TPP和TTIP的推出，等于宣布多哈回合的死亡。多哈回合历经16年而终于窒息死亡，充分反映出发达国家和发展中国家在农产品贸易领域的利益诉求不可调和。

TPP的12个成员国中混杂了WTO除欧美之外的两大组织——碑石组织和G20的成员，如碑石组织的澳大利亚、智利、秘鲁、马来西亚、新西兰，以及G20的美国、日本、加拿大、墨西哥、阿根廷、印度尼西亚。12个成员国主要分布在亚洲和拉丁美洲。而TTIP则包括美国、日本和欧盟各成员国。这就好比大家原本在WTO一个桌子上谈判，现在，美国分而治之，在TPP和TTIP两个"房间"里单谈。

"2T"格局与WTO格局有两个不同点：

一、碑石组织和欧盟的矛盾消除了；

二、最大的发展中国家中国被拉黑了。

这样的策略究竟是否能解决美日和其他发展中国家的农产品补贴矛盾，笔者并不知道。不过，随着2016年8月德国经济部部长加布里尔宣布TTIP谈判失败，"2T"全部搁浅。

相比之下，"一带一路"倡议并不是一个贸易协议，而是一种发展理念和倡议。从地理概念上看，它包括东亚的蒙古、东盟10国（新加坡、马来西亚、印度尼西亚、缅甸、泰国、老挝、柬埔寨、越南、文莱和菲律宾）、西亚18国（伊朗、伊拉克、土耳其、叙利亚、约旦、黎巴嫩、以色列、巴勒斯坦、沙特阿拉伯、也门、阿曼、阿联酋、卡塔尔、科威特、巴林、希腊、塞浦路斯和埃及的西奈半岛）、南亚8国（印度、巴基斯坦、孟加拉国、阿富汗、斯里兰卡、马尔代夫、尼泊尔和不丹）、中亚5国（哈萨克斯坦、乌兹别克斯坦、土库曼斯坦、塔吉克斯坦和吉尔吉斯斯坦）、独联体7国（俄罗斯、乌克兰、白俄罗斯、格鲁吉亚、阿塞拜疆、亚美尼亚和摩尔多瓦）、中东欧16国（波兰、立陶宛、爱沙尼亚、拉脱维亚、捷克、斯洛伐克、匈牙利、斯洛文尼亚、克罗地亚、波黑、黑山、塞尔维亚、阿尔巴尼亚、罗马尼亚、保加利亚和马其顿）。当然，在实际操作中，并不局限于这65个国家。

2015年中国国家主席习近平访美期间在西雅图发表演讲说，欢迎包括美国在内的世界各国和国际组织参与到合作中来。2018年9月3日，习近平主席在中非领导人与工商界代表高层对话会暨第六届中非企业家大会开幕式发表演讲《共同迈向富裕之路》，强调中国支持非洲国家参与共建"一带一路"。

简单地说，"一带一路"倡议是面向全世界的。"一带一路"倡议的思想内涵无形中成为经济全球化的先导。

正如习近平主席在哈萨克斯坦发表演讲时所说，"中国不谋求地区事务主导权，不经营势力范围"；"在涉及国家主权、领土完整、安全稳定等重大核心利益问题上，坚定相互支持"；"我们要全面加强务实合作，将政治关系的优势、地缘比邻的优势、经济互补的优势转化为务实合作的优势、持续增长的优势，打造互利共赢的利益共同体"。这些理念抛弃了美国在TPP和TTIP中与其他国家争夺利益的文化基因，树立了平等、尊重、务实、共同命运的新的全球理念，为解决农产品贸易冲突打下了基础。

中国商务部数据显示，自2013年"一带一路"倡议提出至2019年8月，中国对"一带一路"沿线国家投资累计超过1000亿美元，与沿线国家承包工程7200亿美元，中国企业为相关国家创造了30多万个就业岗位。其中包括多个农业项目。沿线国家对中国的投资也达到了480亿美元。

自给自足的农业理想虽然被全球化打破，但是，究竟是征服自然的西方文化还是自给自足的东方文化主导全球农业发展，尚无定论。笔者认为，代表东方文化的"一带一路"倡议，在与代表西方文化的TPP和TTIP碰撞中，取得了明显的优势，农业企业走出去应当继承和发扬这一文化能量，到沿线国家或愿意加入"一带一路"倡议的非沿线国家，利用优势互补的办法，帮助对方发展农业生产，解决当地的贫困，实现当地的自给自足。

"一带一路"沿线国家多数是发展中国家，尚处于从农业国向工业国转型的时期，发展落后于中国。中国通过40多年的改革开放在农业领域积累下来的科技经验，比如，种业的杂交水稻、玉米育种技术，再比如，农机领域的创新技术，对于这些国家来说都是十分重要的外来资源。这些方面的合作给这些国家带去了发展的动力。

笔者提醒，我国农业走出去，不可学习"美国式"道路，以贸易上的你多我寡作为交换条件，发展自我的霸权势能，这就非"一带一路"倡议的初衷了。